高等职业教育“十三五”规划精品系列教材
21世纪高职高专规划教材·跨境电子商务系列

跨境电商操作实务（亚马逊平台）

主　编　陆金英　祝万青　王　艳
副主编　金　超
参　编　马彩英　腾丽丹　祝万林　严学磊

中国人民大学出版社
·北京·

前 言

PREFACE

随着跨境电商的不断发展，各大跨境电商平台的销售额不断创下新高，跨境电商成为我国外贸行业新的增长极，越来越多的企业开始涉足或即将涉足跨境电商业务。面对这种新形势，目前迫切需要解决的重要问题之一，就是尽快培养一批创新创业高素质技术技能人才。这类人才须拥有国际市场、行业和客户知识，系统掌握现代电子商务基本理论，现代信息科学理论和技术，外贸电子商务环境、政策和法律知识，跨境电子商务营销与推广理论、技术和方法，熟悉主流的跨境电子商务平台，数据分析与优化理论、技术和工具，熟悉跨境电子商务店铺运营各环节操作和管理，具有良好的市场拓展服务意识和外语沟通能力。

鉴于此，我们以跨境电商合作企业工作流程为基础，与时俱进，以企业在亚马逊平台上的店铺运营的实际工作内容为切入点，进行本教材体例的构思与编写。热切希望本教材能为高等职业院校学生及跨境电商从业人员提供帮助和指导。

本教材积极发挥教材培根铸魂的重要作用，做到知识传授与品德修养相互促进的高度统一。教材以习近平新时代中国特色社会主义思想为指导，全面融入党的二十大大精神，在进行相关知识阐释和实践操作指导过程中，始终把提高学生的思想道德素质与专业素养融为一体，培养学生诚实守信、爱岗敬业等优秀品质，为中国式现代化建设提供高技能型人才支撑。

与同类教材相比，本教材具有以下特色：

1. 内容源于实际岗位，体现能力培养的要求。本教材以职业能力培养为主线，以岗位教学、项目教学的理念构建编写体例，以实际案例拓展教学内容。依据课程目标，按照工作流程设置了 6 个学习情境。每个学习情境都有明确的“知识目标”与“技能目标”要求，以及提炼学习内容的“结构导图”，结尾设置“知识链接”“经典实例”“能力实训”。根据需求，学习情境一和学习情境四还设置了“知识拓展”，将知识传授、能力培养和技能训练三者有机结合。

2. 采用经典案例导入教学模式。以亚马逊平台发生的经典案例为引导，通过案例导入创设学习情境、布置工作任务，从而激发学生思考，有利于师生互动，解决学习中的疑难点，加强学生主动思考的能力，更有助于培养学生的创新思维。每一学习情境后均有对导入案例的研讨，前后呼应，提高学生举一反三的能力。

本教材由嘉兴职业技术学院教师、浙江英卡顿网络科技有限公司工作人员等亲力合作编写而成，参阅、引用的资料和信息已尽可能在资料来源和参考文献中列举，如有遗漏，在此深表歉意。另外，书中若有不足甚至错误之处，恳请读者不吝赐教和批评指正。意见与建议请发至邮箱 843520620@qq. com，以便在修订时进行完善。衷心希望本教材助力跨境电商从业人士在亚马逊平台操作中如鱼得水。

最后，感谢所有关注并给予我们支持和帮助的人！

主　编

目　录
CONTENTS

导论

亚马逊平台与界面介绍

知识目标

- 了解跨境电商及其模式和流程
- 了解亚马逊平台的优势与特点
- 了解亚马逊“全球开店”及发展历程
- 了解亚马逊平台的入驻条件与收费标准
- 了解亚马逊平台商品详情页内容布局
- 了解亚马逊前台界面布局与功能
- 掌握亚马逊后台各模块相应功能

技能目标

- 能够开展亚马逊开店前的资料准备工作
- 掌握亚马逊前台搜索商品的方法
- 学会查看商品详情页面内容
- 掌握亚马逊后台各模块的相应操作

结构导图

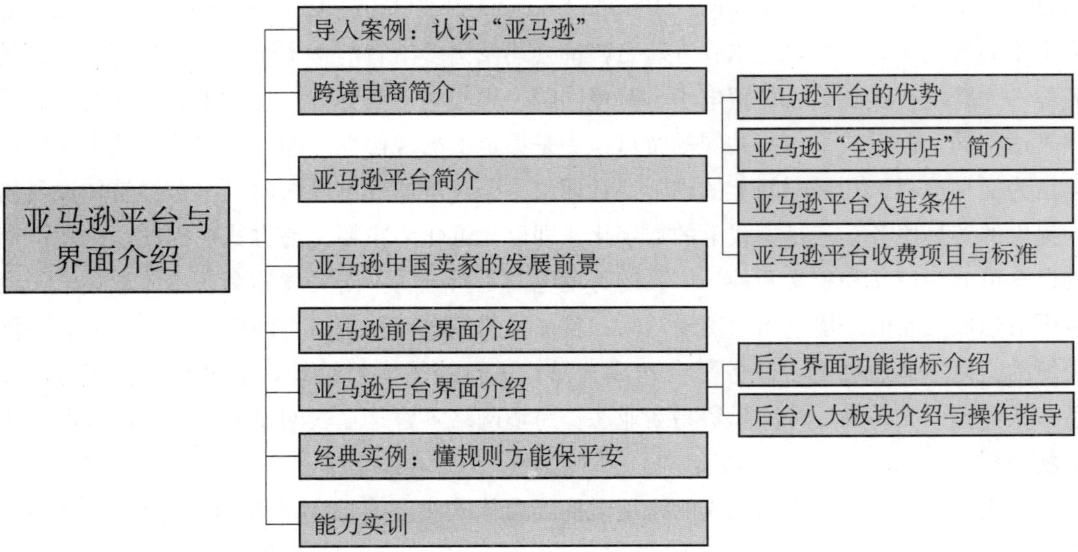

导入案例

认识“亚马逊”

当“亚马逊”这三个字出现在眼前时，你首先想到的是什么？亚马逊河？不！是Amazon. com，即现在的亚马逊公司。它最初是一个网上书店，但现在商品种类已经拓展至音像、服饰、化妆用品、宠物用品等更多范畴，成为一家综合性网购平台。目前，亚马逊已经是全球最大的网上零售商，在全球开设了 14 个站点。

亚马逊反对华丽的店铺，拒绝大肆铺货，以其独特的运转模式快速成长。亚马逊进入中国以来，也带给中国卖家无数的机会与挑战，就目前而言，亚马逊在众多的跨境网络平台中是最有优势、成功案例最多的平台之一。早期进驻亚马逊平台经营的人一年盈利上千万元的大有人在，确实让人羡慕。想要在亚马逊分一杯羹，我们就要从认识平台、研究平台开始。

一、跨境电商简介

目前，跨境电商作为一个较新的概念，还没有一个统一的认识。在政策方面，欧盟在其电子商务统计中出现了跨境电商（Cross-border E-commerce）的名称和相关内容，主要是指国家之间的电子商务，但并没有给出明确的含义。在国际组织方面，联合国于 2000 年就已经关注到国际贸易和电子商务的关系；2010 年国际邮政组织（IPC）在《跨境电商报告》中分析了 2009 年的跨境电商状况，但也没有对跨境电商的概念进行明确的界定，而是给出了“Internet Shopping”“Online Shopping”“Online Cross-border Shopping”等多个不同的说法。另外，尼尔森等著名咨询公司及诸多学者的学术研究中也运用了不同的名称，如跨境在线贸易、外贸电子、跨境网购、国际电子商务等。总体来看，这些概念虽然表达不同，但反映了一些共同的特点：一是渠道上的现代性，即以现代信息技术和网络渠道为交易途径；二是空间上的国际性，即由一个经济体成员境内向另一个经济体成员境内提供的贸易服务；三是方式上的数字化，即以无纸化为主要交易方式。因此，跨境电商的概念可分为广义和狭义两种。广义的跨境电商是指分属不同关境的交易主体通过电子商务手段达成交易的跨境进出口贸易活动。狭义的跨境电商特指跨境网络零售，指分属不同关境的交易主体通过电子商务平台达成交易，进行跨境支付结算，通过跨境物流送达商品，从而完成交易的一种国际贸易新业态。跨境网络零售是互联网发展到一定阶段所产生的新型贸易形态。

就交互类型而言，当前主流的跨境电商经营模式主要有 B2B（Business to Business）、B2C（Business to Customer）和 C2C（Customer to Customer）三种。B2B 模式下，企业通常是线上发广告和信息，线下成交和通关，本质上还属于传统贸易，目前已经被纳入海关一般贸易统计。而 B2C 模式下，企业直接面向广大消费者，主要通过航空小包、邮寄和快递等物流方式销售个人消费品，目前大多未纳入海关登记。

就经营主体而言，跨境电商主要可分为平台型、自营型和混合型三种。在国内外知名平台中，跨境 B2B（出口）有阿里巴巴国际站、中国制造网、环球资源网等平台；跨境 B2B（进口）有海带网等平台；跨境电商零售（出口）有 AliExpress、eBay、Amazon、Wish 等平台，以及兰亭集势、DX、米兰网等自营平台；跨境电商零售（进口）有天猫国际、淘宝全球购、洋码头等平台，以及网易考拉、京东全球购、小红书等自营平台。

从跨境电商出口的流程来看，生产商或制造商将生产的商品在跨境电商企业的平台上展示，在商品被选购下单并完成支付后，跨境电商企业将商品交给物流企业进行投递，经过两次（出口国和进口国）海关通关的商检，最终送达消费者或企业手中。跨境电商进口的流程除了与出口流程的方向相反之外，其他内容基本相同。也有的跨境电商企业直接与第三方综合服务平台合作，让第三方综合服务平台代办物流、通关商检等一系列环节，从而完成整个跨境电商交易的过程。

图 0－1 完整地呈现了跨境电商进出口的全过程：

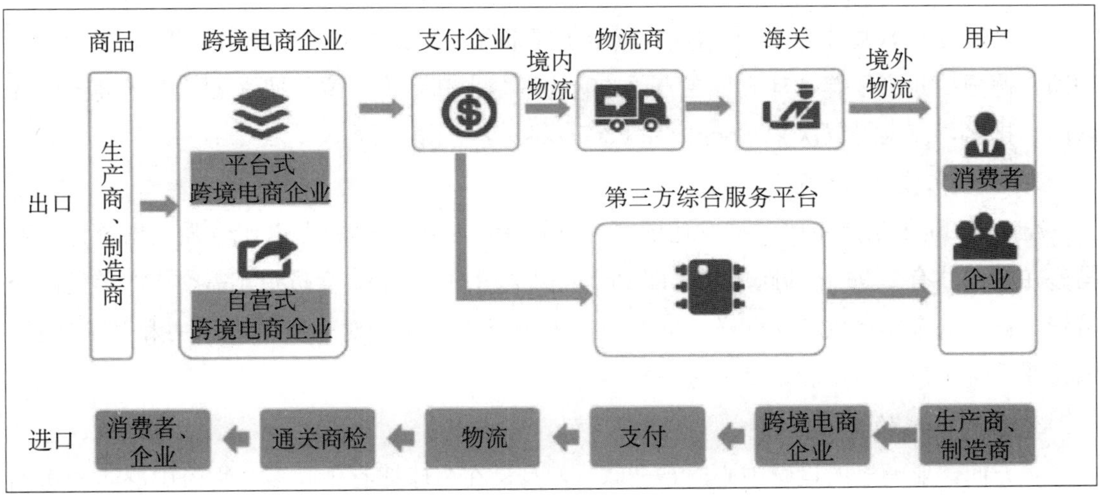

图 0－1　跨境电商进出口流程图

发展跨境电商不仅可以带动我国对外贸易和国民经济的增长，还可以促进我国经济转型升级。在促进我国经济转型升级方面，发展跨境电商可以发挥三个方面的重要作用：

第一，发展跨境电商有助于推动我国企业满足国际客户需求和适应国际竞争环境。跨境电商是典型的“互联网＋”产业，我国企业依靠快捷、高效的互联网平台和国际物流，直接面对全球各个国家的客户，在电子商务平台上展示商品并与海外的客户交流，能够更加充分、更加及时地了解国际市场的发展动态并快速捕捉和响应客户需求，不断增强商品创新能力，提升“中国制造”和“中国服务”的国际竞争力。

第二，发展跨境电商有助于促进我国外贸行业转型升级。自 2008 年国际金融危机爆发以来，海外进口商倾向于将大额采购转变为中小额采购，将长期采购转变为短期采购，传统外贸集装箱式的大额交易逐渐被小批量、多频次的“碎片式”进出口贸易取代。我国外贸企业通过发展跨境电商，拓展和深化电子商务应用，能够适应国际市场这种新的发展趋势。

第三，发展跨境电商有助于培育中国企业的品牌。跨境电商减少了中间环节，使大量的中国企业走上前台，掌握销售渠道，发展自主品牌，直接连接外贸企业与终端客户，改变了 OEM 贴牌加工模式，为提高商品品牌知名度和美誉度创造了更好的机会和途径。

二、亚马逊平台简介

通过之前的学习与了解，相信大家对亚马逊公司并不陌生了，本节重点从亚马逊平台的优势、亚马逊全球开店项目介绍、入驻亚马逊平台所需满足的条件及收费标准进行梳理与讲述。

（一）亚马逊平台的优势

亚马逊平台的优势突出体现在以下 4 个方面：

1. 全球市场的流量优势

亚马逊在全球共分为 14 个站点，流量主要来源于发达国家，如美国、英国、加拿大、法国、德国、西班牙等，其流量在当地的购物平台中都是第一位。搜索美国电子商务（互联网）排名，亚马逊仅次于 Google 和 Facebook，居于第 3 位。

2. 直面优质的客户群体

全球的 14 个站点主要对接发达国家，消费者的采购消费能力也比较强。据统计，亚马逊在全球共有 2.94 亿活跃用户，即 Prime 会员用户。Prime 会员每年需交 119 美元的会员费，亚马逊全年提供免费配送，同时可以看亚马逊全年针对会员的电子书和 TV 节目，因此亚马逊用户的质量和黏度都是非常高的。

3. 遍布全球的物流中心

一方面，亚马逊的运营中心遍布全球。亚马逊在全球拥有 100 多个物流中心，配送到 180 多个国家和地区（接下来他们的合作客户都需要把商品放到亚马逊的仓库，一旦有订单，亚马逊就会以最快的速度将商品送到买家手中）。

另一方面，亚马逊物流配送技术非常先进。商品按照成交率和周转率来排列，由机器人拣货，然后配送，在美国甚至能够用无人机来配送，当天或 24 小时内即可送达。

4. 面向全球卖家的战略支持

亚马逊在中国有多个团队，如果卖家遇到问题可以直接联系当地的服务团队。亚马逊在其他国家亦然，卖家可以及时获得完善的技术支持。

综上所述，亚马逊作为一个发展成熟的跨境电商零售平台，成就了许多非常知名的全球品牌，如 Skins 和 McDavid。由此可见，对于将“中国制造”升级为“全球品牌”，亚马逊无疑是一个非常好的渠道，它可以帮助一些成熟的企业、成熟的商品，以飞快的速度实现品牌的全球化。

（二）亚马逊“全球开店”简介

亚马逊“全球开店”项目主要是为亚马逊卖家开展跨境贸易提供全方位支持的，包括开店前为卖家提供指导，定期提供卖家培训，为卖家提供亚马逊物流整体解决方案等。

1.“全球开店”主要站点介绍

亚马逊中国的“全球开店”项目已拓展至亚马逊在美国、德国、英国、法国、意大利、西班牙、加拿大及日本的网站。而亚马逊中国负责“全球开店”项目的团队规模也已增长了3倍。亚马逊“全球开店”实行美国、加拿大账号一体化管理，卖家无须开设加拿大银行账户，销售款项可直接汇往卖家在亚马逊美国的美元账户或在香港开设的港币账户。

而在欧洲市场上，基于欧盟的地缘优势，卖家可采用亚马逊欧洲统一账户，除了简化商品信息的管理，还可以借助亚马逊仓储物流服务（FBA）管理跨境销售。鉴于欧洲市场的语言多样化，亚马逊推出了跨国商品刊登工具和商品翻译工具。

作为2014年新开放的两大区域之一，亚马逊日本电商市场的规模仅次于美国和中国，亚马逊日本网站在日本电商网站中与乐天、雅虎齐名。作为离中国最近的亚马逊海外站点，较近的地理位置也能帮助卖家节约大量物流成本。

2.“全球开店”发展历程

亚马逊自2012年在中国正式推出“全球开店”以来，6年间经历了快速的发展过程，如表0-1所示：

表0-1　　亚马逊重大事件时间表

时间	重大事件
2012年	在中国正式推出“全球开店”，同时开启亚马逊美国、加拿大、法国、德国、英国、意大利、西班牙七大站点的卖家招募
2013年	在北京设立“全球开店”中国卖家专属服务团队
2014年	中国卖家专属服务团队拓展至上海和广州，开启亚马逊日本站点的卖家招募
2015年	2月，亚马逊美国站点推出全中文卖家支持服务。3月，在欧洲市场和日本市场成立“全球开店”专属顾问团队。7月，开启亚马逊墨西哥站点的卖家招募；推出亚马逊美国和英国站点的全中文操作平台；推出全球跨境物流多样化解决方案，发布“亚马逊全球货运”，以及针对轻小商品的物流试点计划。11月，“全球开店”中文网站上线。12月，推出面向欧洲市场的业务快速发展计划，提供亚马逊4大站点上的品牌注册服务，推出亚马逊德国和日本站点的全中文操作平台
2016年	9月，亚马逊全球开店“制造+”项目全新上线。该项目将依托亚马逊在全球电商领域的丰富经验，为中国制造企业提供全方位服务和优质专属资源，帮助其通过亚马逊“全球开店”，借力跨境电商拓展海外业务、探索全新经营渠道、打造全球品牌。12月，2016年亚马逊“全球开店”卖家峰会在杭州隆重召开。其中最引人注目的当属2015年全新发布的B2B业务——“Amazon Business”正式向中国卖家开放
2017年	10月，亚马逊“全球开店”在杭州举办的“潮起钱塘——第二届全球跨境电商峰会”上宣布，亚马逊“全球开店”杭州跨境电商园正式落成。12月，亚马逊澳大利亚站正式开始全面运营

3. 正确认识“全球开店”

在亚马逊“全球开店”快速发展的同时，市场上也出现了一些对它的误解。为了避免更多卖家被误导，我们特别对亚马逊“全球开店”的类型做了如下汇总，供大家参考。

误区一：在亚马逊北美、欧洲、日本网站开设的账户才是“全球开店”账户，通过中国网站开设的不是“全球开店”账户。

这种说法是错误的。亚马逊“全球开店”，是帮助卖家在北美、欧洲、日本、中国亚马逊开展业务的项目。不论我们直接登录北美、欧洲、日本网站进行注册，还是通过亚马逊中国网站的“全球开店”入口进行注册，都是进入目的市场的注册平台和系统，最终结果是一样的。而且，通过亚马逊中国网站的“全球开店”通道注册，可以直接看到中文注册页面，方便使用中文的卖家更快地完成注册。

误区二：只有通过亚马逊招商经理开立的才是“全球开店”账户，自助在网站上注册的不是“全球开店”账户。

这种说法是错误的。亚马逊“全球开店”账户有两种注册方式：一种是亚马逊招商经理发给我们注册链接，协助我们开立账户；另一种是自助，即自己去亚马逊的网站注册。不论是通过哪种方式注册的账户，都是亚马逊“全球开店”账户。

误区三：“个人销售计划”是针对个人开立账户的，“专业销售计划”是针对公司开立账户的。

这种说法是错误的。当我们开始亚马逊“全球开店”时，可能注意到，我们面临两种销售计划可以选择：个人销售计划（Individual）和专业销售计划（Professional）。从字面意思理解，从“个人销售计划”可能直接联想到个人开店，从“专业销售计划”可能直接联想到公司开店。事实上，无论我们是个人还是公司，都可以注册这两种销售计划之一。这两种销售计划的主要区别在于费用结构和功能使用权限。以北美市场为例，“个人销售计划”账户会被按件收取费用，而“专业销售计划”账户则需要支付月租金。

这两种销售计划之间也是可以相互转化的。如果我们注册的时候选择了个人销售计划，之后也可以在后台自助升级为专业销售计划；如果我们注册的时候选择了专业销售计划，后续也可以降级为个人销售计划。所以，若卖家想在亚马逊销售，但没有公司资质，这也不影响在亚马逊上申请专业销售计划。

（三）亚马逊平台入驻条件

入驻亚马逊平台有严格的条件限制，主要体现在以下5个方面：

1. 企业资质

卖家需要具备销售相应商品的资质。

2. 商品资质

（1）优质的商品和合理的包装。

（2）符合亚马逊商品要求的商品（爆炸物、枪支、动物器官等商品禁止售卖）。

(3) 商品拥有目标市场商标或被授权的商标使用权。如果目标市场在美国，建议有美国的商标或商品授权（美国注册商标需要花 6～8 个月，拿到受理通知书差不多需要 5 个工作日)。如果开设欧洲站点，建议注册欧盟商标，在欧洲 25 个国家都受法律保护。为什么地区性的商标如此重要？举个简单的例子。为什么苹果的一款商品——苹果手表，在全球除中国（不含港澳台）以外的地方都叫 iWatch，但是在中国（不含港澳台）却叫 Apple Watch？因为在其注册之前，iWatch 这个名称已经被深圳一家公司注册了，所以它在中国（不含港澳台）就不能继续使用 iWatch 这一名称。

3. 收款账号

亚马逊的转款周期为 14 天，14 天后亚马逊账户上的货款会自动转入后台绑定的收款账号。对于中国卖家来说，收款账号一般分为 3 种：

(1) 海外银行账户。目前，中国中小卖家常用的收款账号是 PingPong、World First 及 Payoneer，这三种收款账号属于海外银行账户，最终接收的货款是人民币。

PingPong：公司身份可申请无入账费、管理费，所有客户每笔提款收取 1%手续费，无汇损及其他费用。正常需 1～3 个工作日到账，最快当日到账。

World First：亚马逊“全球开店”最重要的收款方式之一。个人或公司身份均可申请 World First 入账免费，将资金转账到国内银行账户时会有 1%～2.5%的汇损，无其他费用。

Payoneer：在任何地方可以取人民币或美元，P 卡账户管理费每年 29.95 美元，无卡账户免年费，美国账户入账收 1%，银行转款收 2%，无汇损。欧元和英镑账户入账免费，银行转款收 2%，无汇损。

(2) 美国银行账户。美国银行账户最终接收的货款为美元，而且需要按照当地的法律缴纳一定金额的税金。

(3) 香港银行账户。香港银行账户最终接收的货款为港币，存在一定比例的汇损。

4. 硬件要求

亚马逊目前只允许一个卖家开设一家店铺，如果卖家以一个公司名义开设多家店铺，其账号可能被冻结，亚马逊对于关联问题控制得比较严格。所以对于操作亚马逊的卖家来说，硬件要求显得尤为苛刻，一个卖家账号必须对应一个独立的 IP，否则其中一个账号出问题，其他账号也会受影响。

5. 人员要求

(1) 商品方面：主要负责亚马逊的数据分析、市场调研及商品刊登等工作。

(2) 视觉方面：由于亚马逊新增加的 A+详情页这个模块，美工不仅需要设计主图加辅图一共 9 张图片，还需要对商品详情页进行版面设计。

(3) 客服方面：主要负责售后纠纷处理，一般需要具备较强的销售国语言功底，特别是欧洲站及日本站，对语言要求更高。

（4）物流与绩效：主要负责 FBA 管理和店铺绩效指标跟进。

（四）亚马逊平台收费项目与标准

目前，亚马逊平台对卖家收取的费用及标准具体如下：

1. 月租金

美国站月租金为 39.99 美元；欧洲站月租金为 25 欧元。

2. 佣金

按不同商品类目来收取，一般为销售额的 8%～15%。

3. FBA 费用

如果卖家采用亚马逊物流配送，则需要按商品包装尺寸及重量来支付一定的 FBA 费用给亚马逊。

4. 运营费用

亚马逊的站内推广主要分为 CPC 广告和平台活动。CPC 广告为点击付费推广，不同关键词收费不同，最低收费为 0.02 美元/次。如果参加秒杀等平台活动，亚马逊会经常调整收费标准，目前为 150 美元/次。

三、亚马逊中国卖家的发展前景

趁着跨境电商的热潮，越来越多的商户加入跨境电商的行业中，传统零售商、海内外电商巨头、创业公司、物流服务商、供应链分销商等纷纷入局。亚马逊中国跨境电商已经运营了一段时间，目前中国的电商卖家已经成为亚马逊“全球开店”的主力军。据有关数据显示，2015 年上半年中国卖家出口销售同比增长翻倍，行业前景十分诱人。中国电子商务研究中心在《2015—2016 年中国出口跨境电子商务发展报告》中指出：2015 年，中国跨境电商交易规模达 5.4 万亿元，同比增长 28.26%，其中跨境出口交易规模达 4.49 万亿元，跨境进口交易规模达 9 072 亿元；出口跨境电商交易规模达 4.5 万亿元，同比增长 26%；出口跨境网络零售市场交易规模达 7 200 亿元，同比增长 33.3%。

中国出口跨境电商卖家分布情况：广东 24.7%、浙江 16.5%、江苏 12.4%、福建 9.4%、上海 7.1%、北京 5.2%、湖北 4.1%、山东 3.3%、其他地区 17.3%。出口跨境电商卖家品类分布情况：3C 电子商品 37.7%、服装服饰 10.2%、户外用品 7.5%、健康与美容 7.4%、珠宝首饰 6.0%、家居园艺 4.7%、鞋帽箱包 4.5%、母婴玩具 3.6%、汽车配件 3.1%、灯光照明 2.8%、安全监控 2.2%、其他 10.3%。2015 年，中国出口跨境电商主要国家分布情况：美国 16.5%、欧盟 15.8%、东盟 11.4%、日本 6.6%、俄罗斯 4.2%、韩国 3.5%、巴西 2.2%、印度 1.4%、其他地区 38.4%。

据中国电子商务研究中心发布的《2016 年度中国电子商务市场数据监测报告》的数据显示，2016 年中国出口跨境电商交易规模达 5.5 万亿元，同比增长 22.2%。

跨境出口电商的发展其实也是整个中国制造业转型的缩影。中国企业可借此早日实现品牌“出海”。

亚马逊拥有全球最多的优质客户，在美国、欧洲和日本等国际市场拥有超过 2 亿的活跃用户。平台经营品类丰富，可选品种超过 500 万；对入驻卖家要求较高，品质相对优于其他平台；品牌认同度高，商品质量较好；自建物流中心，也为第三方卖家提供物流服务，客户物流体验较好。目前，中国商品在世界的认可度大大提高，市场的需求量很大，价格在市场上有竞争优势，对国际市场的用户具有强烈的吸引力。

传统外贸出口有 6 个环节：中国工厂→中国出口商→外国进口商→外国批发商→外国零售商→外国家庭消费者。在这种模式下，中间环节将外贸利益分割，流程烦琐，条框很多。另外，国内外的用户需求不同，语言体系、支付方式等无疑也牵绊了国内电商进入外贸这个大好市场的脚步。亚马逊提供的平台在解决国内电商难题的同时，也将自己的利益最大化。跨境出口电商的模式重塑了国际价值链和产业链，降低了中间成本，使利益最大化。出口环节逐步简化为“中国工厂→外国零售商→外国消费者”或进一步简化为“中国工厂→外国消费者”。可观的出口利润促使更多的国内电商加入跨境电商的队伍，在亚马逊这个平台下不断地发展。

四、亚马逊前台界面介绍

前面我们对亚马逊平台及跨境电商市场前景有了大致了解，接下来我们将进入亚马逊平台实操部分的学习。首先要认识亚马逊网站前台界面，如图 0－2 所示，整体风格简洁，跟国内的淘宝网一样，有商品搜索框、轮播广告、买家账号登录按钮等常规项。

图 0－2

在搜索商品时，可以在搜索框内输入关键词。以搜索足球袜为例，在搜索框内输入

soccer socks，如图 0－3 所示。值得注意的是，网站会有相应的下拉框推送关键词，让买家更精准地筛选范围，选择合适的商品。点击搜索之后，即出现各个商品，如图 0－4 所示。作为买家，在该搜索页面能了解到的商品信息有商品图片、商品标题、商品价格、商品评价和评价数量等。只有当某一点吸引到买家时，买家才有可能点击进入商品详情页，进而才有可能购买。

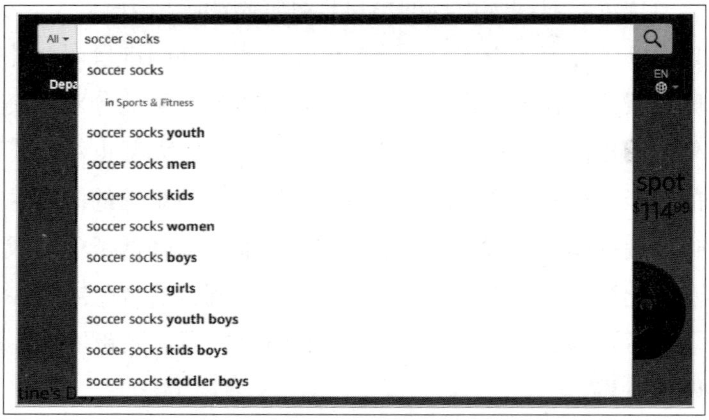

图 0－3

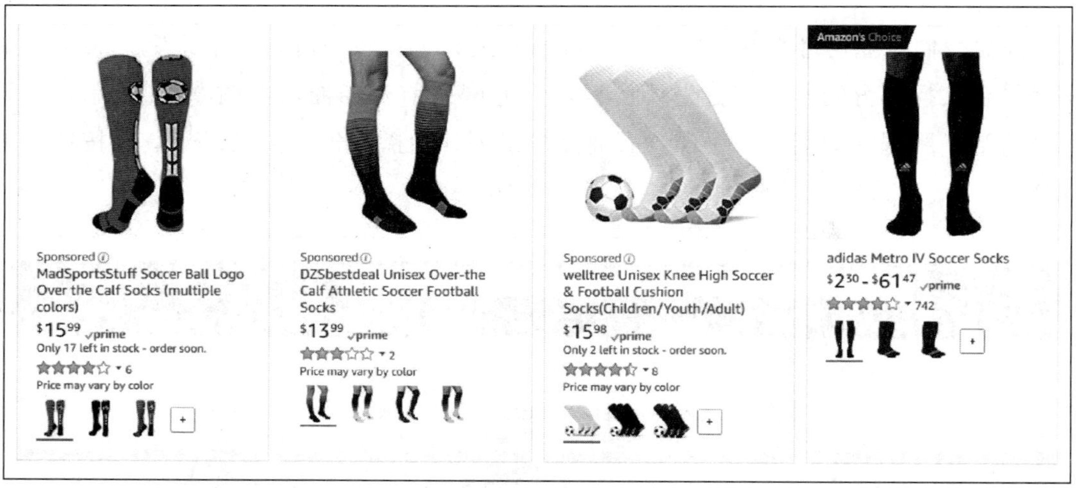

图 0－4

在搜索页面可以看到有几款商品上方带有“Sponsored”的标志，这表示卖家为该商品开设了广告，广告可以将商品推送到更前页的位置，增加商品曝光量。在这个页面，比较长的商品标题不会完整显示，所以卖家在编辑商品标题时可以参考前台的标题长度，将重要的核心关键词前置，吸引买家点击。当然，商品的好评数越多越好，评分等级也越高越好。商品的主图也要拍摄清晰，还要注意拍摄的角度，做好第一步的视觉营销。

点击商品链接并进入商品详情页（通常称为 Listing），可以发现详情页的结构是相对固定的，基本结构如图 0－5 所示。界面最左上区域是商品主图和若干辅图，点击图片可切换查看。图片右边区域从上往下依次是商品标题、商品品牌、商品价格、预计发货时间、可选择的颜色尺码、商品特点介绍。最右侧可填写购买数量，点击“Add to Cart”即可加入购物车。不同于其他平台铺货，亚马逊卖相同商品的卖家可以进行跟卖。在“New (2) from ＄17.98”这个区域，买家可以选购不同价格、不同卖家在售的该商品。商品详情页的中部区域主要是亚马逊的两项推送：Customers who bought this item also bought（买了该商品同时还买了以下商品的顾客）和 Sponsored products related to this item（与该商品相关的其他几款商品），如图 0－6 所示。该推送是亚马逊系统行为，旨在向买家推荐更多商品，提供更多选择。买家浏览商品详情页时看到该区域更吸引人的商品，也可以进行点击查看。推送板块的下方是商品促销活动（Special offers and product promotions），显示的是该商品当前正在进行的促销活动。促销板块下方是商品的详细描述（Product description），有关商品的各方面的详细介绍通常显示于此，如图 0－7 所示。描述板块下方是商品的相关参数（Product details），如尺寸、重量、排名等信息。再下面是问答区域（Customer questions & answers），买家对该商品有疑问的，可以在此区域提问，通常卖家及对该问题有相关了解的其他买家都可以做答，如图 0－8 所示。商品详情页的最下方是各买家对商品的评价（Customer reviews），大多数买家在选购商品时会参考其他人的评价，如图 0－9 所示。

图 0－5

商品详情页的质量会直接影响买家是否下单购买，所以卖家在制作商品详情页时，要站在买家角度审视界面，传递买家可能感兴趣的信息，从最基础部分着手，推广销售，打造爆款。

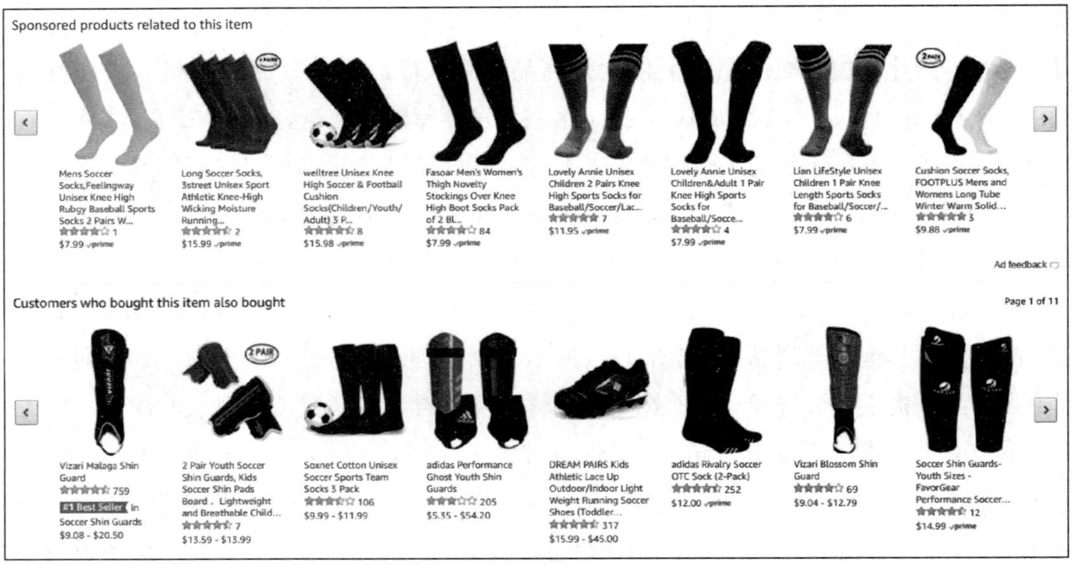

图 0－6

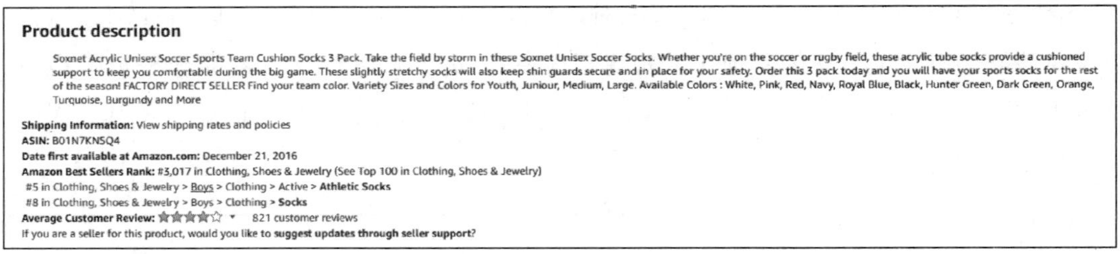

Product description

Soxnet Acrylic Unisex Soccer Sports Team Cushion Socks 3 Pack. Take the field by storm in these Soxnet Unisex Soccer Socks. Whether you're on the soccer or rugby field, these acrylic tube socks provide a cushioned support to keep you comfortable during the big game. These slightly stretchy socks will also keep shin guards secure and in place for your safety. Order this 3 pack today and you will have your sports socks for the rest of the season! FACTORY DIRECT SELLER Find your team color. Variety Sizes and Colors for Youth, Juniour, Medium, Large. Available Colors : White, Pink, Red, Navy, Royal Blue, Black, Hunter Green, Dark Green, Orange, Turquoise, Burgundy and More

Shipping Information: View shipping rates and policies
ASIN: B01N7KN5Q4
Date first available at Amazon.com: December 21, 2016
Amazon Best Sellers Rank: #3,017 in Clothing, Shoes & Jewelry (See Top 100 in Clothing, Shoes & Jewelry)
#5 in Clothing, Shoes & Jewelry > Boys > Clothing > Active > **Athletic Socks**
#8 in Clothing, Shoes & Jewelry > Boys > Clothing > **Socks**
Average Customer Review: 821 customer reviews
If you are a seller for this product, would you like to **suggest updates through seller support**?

图 0－7

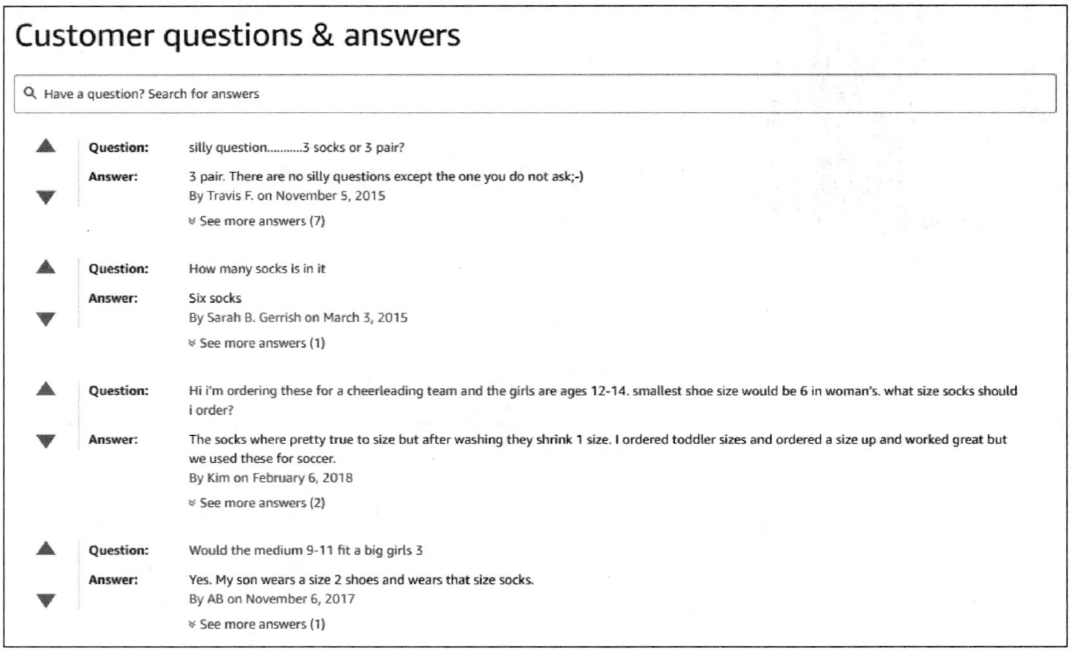

Customer questions & answers

Have a question? Search for answers

Question: silly question..........3 socks or 3 pair?
Answer: 3 pair. There are no silly questions except the one you do not ask;-)
By Travis F. on November 5, 2015
See more answers (7)

Question: How many socks is in it
Answer: Six socks
By Sarah B. Gerrish on March 3, 2015
See more answers (1)

Question: Hi i'm ordering these for a cheerleading team and the girls are ages 12-14. smallest shoe size would be 6 in woman's. what size socks should i order?
Answer: The socks where pretty true to size but after washing they shrink 1 size. I ordered toddler sizes and ordered a size up and worked great but we used these for soccer.
By Kim on February 6, 2018
See more answers (2)

Question: Would the medium 9-11 fit a big girls 3
Answer: Yes. My son wears a size 2 shoes and wears that size socks.
By AB on November 6, 2017
See more answers (1)

图 0－8

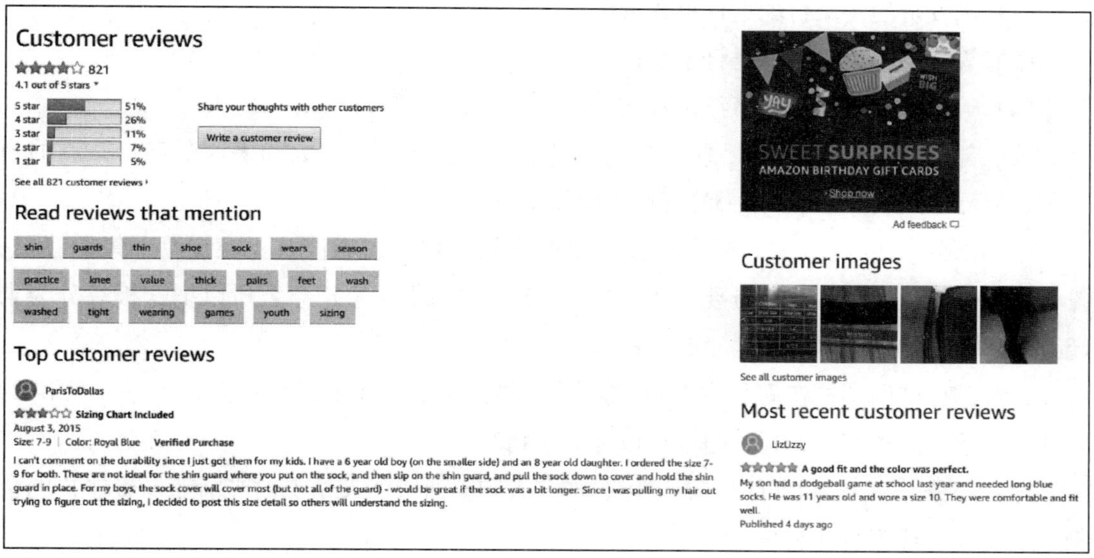

图 0-9

五、亚马逊后台界面介绍

后台是相对于前台而言的，后台界面指卖家平台，本教材介绍的后台均指卖家账号后台操作界面。

（一）后台界面功能指标介绍

后台提供了各项功能指标，主页部分如图 0-10 所示，罗列了最常用的几项信息。

图 0-10

如图 0-10 所示，第一部分“商城”分为美国、加拿大和墨西哥三个站点。

第二部分“打开订单”分为三种情况：

（1）未发货的卖家自配送订单数量；

（2）等待中的卖家自配送订单数量；

（3）等待中的亚马逊物流订单数量。

第三部分“7 天的销量”，点击此板块可以查看美国、加拿大和墨西哥三个站点的当天的、7 天的、15 天的和 30 天的订购的商品销量和件数。

第四部分“买家消息”，顾名思义就是买家站内信，内容涉及买家询盘、售后答疑、投诉异议灯情况，并且亚马逊要求卖家在 24 小时内回复买家消息，所以把这板块分为未超过 24 小时目标值和超过 24 小时目标值。

第五部分“购买按钮赢得率”可以查看美国、加拿大和墨西哥三大站点近 2 天和 30 天的购买按钮赢得率，购买按钮也可以称为购物车。

第六部分“总余额”可以查看美国、加拿大和墨西哥三大站点的当前亚马逊账户的余额，以便及时计算店铺利润。

（二）后台十二大板块介绍与操作指导

后台操作主要有十二大板块，即目录、库存、确定价格、订单、广告、品牌旗舰店、程序、数据报告、绩效、应用和服务、B2B 和品牌，每个板块都有相应的功能特点。

1. 目录

目录板块主要是添加商品和补全草稿，其中添加商品功能包含上传新商品的两种方式，即后台单个编辑上传和使用模板批量上传。补全草稿功能支持将上传到一半的商品保存为草稿，下次继续编辑并完成上传。该板块是库存板块中添加新商品和批量上传新商品功能的快捷菜单。

2. 库存

库存板块有八大功能，如图 0 - 11 所示。

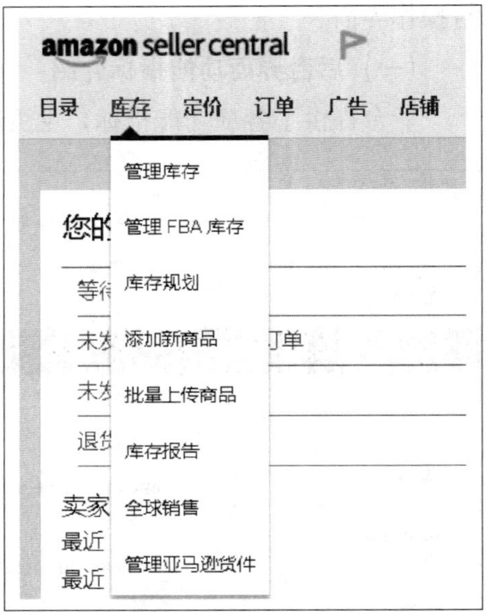

图 0 - 11

（1）管理库存。常用的库存管理操作界面可直接对 Listing 进行编辑修改，包括商品价格、商品图片、自发货库存数量等一系列，如图 0 - 12 所示。

（2）管理 FBA 库存。对使用 FBA 的商品的库存管理可预览 FBA 的费用，查看 FBA 的库存数量，包括亚马逊仓库中可售和不可售的商品数量，如图 0 - 13 所示。

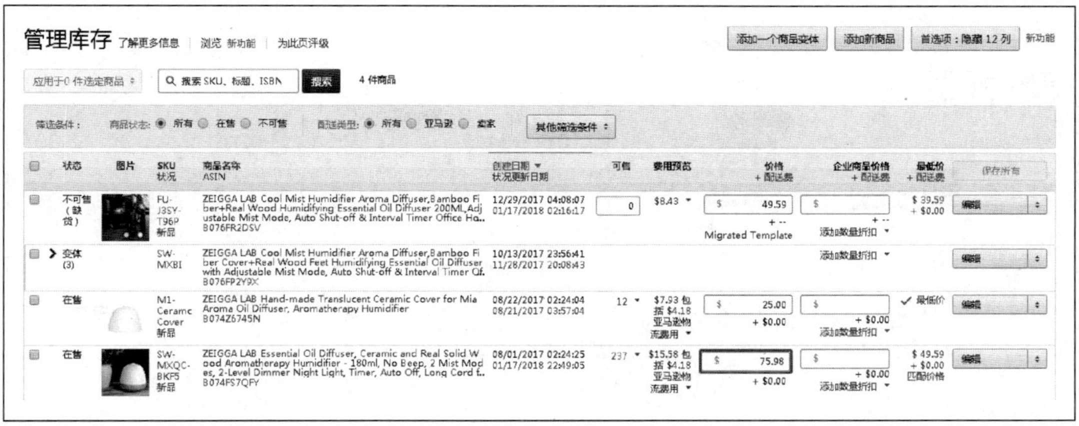

图 0－12

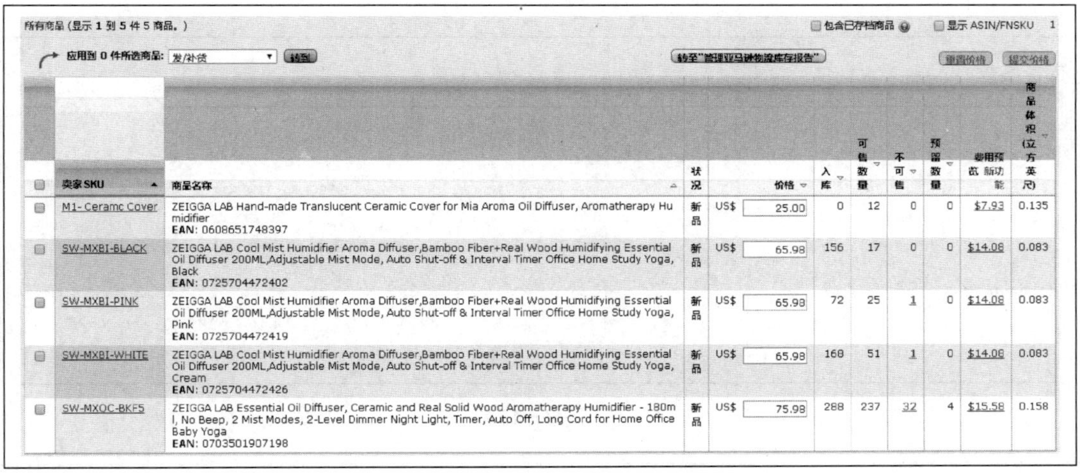

图 0－13

（3）库存规划。根据销售情况和当前库存量，亚马逊系统对未来销量进行预估，并对库存量给出一系列的建议，如图 0－14 所示。

（4）亚马逊物流远程配送。借助亚马逊物流远程配送，您可以使用美国亚马逊物流库存向加拿大和墨西哥境内的买家销售商品。

（5）添加新商品。

（6）批量上传商品。上传新商品有两种方式，即后台单个编辑上传和使用模板批量上传。

（7）库存报告。通过请求报告，下载最新的库存报告，获得上传的所有商品品种概览，其中包括每个 SKU 的价格和数量，如图 0－15 所示。

（8）全球销售。已经开通多站点销售的卖家可在此查看各站点的销售情况，如图 0－16 所示。

（9）管理亚马逊货件。亚马逊发货计划的管理包括处理中的、运输中的、已完成的发货计划，入仓后与实际发货数量有差异的，可在此进行申诉调查，如图 0－17 所示。

图 0-14

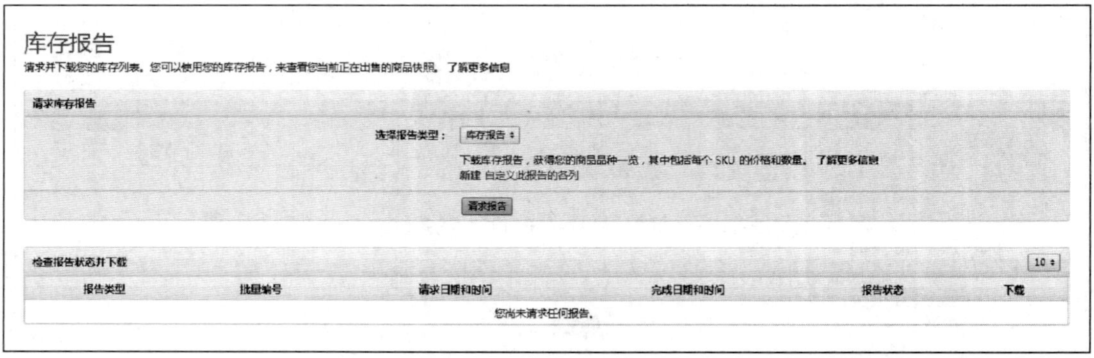

图 0-15

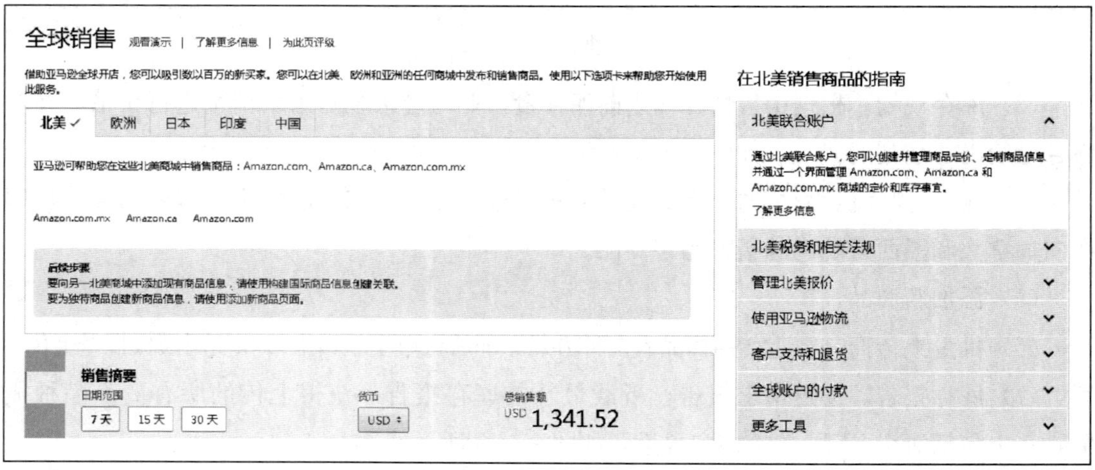

图 0-16

（10）上传和管理视频。上传和编辑 listing 视频，提高产品转化率，提升消费者客户体验。

3. 确定价格

确定价格板块有六大功能，如图 0-18 所示。

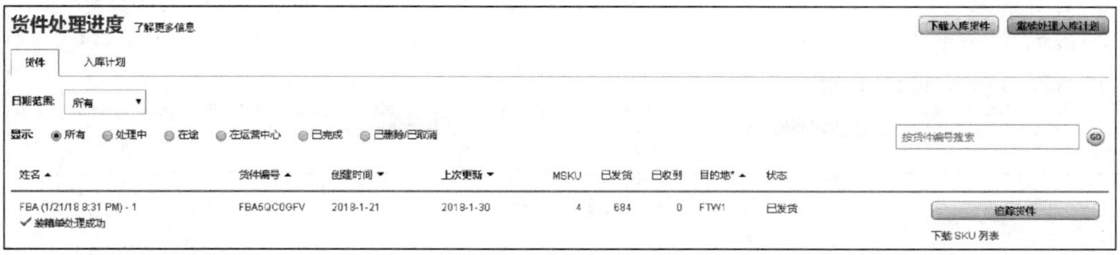

图 0 - 17

（1）定价状况，如图 0 - 19 所示。

（2）管理定价。

（3）修复价格警告。

（4）自动定价。

（5）佣金折扣，如图 0 - 20 所示。

（6）协议定价。

图 0 - 18

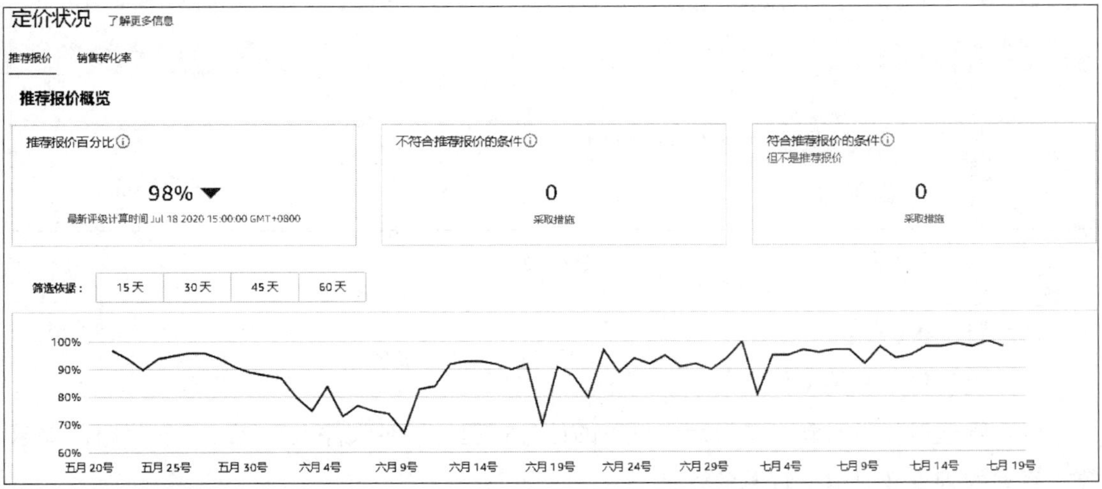

图 0 - 19

亚马逊系统对商品价格的分析及对赢取黄金购物车的相关价格建议，包括亚马逊推出

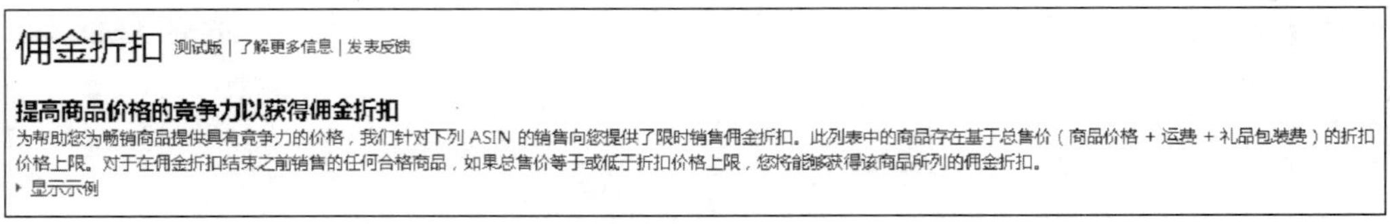

图 0－20

的佣金折扣的优惠活动，要根据具体情况进行相应操作。

4. 订单

订单板块包括五大功能，如图 0－21 所示。

图 0－21

（1）管理订单，如图 0－22 所示。

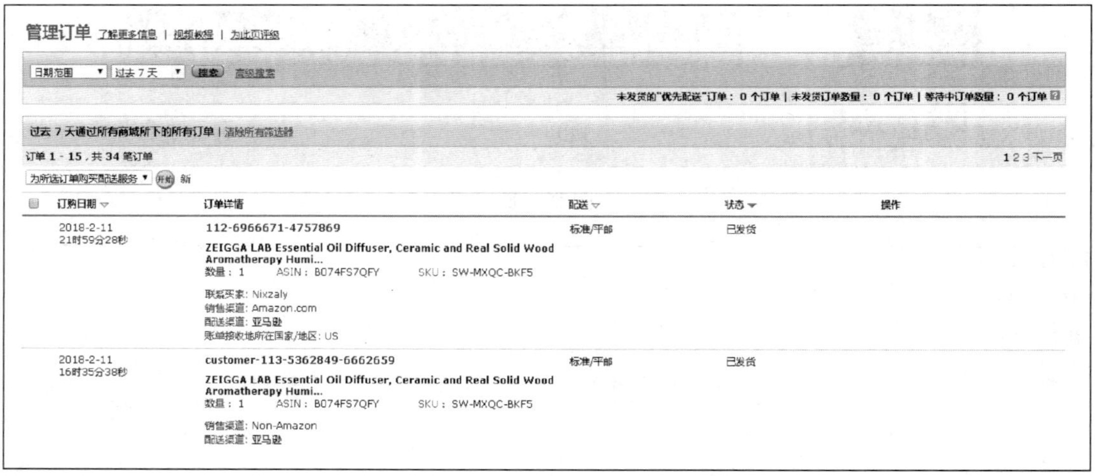

图 0－22

（2）订单报告。

（3）上传订单相关文件。

（4）管理退货。对新订单及历史订单的信息管理包括对收件人、地址、发货时间要求等一系列的管理及对退货订单的管理。

5. 广告

广告板块包括六大功能，如图 0－23 所示。

图 0－23

(1) 广告活动管理。站内点击付费广告（CPC）的相关设置包括暂停、启用等一系列操作，如图 0－24 所示。

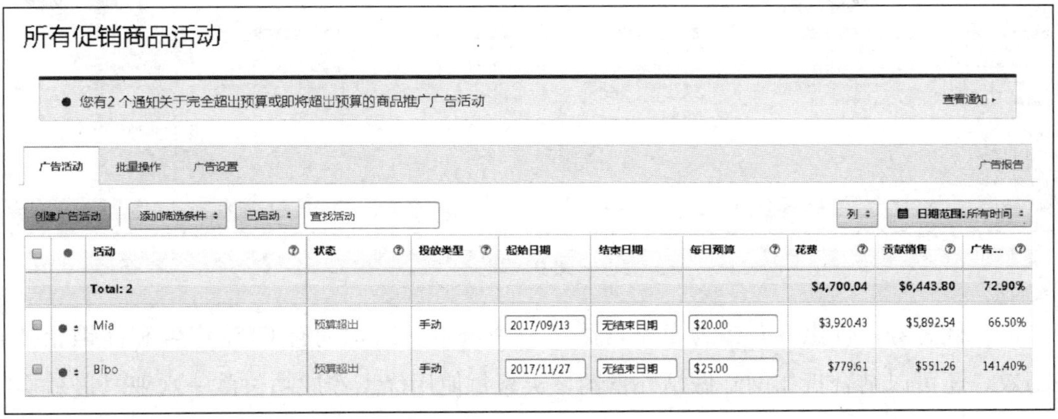

图 0－24

(2) A＋页面。有实力的卖家可申请图文版详情页，申请成功后可在详情页放置商品大图，使页面图文并茂，可大大增加卖家软实力。

(3) 早期评论者计划。早期评论人计划，简单来说就是每个 ASIN 都会有亚马逊安排的专业的留评人员留下的评论，相应地，卖家也需要支付一定的费用，收费是 60 美元。通过这个项目获得 5 个评论后，项目结束。目前只有美国站开通了此功能。

(4) Vine。Amazon Vine 邀请亚马逊上最值得信赖的评论者针对新商品发布他们的看法，以帮助其他买家做出明智的购买决定。亚马逊会根据买家针对其在亚马逊上所购商品发布的评论是否深刻，邀请买家成为 Vine 评论者（也称为 Vine Voice）。参与该计划的卖家可以提供免费商品，以便这些选定的 Vine Voice 为其申请的商品发布买家评论。参与 Vine 计划有助于培养对您商品的认知度，提高销售速度较慢和全新商品的销量，并帮助买家对您提供的新商品做出明智的决定。

亚马逊会给选中的早期评论人 1～3 美元的购物卡作为写评论的报酬，从而刺激他们写下真实可靠且图文并茂的评论。卖家不能直接和评论人联系，并且这个项目不局限于优秀的评论者，任何一个买家都可以参与（只要他没发布过虚假或恶意的评论）。通过早期评论人计划活动的评论下面会有一个特殊的橘色标识：Early Reviewer Rewards。

需要注意的是，只有注册了美国品牌并成功在亚马逊备案的卖家才能参加这个项目，参加的商品仅限于评论少于 5 个且客单价大于 15 美元的商品。

（5）秒杀。符合条件的商品可在此报名参加亚马逊的秒杀活动，如图 0－25 所示。秒杀即以限时折扣的方式做促销活动，卖家参加秒杀活动可大大增加曝光度，薄利多销。

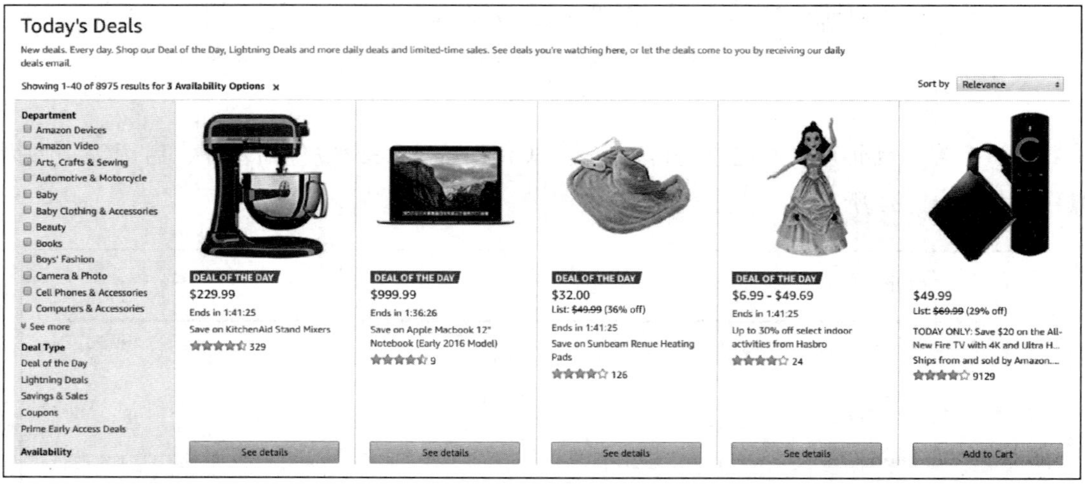

图 0－25

（6）优惠券。优惠券营销为卖家增添了一个流量入口，拥有 CPC 广告和促销相结合的功效，还可以结合折扣网站做站外营销，买家每使用优惠券成功付款一次亚马逊就会扣除卖家 0.6 美元。目前，优惠券功能仅对店铺评分在 3.5 分以上的卖家开放。

（7）Prime 专项折扣。Prime 专享折扣是面向 Prime 会员的价格折扣。在搜索结果中和商品详情页面上，提供 Prime 专享折扣的商品将向 Prime 会员显示带删除线的定价和节省消息。针对折扣调整的价格将显示在面向 Prime 会员的详情页面购买按钮上。

（8）管理促销。亚马逊站内推广有 3 种方式，如图 0－26 所示，具体介绍如下：

1）社交媒体促销代码。创建自定义促销代码，获得一个独特的营销页面，通过社交媒体、电子邮件或名人营销将此页面分享给买家。您可以控制如何推广促销活动，以及买家可以获得多少商品和交易的优惠。

2）购买折扣。为整个商品分类或一个子体商品分类提供折扣优惠。

3）买一赠一。设置商品买一赠一活动，买家购物时，对整个商品目录或子目录中的购物符合既定的条件，即可享受一个或多个免费商品。

6. 品牌旗舰店

店铺板块为卖家提供了管理亚马逊品牌旗舰店的功能，仅注册后的品牌拥有人符合创建品牌旗舰店的资格。

图 0-26

亚马逊品牌旗舰店（Amazon Store）是一个免费的自助服务商品，允许卖家设计和创建多个品牌旗舰店页面在亚马逊平台展示自己的品牌视觉形象、商品性能卖点和价值理念。在虚拟购物的环境下，它的推出将在很大程度上提升消费者以品牌为中心的购物体验。

在亚马逊品牌旗舰店页面，消费者能看到该品牌的商品系列，打造以品牌为中心的购物体验。它有助于提升品牌知名度和消费者长期忠诚度，从而提升品牌搜索率、重复访问者比例和消费者转换率。新的亚马逊品牌旗舰店将取代之前的类似商品，如亚马逊专页（Amazon Pages）、亚马逊首页（Amazon Storefront）和亚马逊自营品牌店（Amazon Retail Brand Stores）。

亚马逊品牌旗舰店的亮点如下：

（1）100% 免费的自助服务商品；

（2）卖家将拥有自己专享的亚马逊链接；

（3）多页面体验，允许最多三层的内容以展示品牌和商品；

（4）支持多种媒体播放展示内容以提升消费者购物体验；

（5）提供用于优化旗舰店流量的报告工具；

（6）支持社交媒体分享，实现站外引流。

7. *程序*

程序板块包括三大功能。

（1）配送计划。发现、注册并管理亚马逊的配送计划。比如轻小商品计划、全球配送服务、卖家自配送 Prime 等。

（2）推荐方案。提供动态建议，以帮助您优先处理适当任务，从而在亚马逊上开创业务。

（3）借贷。亚马逊努力为我们的卖家群体提供多样化的融资产品，贷款将由独立于亚马逊的出借方基于您提供的信息进行审批。出借方可自行决定修改审核标准或提出附加要求，包括为了符合某些条款或利率提出相关的要求。

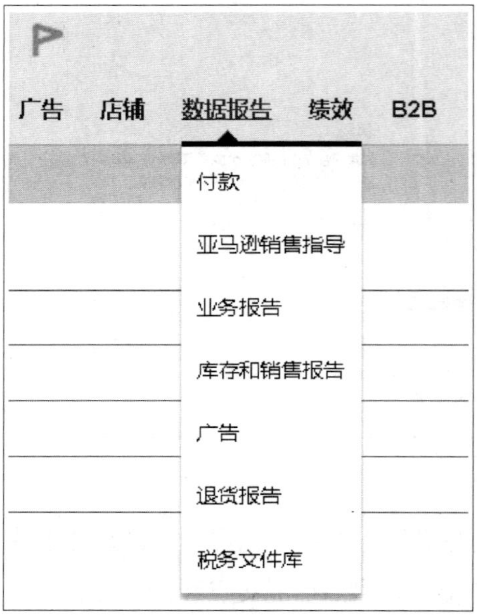

图 0－27

8. 数据报告

数据报告板块包括七大功能，如图 0－27 所示。

（1）付款。付款板块是关于账号资金收支的全部明细，可根据具体订单号或时间段进行查看，如图 0－28 所示。

（2）亚马逊销售指导。亚马逊根据近期销售情况和库存数量，给出对未来的销售建议，供卖家参考发货数量，如图 0－29 所示。

（3）业务报告。亚马逊后台对所有 SKU 进行分析，包括每个 SKU 的买家访问量、页面浏览量、商品转化率等数据，如图 0－30 所示。建议卖家定期下载业务报告，分析数据，为销售提供相关指导。

图 0－28

（4）库存和销售报告。批量下载库存和销售报告，包括商品的存储时长、不可售的库存、预留的库存数量等，如图 0－31 所示。

图 0－29

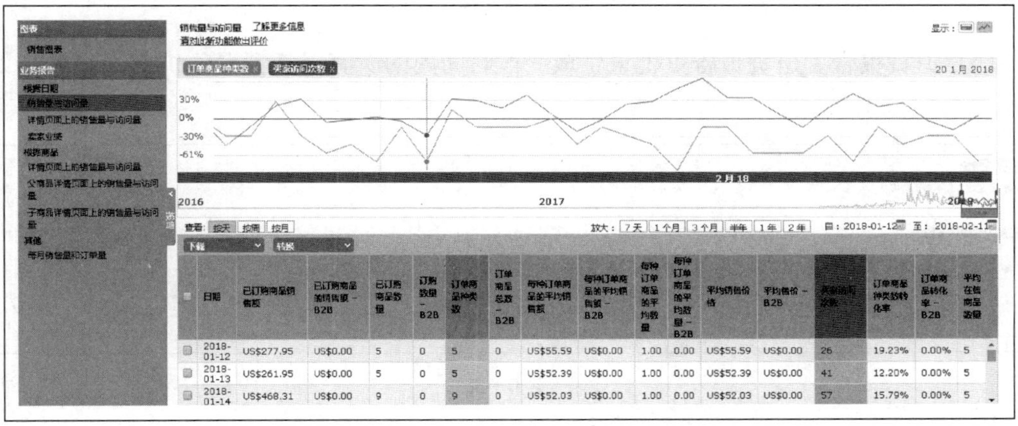

图 0－30

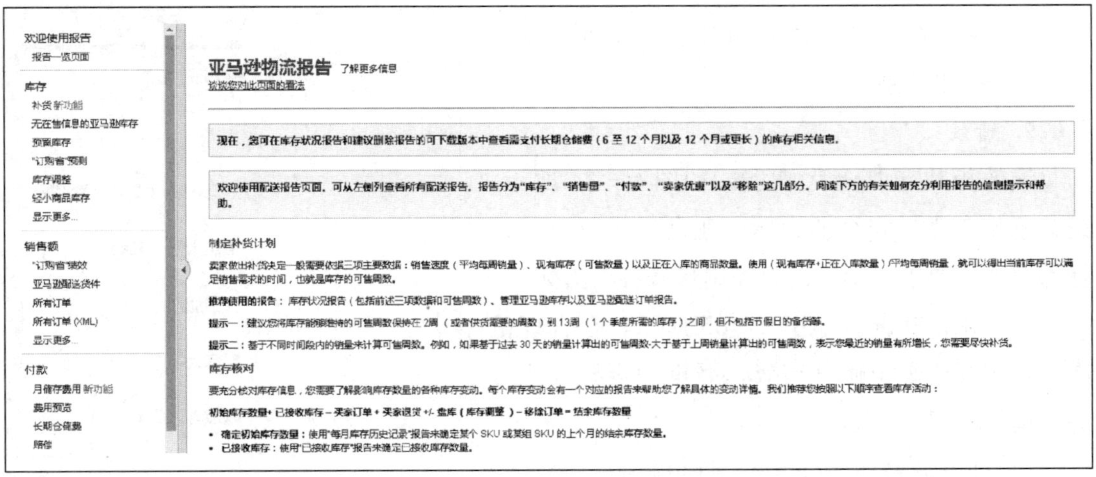

图 0－31

（5）广告。开设点击付费广告（CPC）一段时间后，需要对广告效果进行评估。如图 0－32 所示，卖家可根据需求自行下载，主要是运行中的广告的相关数据，包括每个广告被点击的次数、买家的关键词、广告花费等。卖家可根据这些数据对广告进行优化，降低广告成本，以最小的投入获得最大的收益。

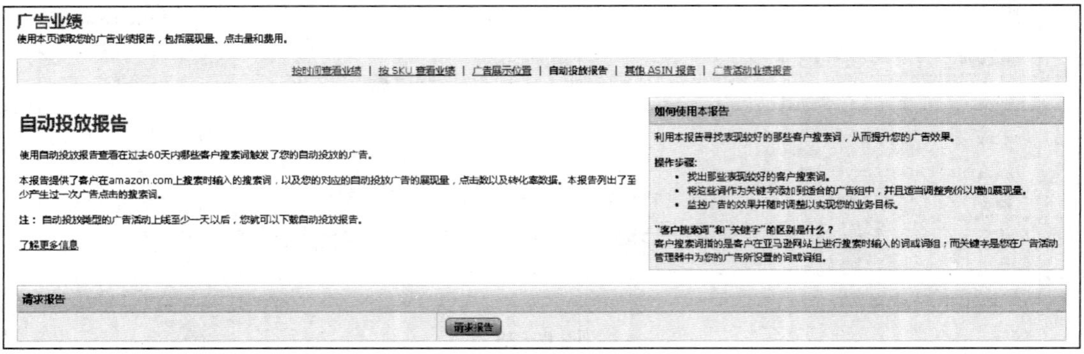

图 0－32

（6）退货报告。退货报告可批量生成一段时间内的所有退货情况，供卖家查看，如图 0－33 所示。

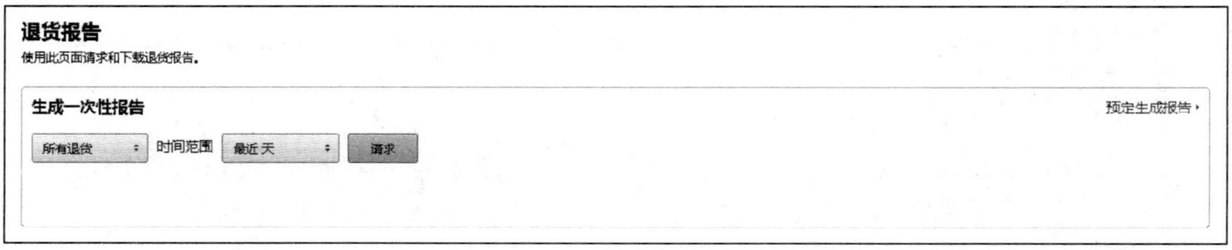

图 0－33

（7）Custom Reports。可查看和下载活动报告、库存报告、订单报告、付款报告、退货报告等。

（8）税务文件库。卖家可在税务文件库查看关于税务的相关报告。

9. 绩效

绩效板块包括七大功能，如图 0－34 所示，是关系整个账号安全的命脉。亚马逊对所有的指标都有严格要求，卖家需要控制账号各项指标。

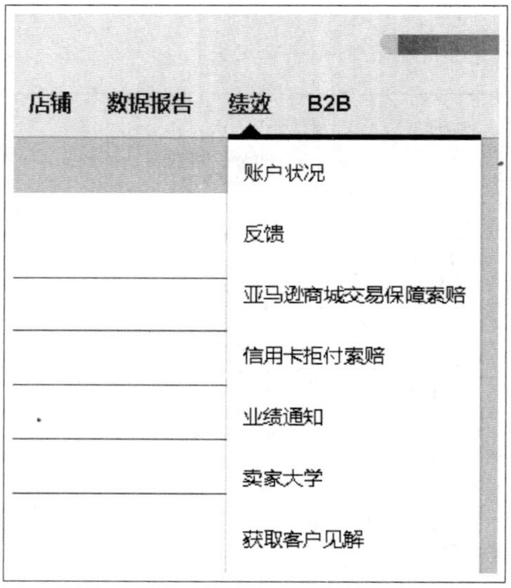

图 0－34

（1）账户状况。如图 0－35 所示，在合理范围内，超标会影响账号绩效，严重的会导致账号失去销售权限。

1）订单缺陷率（ODR）。订单缺陷率是指收到负面反馈、亚马逊商城交易保障索赔或服务信用卡拒付的订单所占的百分比。它让我们能够用单一指标来衡量整体绩效。

2）退货不满意率。退货不满意率是指未在 48 小时内答复、错误拒绝或收到买家负面反馈的有效退货请求所占的百分比。退货不满意率用于衡量买家对退货处理方式的满意度，包括负面退货反馈率、延迟回复率和无效拒绝率。

3）取消率。取消率是指卖家取消订单次数所占百分比（买家取消订单不计入此绩效）。

4）迟发率。迟发率是指迟发订单所占的百分比。在预计配送日期之后发货的卖家自行配送订单将被视为迟发订单。

5）有效追踪率。计算有效追踪率时，首先会计算发货时提供了有效追踪编码的包裹数量，然后除以发货并确认的包裹总数。仅当追踪编码具有至少一次承运人扫描记录时，才被视为有效。亚马逊要求自行配送的95%的包裹提供有效追踪编码。

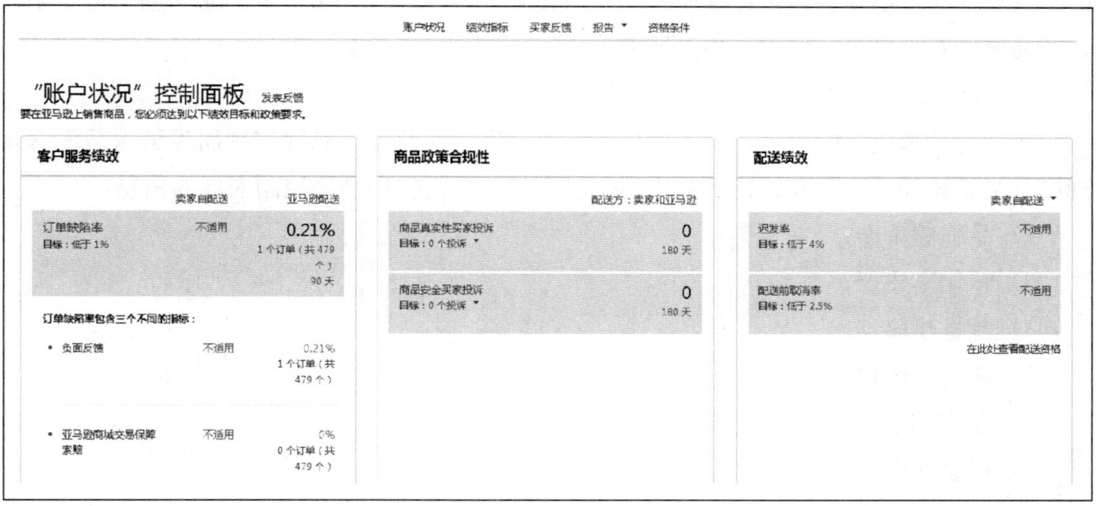

图 0-35

（2）反馈。反馈是指买家对整个购物体验的评价，买家只能为一个订单提交一条反馈评论，一般使用5星评分制（正面反馈：5星或4星；中性反馈：3星；负面反馈：2星或1星），如图0-36所示。

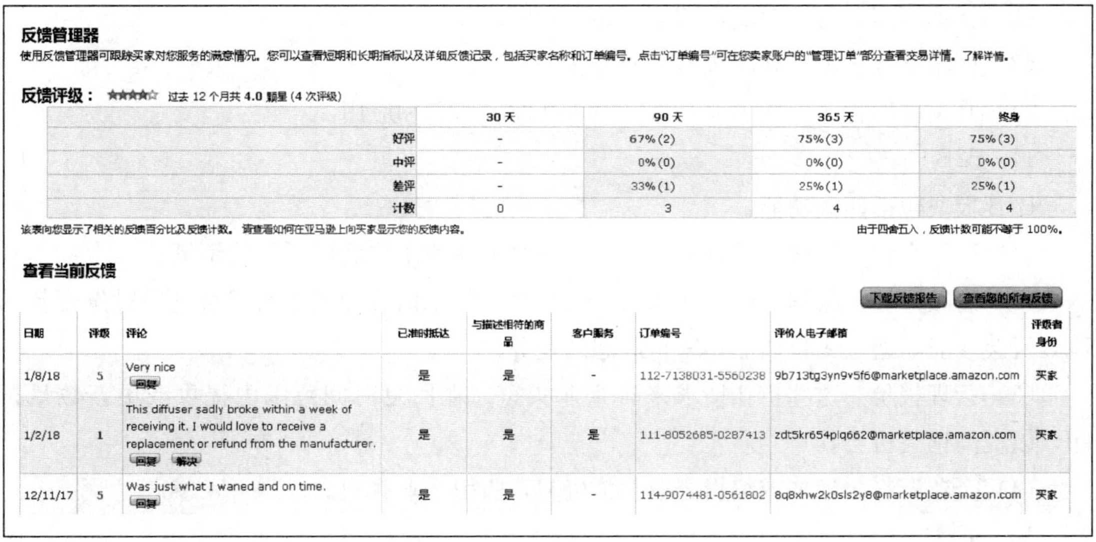

图 0-36

（3）亚马逊商城交易保障索赔。

（4）信用卡拒付索赔。

（5）业绩通知。

（6）买家之声。了解商品的买家满意度状况、查看买家对商品或商品信息的反馈，并采取措施解决商品和商品信息问题。

（7）卖家大学。亚马逊“卖家大学”可以帮助卖家深入了解“我要开店”及面向卖家的工具和政策，还提供迅速扩展业务的商品和服务，帮助卖家深入了解亚马逊平台。刚进入亚马逊的新卖家可在此学习相关知识。

（8）品牌控制面板。

专门为品牌提供的工具，用于优化其在亚马逊上的业务。品牌控制面板可以帮助您发现提升买家体验、流量和转化率的机会。包含有关如何使用品牌控制面板的信息：

1）品牌健康度；

2）转化率建议；

3）流量建议；

4）新商品优化器；

5）ASIN 搜索词优化；

6）买家评论；

7）添加您的品牌。

10. 应用和服务

应用和服务板块包括四大功能：

（1）发现应用。可以找到自动化解决方案（由外部开发人员和亚马逊提供），以管理并拓展您的业务。

（2）管理应用。管理对卖家数据的访问权限。

（3）探索服务。浏览和购买所需服务。

（4）开发应用程序。管理亚马逊 MWS 开发者信息和应用。

11. B2B

B2B 板块包括四大功能：

（1）B2B 平台。了解、管理和发展来自亚马逊企业采购商城买家的销量。

（2）商品机会。根据 Amazon Business 买家的需求信号探索销售机会。通过发现新的 B2B 机会在亚马逊上销售商品，来扩展您的业务。

（3）管理报价。这些折扣请求来自企业买家。在回复时间范围内提供或更新数量折扣，以提高销售机会。

（4）企业资料。增加或编辑企业相关资料，吸引企业客户。

12. 品牌

品牌板块包括三大功能：

（1）品牌分析。消费者行为查看，比如亚马逊关键词搜索、重复购买行为、市场篮子分析、商品比较和替代购买行为等。

（2）品牌控制面板。

（3）虚拟捆绑商品。捆绑商品是型录中的2～5件商品，通常作为一个整体打折销售。这些商品不是包装在一起，而是一起销售。捆绑商品让买家能够购买出色搭配的商品，从而更轻松地从品牌型录中发现和购买更多商品。

本学习情境主要介绍了亚马逊平台、前台界面和卖家后台界面。作为卖家，要了解亚马逊平台的所有版块知识点及注意事项，只有全面了解亚马逊，并站在买家角度思考问题，才能更好地运营和销售商品。

经典实例

懂规则方能保平安

小张的公司经营陶瓷工艺品，看到亚马逊广阔的市场，今年也想进军亚马逊分一杯羹。于是，小张将公司所有款式的商品都上架到亚马逊网站上。考虑到工艺品附加值比较高，又是易碎品，小张决定先采用自发货。经过一系列优化后，终于产生了第一个订单，于是他去仓库准备发货，然而，该订单的商品竟然没有现货。亚马逊对订单的发货时间有严格要求，立即生产商品也来不及，无奈之下小张只能选择取消订单。根据亚马逊的规则，取消订单会被记录不良的绩效，不到万不得已不建议取消订单，如果不得不取消订单，可以先跟买家沟通，建议买家挑选其他款式或者由买家取消订单。所以，小张当即给买家发了邮件说明缘由，希望得到买家谅解，让买家主动取消订单。然而，两天过去了，买家一直没有回复信息，眼看发货日子临近，却又没有货可发，小张不得不进行了取消订单的操作。好不容易成交的第一个订单就这样无疾而终，同时后台的订单取消率又有了一笔不良记录，这些都非常不利于账号长期健康稳定地发展。

作为卖家，在日常运营中，除非买家请求，否则应避免取消订单。除了买家请求外，因任何其他原因取消订单都会对卖家的评分产生负面影响。在正常的业务实践中，一定比例的缺货现象可能无法避免，但要尽量减少此类问题的出现。

如果因断货而取消的订单影响了整体绩效，卖家可以采取以下几个步骤进行预防和改善：

（1）定期更新亚马逊库存。如果卖家通过多渠道销售该商品，最好定期更新库存，确保库存数据准确。

（2）反复检查提交的商品价格。如果提交的商品价格有误，可能导致订单取消次数增多。如果使用第三方集成商来更新商品，需采取正确的措施，以避免集成商犯错。

(3) 如果商品已有稳定的销量，要确保拥有充足的库存，以满足可能增加的订单量。

(4) 如果必须取消订单，请在确认自己无法配送订单时立即取消。如果是立即取消，而不是在预计配送日期后再取消订单，更易获得买家谅解。无论何时，都应在取消订单后向买家致歉。

通过以上案例我们发现，仅仅了解亚马逊操作而不懂得平台的规则和要求，以及提前做好风险防范措施，还是很难保持店铺的良性运转。

能力实训

一、不定项选择题

1. 以下哪个商品可以在亚马逊上售卖？（　　）

A. 枪支　　B. 宠物背包　　C. 人体器官　　D. 沙发套

2. 以下哪种不是电子商务模式？（　　）

A. B2B　　B. C2C　　C. B2C　　D. A2H

3. 亚马逊起源于（　　）。

A. 美国　　B. 英国　　C. 德国　　D. 法国

4. 注册亚马逊账号需要以下哪些资料？（　　）

A. 营业执照　　B. 法人身份证

C. 3 个月内的电费账单　　D. 持枪许可证

5. 以下哪个不是做亚马逊的优势？（　　）

A. 客户质量高　　B. 杰出的流量优势

C. FBA 物流配送的优势　　D. 适合低端商品

6. 作为买家，在亚马逊搜索界面能了解到的商品信息有哪些？（　　）

A. 商品图片　　B. 商品标题

C. 商品价格　　D. 商品评价和评价数量

7. 亚马逊后台操作界面主要包括哪些功能模块？（　　）

A. 库存　　B. 定价　　C. 订单　　D. 广告

E. 数据报告和绩效

二、简答题

1. FBA 费用的组成。

2. 亚马逊专业卖家和个人卖家的区别。

3. 在亚马逊平台开店的硬件要求。

4. 如果你的一个订单存在亚马逊商城交易保障索赔记录和负面反馈，会被记为两个缺陷吗？

学习情境一

亚马逊账号注册与风险控制

知识目标

- 掌握亚马逊卖家账号注册流程及注意事项
- 了解导致亚马逊账号风险的因素

技能目标

- 掌握注册亚马逊卖家账号的操作流程
- 能够规避一般的亚马逊账号风险
- 掌握账号申诉流程

结构导图

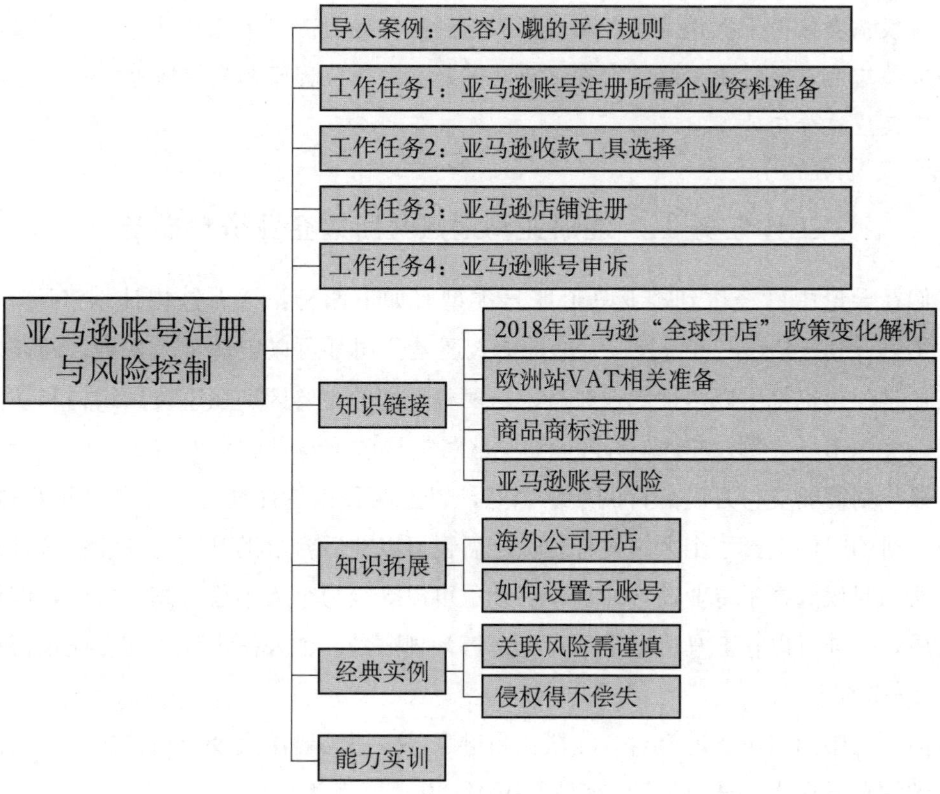

导入
案例

不容小觑的平台规则

由于前期准入门槛低、注册简单、市场大，2016 年亚马逊吸引了大量的卖家入驻，尤其是美国站。据统计，仅 2016 年 6 月就有近 10 万中国卖家涌入。如此疯狂的卖家扩张也带来了一系列的问题，如大量不良卖家涌入、FBA 仓库爆仓等。为解决这些问题，亚马逊不仅在 2016 年 7 月初暂停了美国站“全球开店”（较往年提前了 2 个多月）业务，而且拟定了一系列的政策来规范卖家，将不良卖家剔除。

自 7 月停止招商开始，几乎每天都有数十家店铺被关闭。虽然每年临近旺季都是平台大力整顿的时期，但如此高的关店率是之前从未出现过的，这令不少卖家忧心忡忡。2016 年 9 月，大批账号被冻结的事件是亚马逊的“机器人”一手所为。“机器人”通过抓取敏感词及账号相关信息，符合认定条件的即被判定为不良卖家，其账号自动冻结。其中，相当数量的新手卖家由于不懂亚马逊规则，在账号注册成功初期就导致其店铺被关闭。另外，也有很多卖家由于操作不当、绩效等原因被亚马逊封店，因此在开店之前卖家就应该对亚马逊关店的风险有所了解。那么，亚马逊账号的风险因素到底有哪些？当账号被冻结时，卖家又应该如何处理？

工作任务 1　注册亚马逊账号所需企业资料准备

我们在导论中已经讲到，亚马逊账号类型有如下两种：个人销售计划（Individual）和专业销售计划（Professional）。无论是个人还是公司都可以申请个人账号；同样，不论是个人还是公司也都可以申请专业账号。这两种计划的主要区别在于费用结构和功能使用权限。以美国市场为例，“个人销售计划”账号需要收取按件收费的费用，而“专业销售计划”账号则需要支付月度的订阅费。当然，以上两种销售计划之间是可以相互转化的。如果你注册的时候选择了个人销售计划，之后也可以在后台自助升级为专业销售计划；如果你注册的时候选择了专业销售计划，后续也可以降级为个人销售计划。所以，即使没有公司资质，一样可以在亚马逊上申请专业销售计划账号。个人销售计划与专业销售计划对比如表 1-1 所示。

目前，在中国（不含港澳台）注册亚马逊账号一般需要法人及公司信息资料，注册亚马逊欧洲站账号还需要通过 KYC 审核及 VAT 税号的信息。

表 1-1　　个人销售计划与专业销售计划对比

账号类型	个人销售计划	专业销售计划
注册主体	个人/公司	个人/公司
月租金	免费	39.99 美元/月
按件收费	0.99 美元/件	免费
销售佣金	对于不同类目，亚马逊收取不同比例的佣金，一般为 8%～15%	
功能区别	单一上传，无数据报告	单一上传/批量上传，可下载数据报告

【步骤 1】注册亚马逊卖家所需资料

（1）一个电子邮箱，用于接收亚马逊及买家的邮件。

（2）一张可以支付美元的双币信用卡（不一定要求是法人的，任何无不良信用记录的信用卡都可以），主要用于亚马逊扣款，这里推荐 VISA 信用卡和万事达卡。

（3）一个在注册期间可以联系到的电话。

（4）法人或者公司的名称、地址、联系方式。

【步骤 2】KYC 审核及所需材料

根据欧洲有关监管机构要求，亚马逊有义务对在欧洲平台（包括英国、法国、德国、西班牙、意大利等）开店的卖家进行公司和公司所有人身份审核（简称 KYC 审核）。卖家只有在欧洲验证团队审核通过后，才能在亚马逊欧洲平台销售。为此，要求卖家在注册后及时通过卖家后台如实填写有关信息并按照要求上传所需文件。要求卖家上传的文件包括：

（1）公司营业执照扫描件。

（2）公司主要联系人及受益人［受益人是指在公司中所占股份超过 25%（含 25%）的自然人或法人］的护照扫描件（如无护照，可用身份证加居民户口簿替代，身份证正反面和居民户口簿本人页扫描在一页上）。

（3）公司账单。最近 90 天内的任意一张公司日常费用账单（包括水、电、燃气、网络、电话、社保、银行对账单等）；必须由正规机构（公用事业单位、银行等）出具；账单上须有公司名称和详细地址，公司名称和地址应与营业执照上一致，如卖家运营地址在他处，账单上地址应是实际运营地址。使用内地公司注册欧洲站的卖家无须提供此账单，但使用香港、台湾公司注册的卖家须提供此账单。如卖家实际运营地址在内地，账单上的地址也应是卖家的内地实际运营地址。

（4）个人费用账单。最近 90 天内的任意一张主要联系人和受益人个人日常费用账单（包括水、电、燃气、网络、电视、电话、手机等费用账单和信用卡对账单等）；必须由正规机构（公用事业单位、银行等）出具；账单上须有姓名和家庭详细居住地址；如果该账单是在配偶名下，须同时提交结婚证明；如果账单是在房东（须为公司）名下，须有正规的房屋租赁合同以证明其中的关系。

（5）公司银行对账单。须开立一张公司的对公账户银行对账单，银行为公司账户开户行。

对账单要求：

1）要有公司名，且公司名应和营业执照上的公司名一致；

2）要有银行名或 logo，且 logo 应清晰可见；

3）必须有在该行开户的银行账号；

4）对账单如有日期，要求开立日期在 180 天内，无日期亦可接受；

5）卖家出于保密需要，可遮蔽有关流水往来的记录。

（6）用于收款的境外银行账户。建议卖家使用公司对公账户或者公司受益人的个人账户作为收款账户。平台可以接受开户地在美国、英国、欧盟各国、中国香港、澳大利亚等的银行账户作为收款账户，也接受像 PingPong、Payoneer 或者 World First 这样代办的境外卡。

工作任务 2　亚马逊收款工具选择

我们在做亚马逊收款工具选择之前，首先需要了解亚马逊有哪些收款工具可供我们选择。亚马逊平台除了接受美国银行卡账户、中国香港银行卡账户收款外，还支持第三方收款工具收款。目前平台推荐的第三方收款工具主要有 PingPong、Payoneer 和 World First。

PingPong 金融是杭州呼嘭智能技术有限公司创立的针对中国跨境电商的服务平台，致力于为中国跨境电商提供低成本的跨境收款及其他个性化定制的金融衍生服务。PingPong 是中国首家专门为跨境电商提供全球支付的中资企业。

Payoneer 成立于 2005 年，总部设在美国纽约，是万事达卡组织授权的具有发卡资格的机构，为支付人群分布广而多的联盟提供简单、安全、快捷的转款服务。Payoneer 支持全球 210 个国家和地区的当地银行转账；可在全球任何接受万事达卡的刷卡机上刷卡，支付在线购物和在 ATM 上取当地货币。

World First 是澳大利亚极具吸引力的交易商之一，拥有世界顶尖的交易资源，为客户提供外汇、黄金、白银等多种商品。World First（HongKong）有限公司于 2005 年 1 月成立，属 World First 澳大利亚总公司直属机构。作为在中国的地区总部，World First（Hongkong）在中国从事金融投资推广，并为 World First 在中国及亚州区域进行宏观管理提供业务支持，推动 World First 在中国市场业务的不断发展。

【收款工具 1】PingPong 注册与亚马逊绑定

个人用户注册时须准备的材料：用于注册账号的邮箱；用于注册账号的手机号码；身份证正、反面照片；手持本人身份证拍的照片。

请按照以下步骤完成 PingPong 收款账户的注册和绑定：

（1）注册 PingPong 账户。

注册链接：https://us. pingpongx. com/entrance/signup

在注册界面验证手机号码，确认登录密码后点击立即注册，如图 1－1 所示。

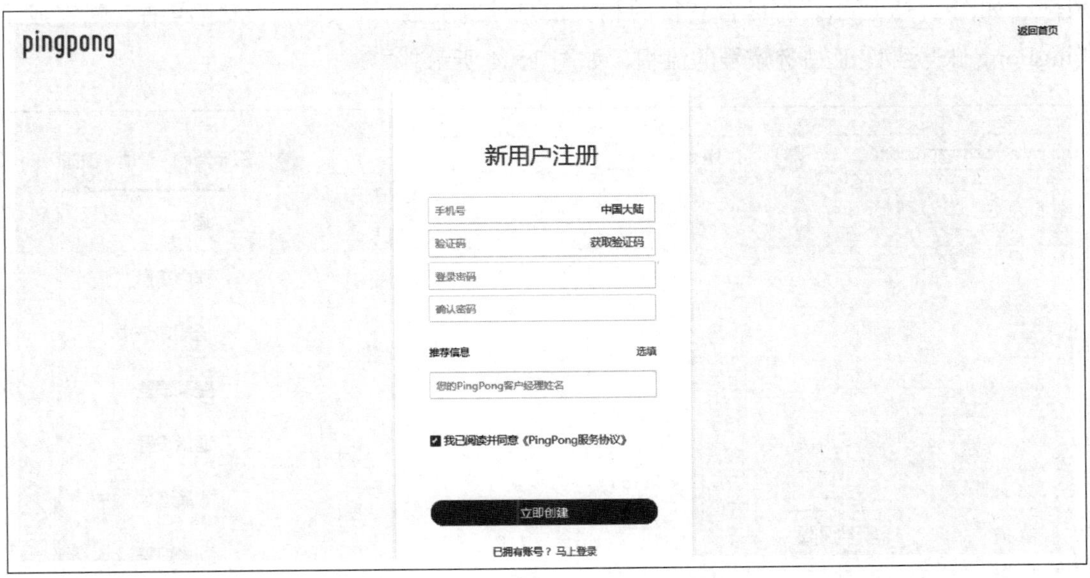

图 1－1

（2）绑定亚马逊店铺账号，如图 1－2 所示。其中，卖家编号（Seller ID）、访问键编码（AWS Access Key）和密钥（Secret Key）需要从亚马逊后台获取。

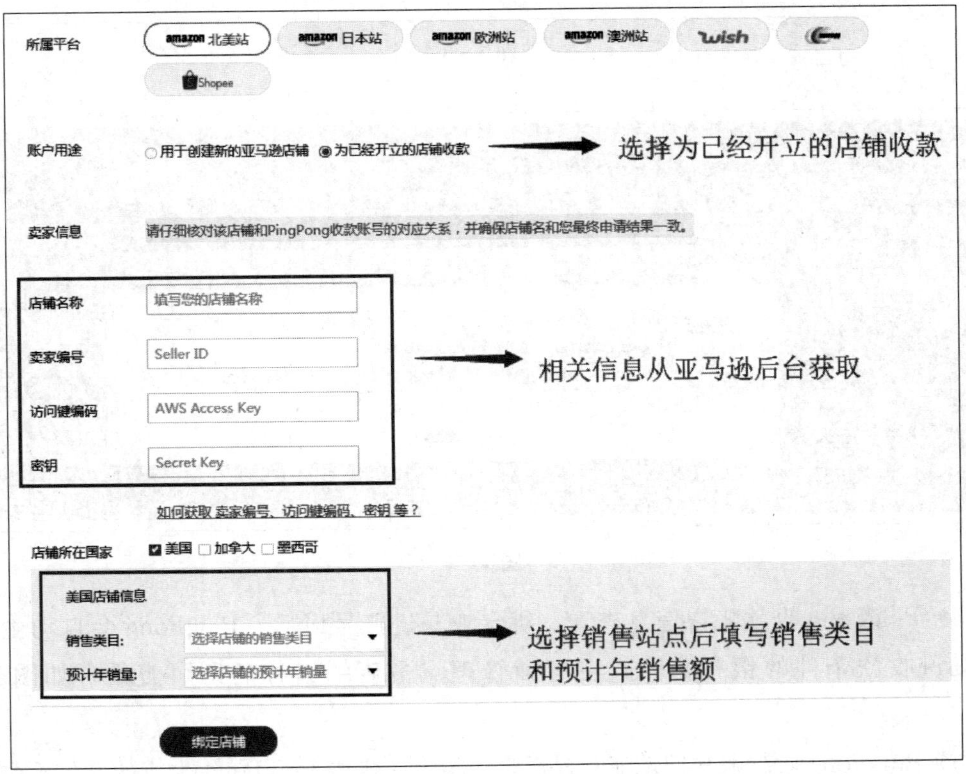

图 1－2

（3）亚马逊账号信息获取。点击“设置”→“用户权限”，查看亚马逊 MWS 开发者权限，如图 1－3 所示。将后台获得的相关信息填写完成后，点击“绑定店铺”就完成了 PingPong 账号绑定亚马逊账号的流程，如图 1－4 所示。

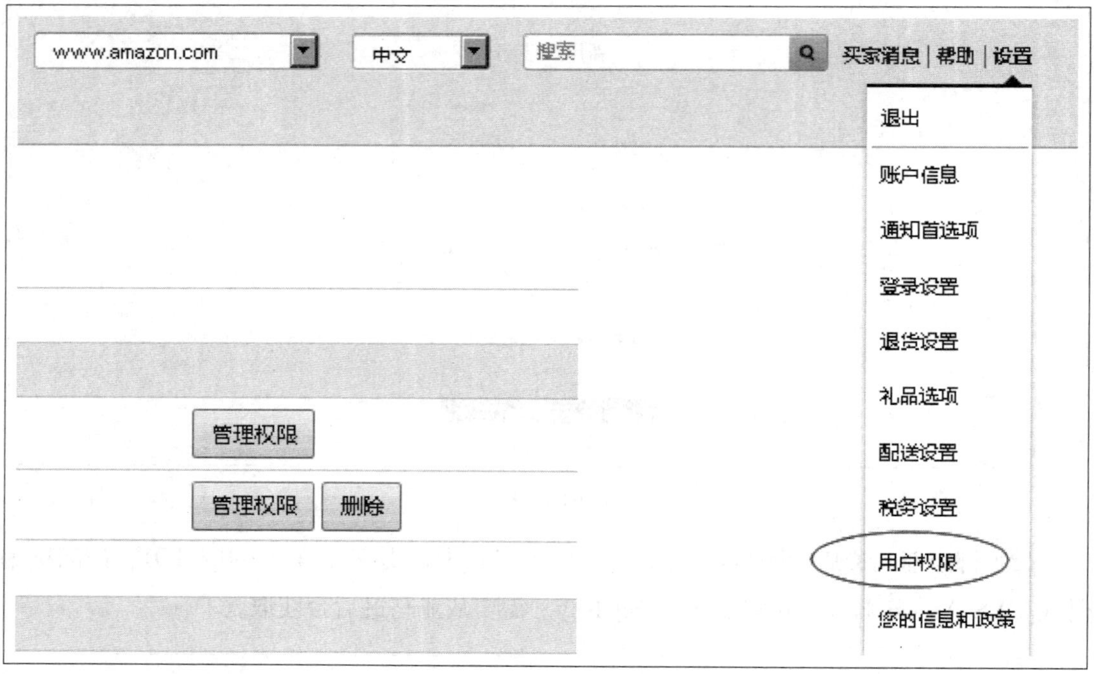

图 1－3

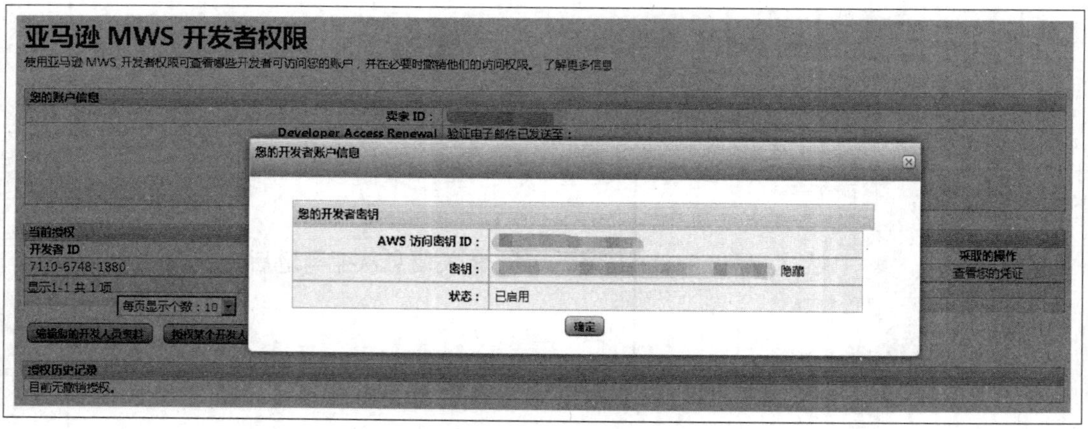

图 1－4

（4）PingPong 收款账户信息查看。绑定亚马逊账号以后，PingPong 会自动生成符合亚马逊收款条件的银行账户，在店铺管理点击店铺名称后即可查看，如图 1－5 所示。

（5）PingPong 收款账户回填亚马逊后台。将上一步中 PingPong 生成的 9 位汇款路线号码和 17 位银行账号填写到亚马逊后台收款账号处，然后点击“设置”→“付款信息”

图 1-5

→“存款方式”，添加新的存款方式后台，如图 1-6 和图 1-7 所示。

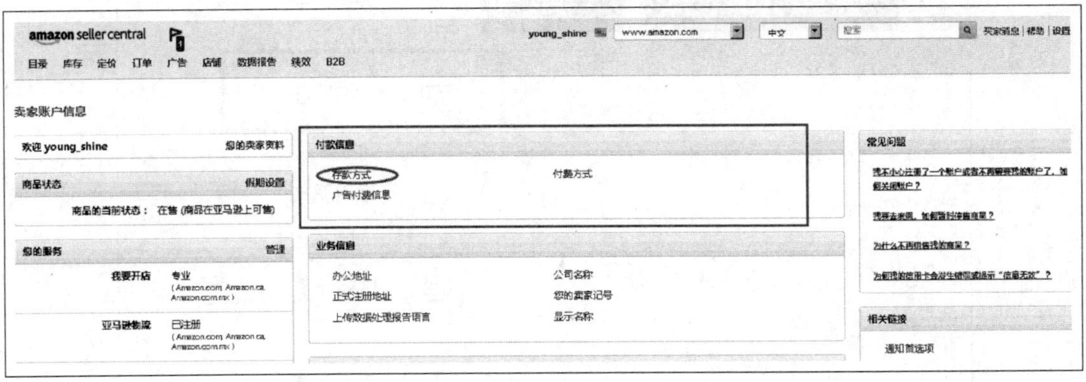

图 1-6

（6）PingPong 账户实名认证。在 PingPong 后台右上角账户中心下拉菜单选择“实名认证”，按要求依次上传身份证正面、反面照片和本人手持身份证正面拍的照片，然后点击提交，等待审核（大约需要 3 个工作日），如图 1-8 和图 1-9 所示。

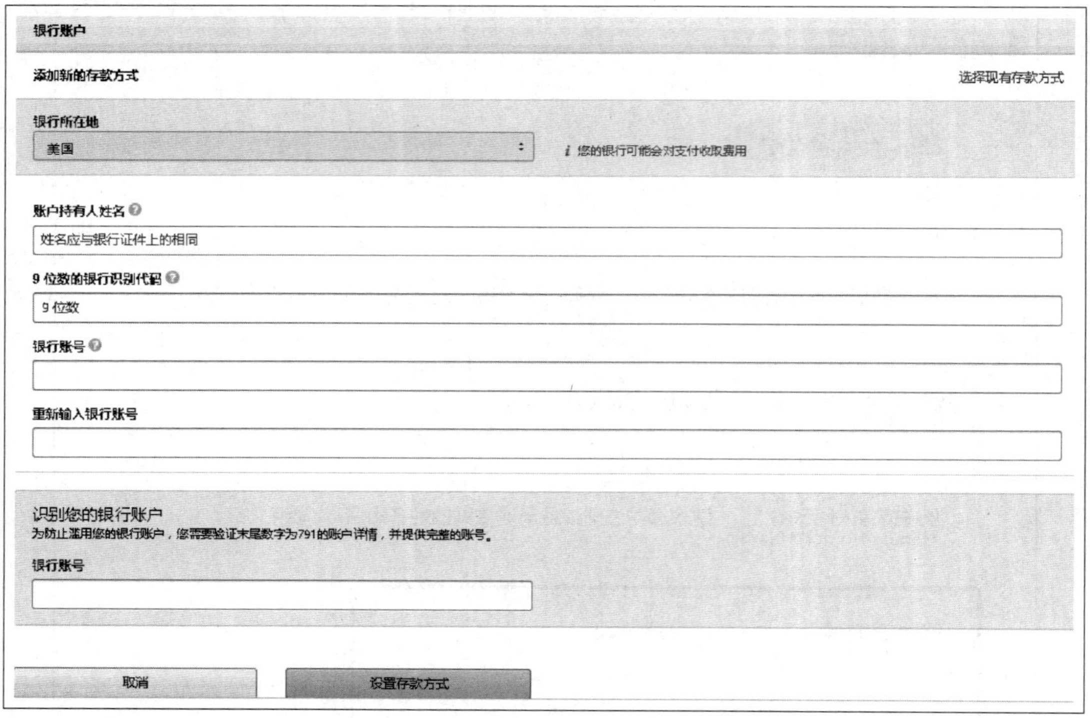

图 1-7

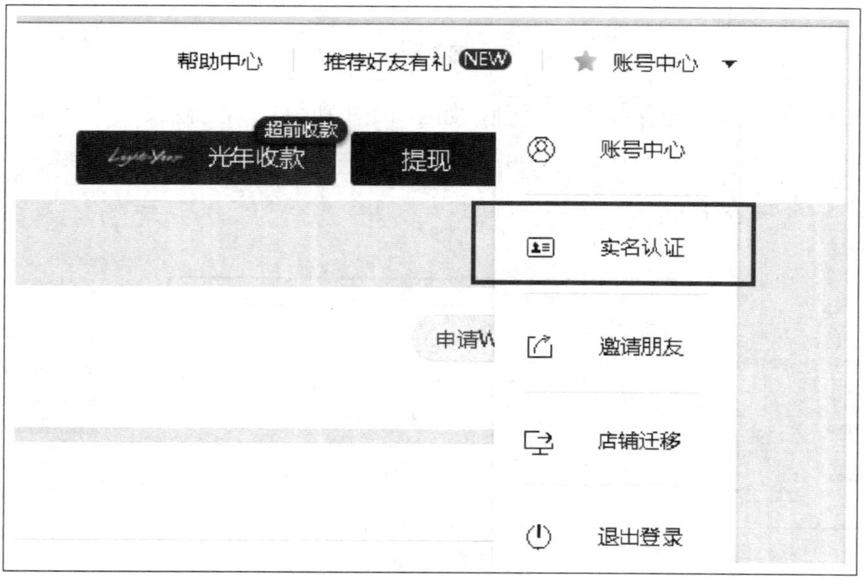

图 1-8

（7）添加提现账户。点击“提现账户”→“添加提现账户”，如图 1-10 所示。

（8）操作提现。至此，PingPong 账户收款和绑定亚马逊店铺的操作全部完成，等待亚马逊资金入账后，就可以操作提现了。如果绑定的亚马逊店铺当前没有可提现余额，会显示“不可提现店铺”，如图 1-11 所示。

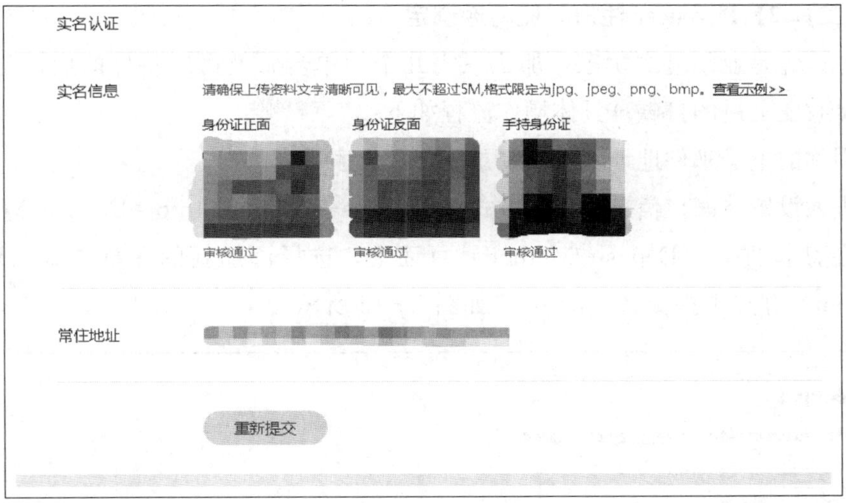

图 1-9

图 1-10

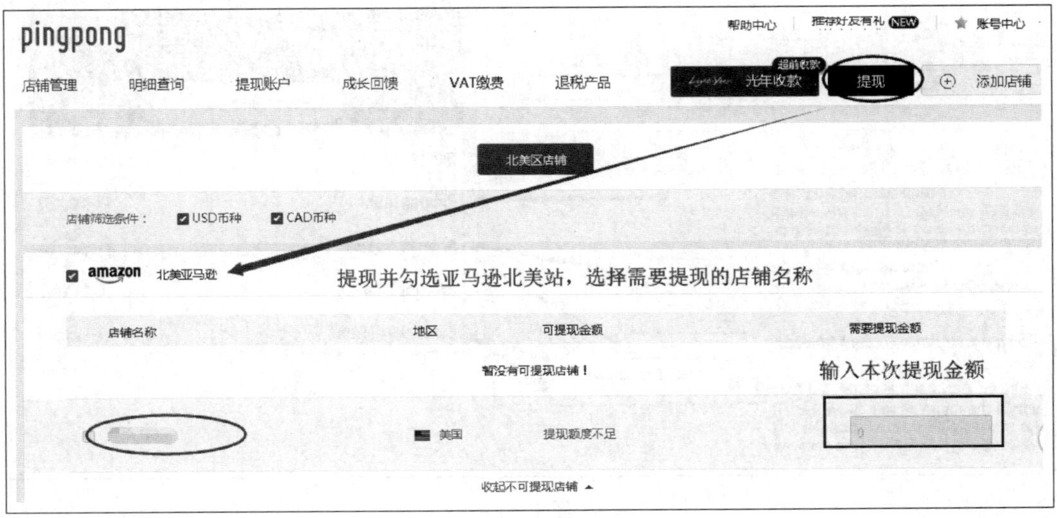

图 1-11

【收款工具 2】Payoneer 注册与亚马逊绑定

如果你已经是亚马逊的卖家，那么只需几个简单步骤就可以将你的店铺与 Payoneer 绑定，以接收亚马逊的打款。具体操作流程如下：

（1）用你的电子邮件地址和密码登录亚马逊卖家平台。

（2）进入设置→账户信息→存款方式（Settings→Account Info→Deposit Method）。

（3）在存款方式（Deposit Method）页面上，选择添加新的存款方式（Use a new bank account）并点击提交（Submit），如图 1－12 所示。

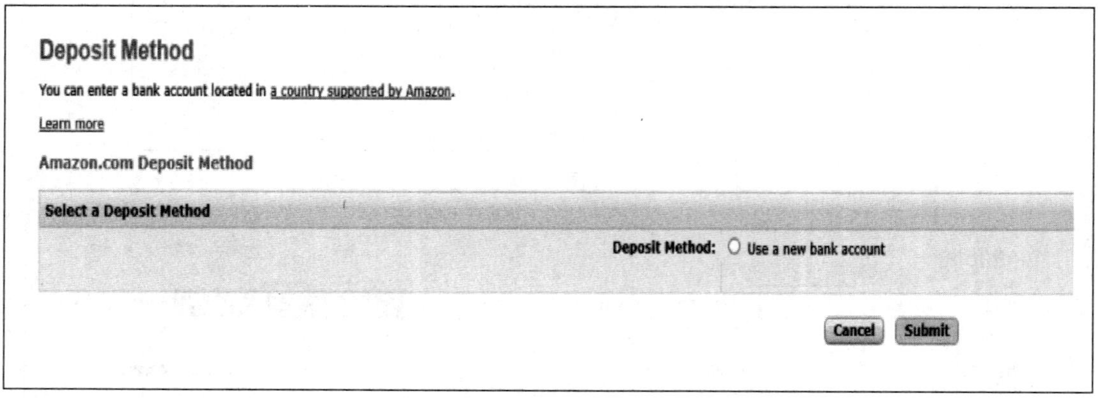

图 1－12

（4）如果你已经拥有 Payoneer 账户，请填写你的收款账号信息。

1）在银行所在国家（Bank Location Country）下拉菜单中选择美国（United States），如图 1－13 所示。

2）填写你全球收款服务（登录 Payoneer 账户→收款→Global Payment Service）的收款账号信息，如图 1－13 所示，然后点击提交。

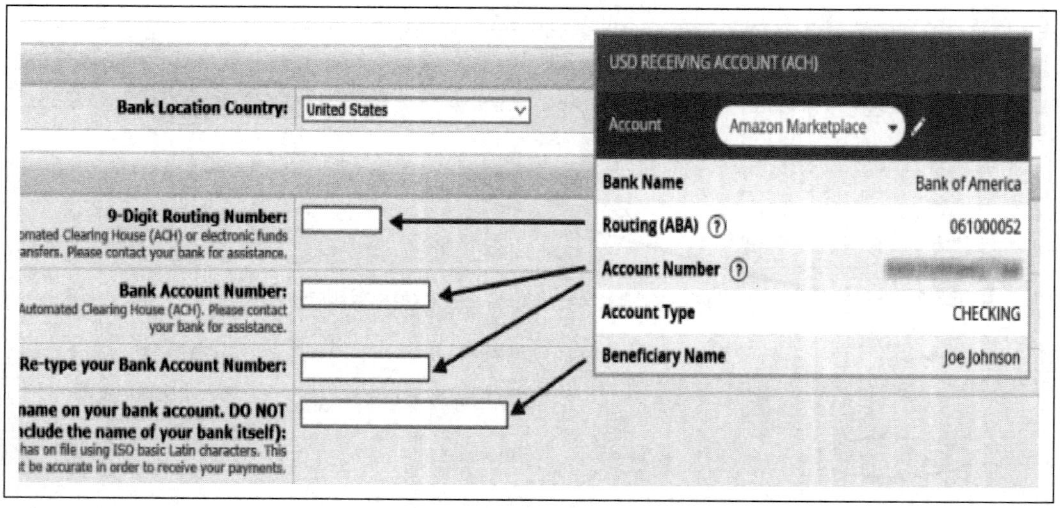

图 1－13

至此，现有 Payoneer 用户设置完毕，接下来便可接收亚马逊打款了。

（5）如果你还没有 Payoneer 账户，可以根据以下流程注册一个新的 Payoneer 账户，如图 1-14 所示。

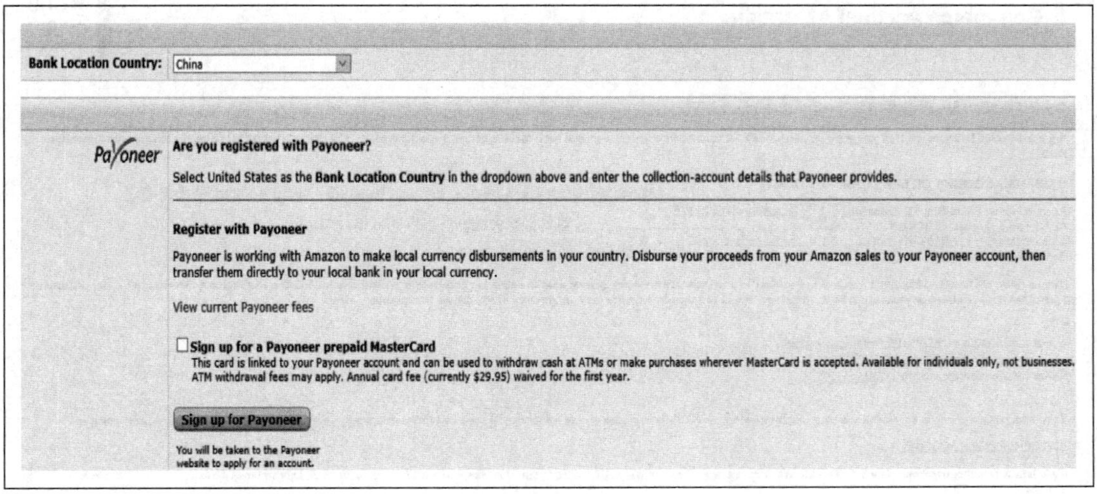

图 1-14

1）在银行所在国家（Bank Location Country）下拉菜单中，选择你所居住的国家，如中国。

2）选择接收亚马逊打款的方式：如果你希望可以灵活地在 ATM 上取现或在实体店和网上消费，请勾选注册 Payoneer 万事达预付卡（Sign up for a Payoneer prepaid Mastercard）对应的复选框。请注意，只有个人卖家才能在这一步申请 Payoneer 万事达预付卡，公司卖家无法申请。如果你希望享受提款至本地银行账户的便捷服务，则无须勾选此复选框。

3）点击注册 Payoneer（Sign up for Payoneer），然后根据屏幕上的说明进行操作。

4）申请获得批准后，你会收到一封包含全球收款服务详情的电子邮件。请参考上面的说明填写你的收款账号信息。

此后，亚马逊的款项将直接打到你的 Payoneer 账户。要查看你的收款记录，请登录 Payoneer。点击主菜单上的“Activity”（活动），然后点击“Payment History”（付款历史）。提取亚马逊资金时，请点击主菜单上的“Withdraw”（提款），然后点击“To Bank Account”（至银行账户）。如果你勾选了 Payoneer Prepaid Mastercard®（Payoneer 万事达预付卡），那么资金将打到相应的实体卡上，可以在国内的 ATM 上提现。

【收款工具 3】World First 注册与亚马逊绑定

World First 是亚马逊主要的收款方式之一，下面以美国站为例，说明如何将 World First 设置为亚马逊收款账户。你可以在开通 World First 账户时客户经理给你发的“电子商务账户分配”邮件里，找到 World First 美国银行账户信息（World First 美元账户），包括银行所在国家、银行账户持有人姓名（账户名）、9 位汇款路径号码（ABA Routing Number）、银行账号，如图 1 - 15 所示。

E-Commerce Account Allocation

World First Foreign Exchange

Dear Mr Can (Client Ref: 21[redacted]8022Z)

We are delighted to inform you that your account with World First is now fully open. Your unique bank account details are located below. You can now upload these details to your online marketplace profile.

US BANK ACCOUNT DETAILS (USD ACCOUNT)

Account Name: World First RE Shenzhen [redacted] Commerce Co., LTD ← 亚马逊后台的Bank Account Holder Nane，但一般用法人的拼音代替即可
ABA Routing Number: 031[redacted]209 ← 亚马逊后台的9-Digit Routing Number
Account Number: 77721308[redacted]20000 ← 亚马逊后台的Bank Account Number
Bank Name: Citibank

Please note: All transfers from this account are subject to a mandatory currency conversion. In order to comply with anti-money laundering regulations, this account is not authorised to receive deposits from any unapproved third-parties. If you are unsure whether an e-commerce marketplace is supported, please contact us.

- **For information on HOW THE PROCESS WORKS.**
- **For information on CHARGES AND FEES.**
- **For information on ACCOUNT DURATION.**

If you have not already done so, please submit your beneficiary account details using the secure link below. This will be your home account where you would like your converted funds sent to.

ADD BENEFICIARY ACCOUNT

If you have any further questions please contact the World First e-tailers team at etailers@worldfirst.com. Our office hours are Mon-Fri, 8:30 - 5:30 London time.

Foreign Exchange. International payments.
For you. For your business.

World First UK Limited is registered in England and Wales as a Limited Company: No 05022388 and is authorised by the Financial Conduct Authority, FRN: 502759, as a Payment Institution under the Payment Services Regulation 2009. World First Markets Limited is registered in England and Wales as a Limited Company: No 06382377 and is authorised and regulated by the Financial Conduct Authority, FRN: 477561. Registered office address: Regent House, 16-18 Lombard Road, London, SW11 3RB.

图 1 - 15

你也可以登录 World First 网站后台，在页面左下角找到这些信息。然后登录亚马逊美国站卖家平台开始设置。

第一步，点击右上角的“Settings”（设置）下的“Account Info”（账户信息），如图 1 - 16 所示。

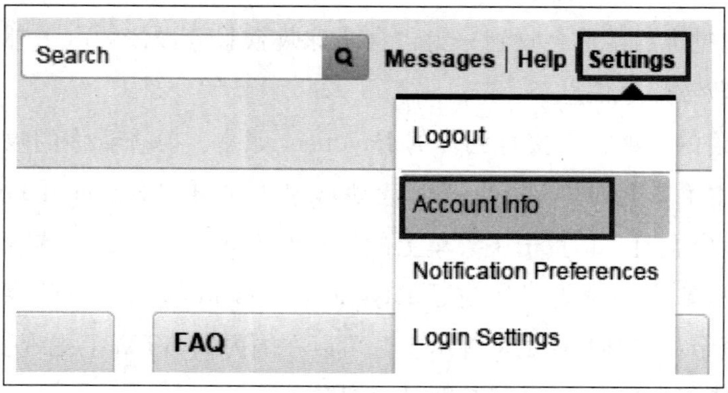

图 1 - 16

接着点击“Deposit Methods”（存款方式），如图 1 - 17 所示。

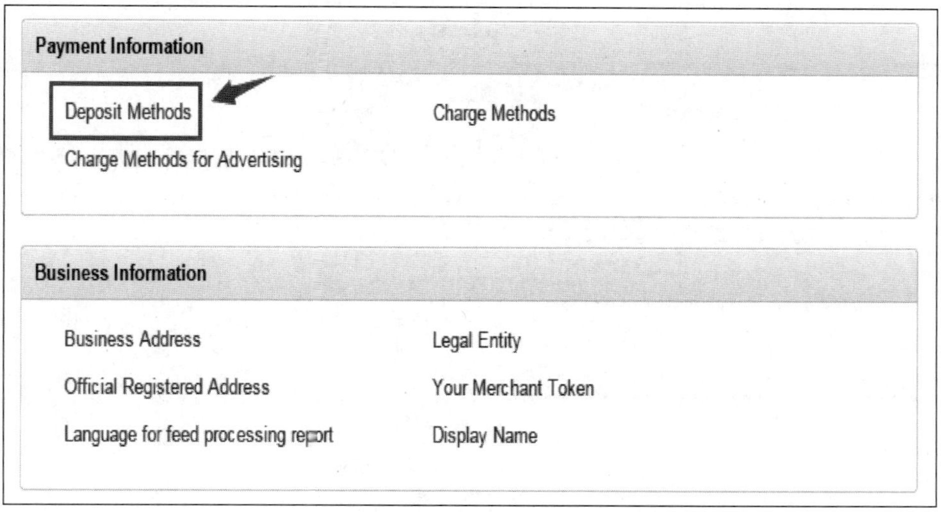

图 1-17

第二步，选择要绑定的站点，点击右侧的“Add/Edit”按钮即可添加或修改收款方式，如图 1-18 所示。

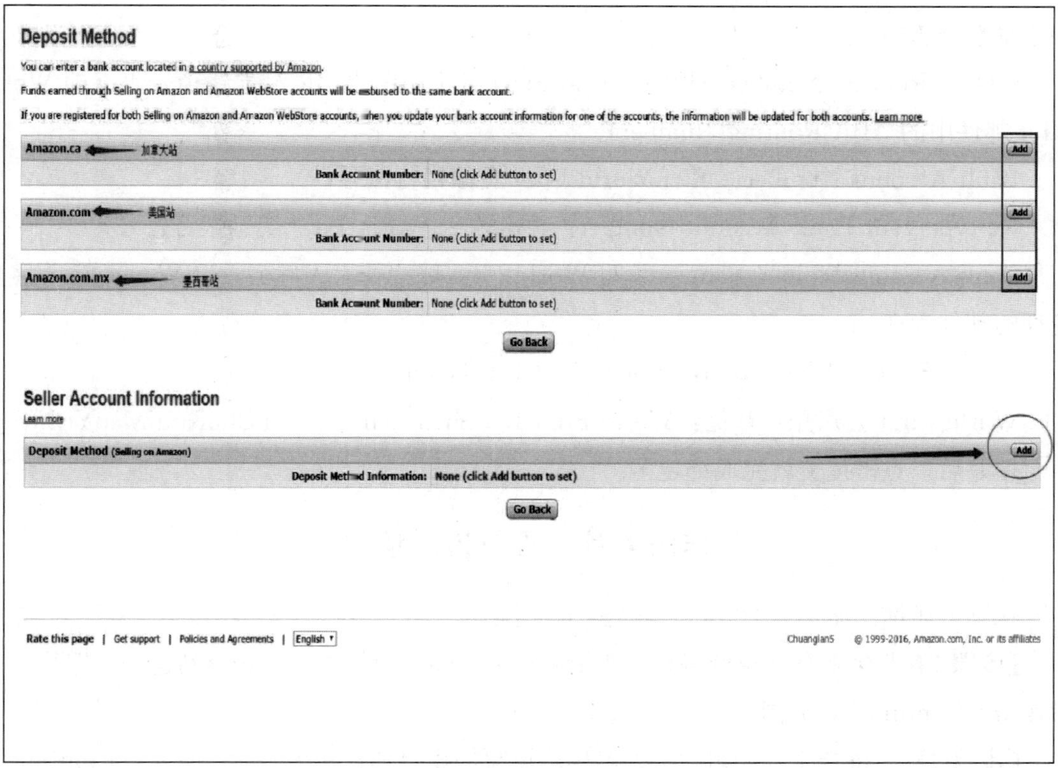

图 1-18

第三步，将上面提到的 World First“电子商务账户分配”邮件中的信息对应着粘贴进来，如图 1-19 所示。

图 1-19

Bank Location Country（银行所在国家）：美国站选美国，英国站选择英国，欧洲站一般是选择德国。

9-Digit Routing Number：填写 World First 美元账户的 9 位汇款路径号码（即 World First 邮件中的 ABA Routing Number）。

Bank Account Number：填写 World First 美国银行账号；

Re-type your Bank Account Number：再次输入 World First 美国银行账号；

Bank Account Holder Name：填写 World First 账户持有人姓名，以 World First 客户经理的邮件为准。

World First 个人账户举例：World First RE Tianquan Xie

World First 公司账户举例：World First RE Shenzhen ZNP JinChuKou MaoYi Ltd

填好后，点击提交就完成绑定了。

工作任务 3　亚马逊店铺注册

亚马逊店铺注册共需 20 步，具体操作如下：

【步骤 1】 收到亚马逊招商经理的邀请链接后，输入邮箱选择，选择新建一个账号，然后点击“Continue”，如图 1-20 所示。

【步骤 2】 用拼音输入公司的法人名称，填写好账户邮箱和密码后，点击“Continue”，如图 1-21 所示。

【步骤 3】 按照图 1-22 所示填写好“Legal Name”，点击“Continue”。

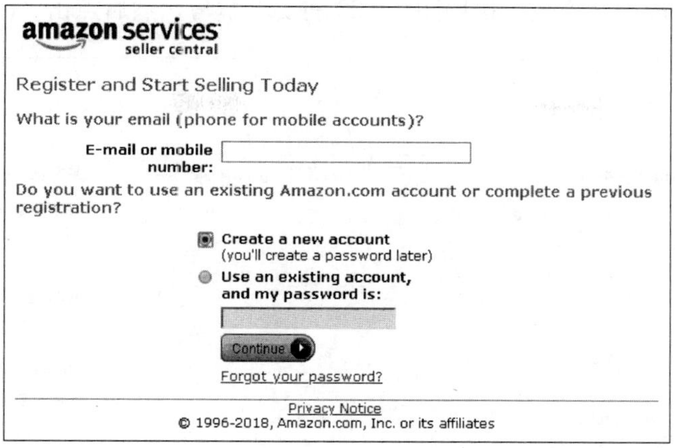

图 1-20

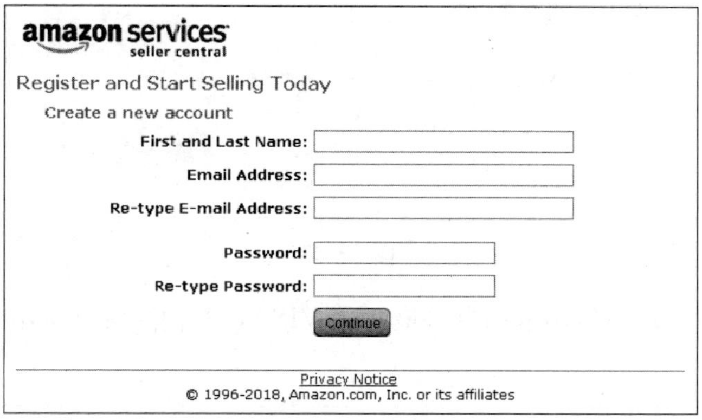

图 1-21

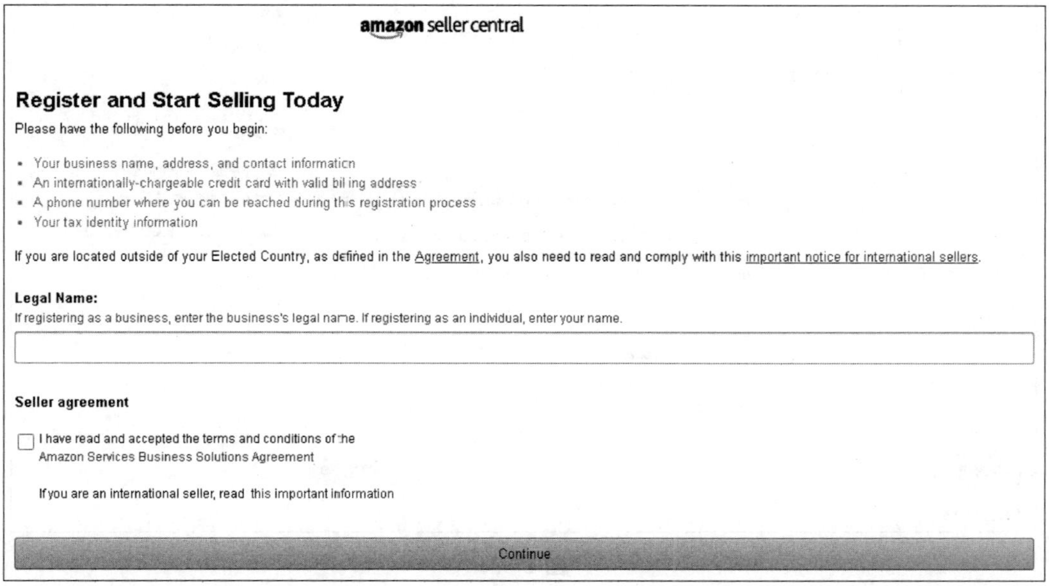

图 1-22

【步骤 4】转换成中文模式，按照图 1-23 的要求填写，然后点击“Save & Continue”。

图 1-23

【步骤 5】填写 VISA 信用卡信息（最好是 VISA，其他系统基本不识别），如图 1-24 所示。

图 1-24

【步骤 6】电话验证。点击“立即给我发短信”，然后会接到一个系统打来的电话，电脑会显示 4 位数字，接通电话把 4 位数字输入进去，按＃号键结束，即可完成验证，如图 1－25 所示。注意：很多时候系统会出问题，导致验证出错，失败 2 次后请换个号码或者进行短信验证，3 次不成功则需要 1 小时后才可以继续。

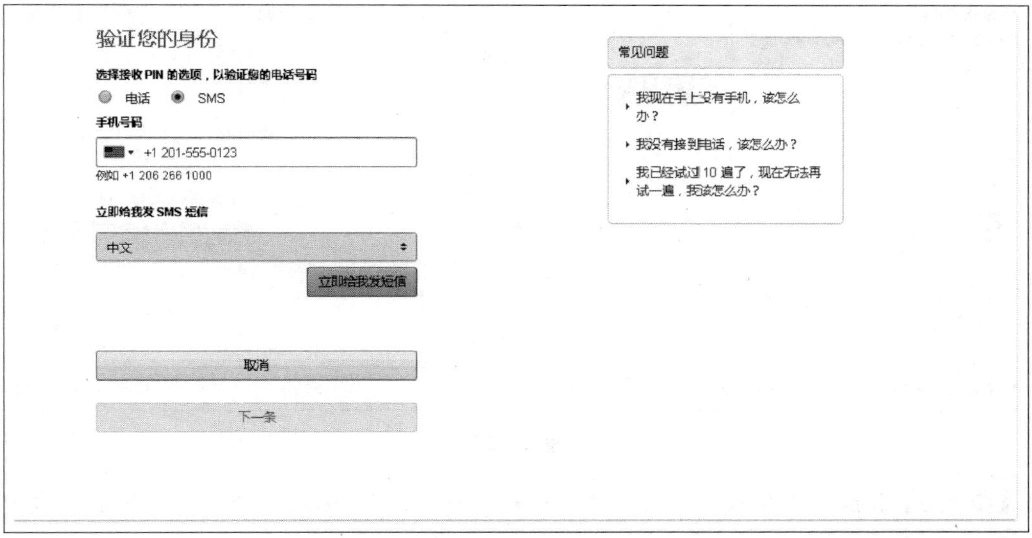

图 1－25

【步骤 7】税务验证。以中国卖家的身份全球开店注册账号，申请免税优惠，可按照如下步骤进行操作，如图 1－26 和图 1－27 所示。

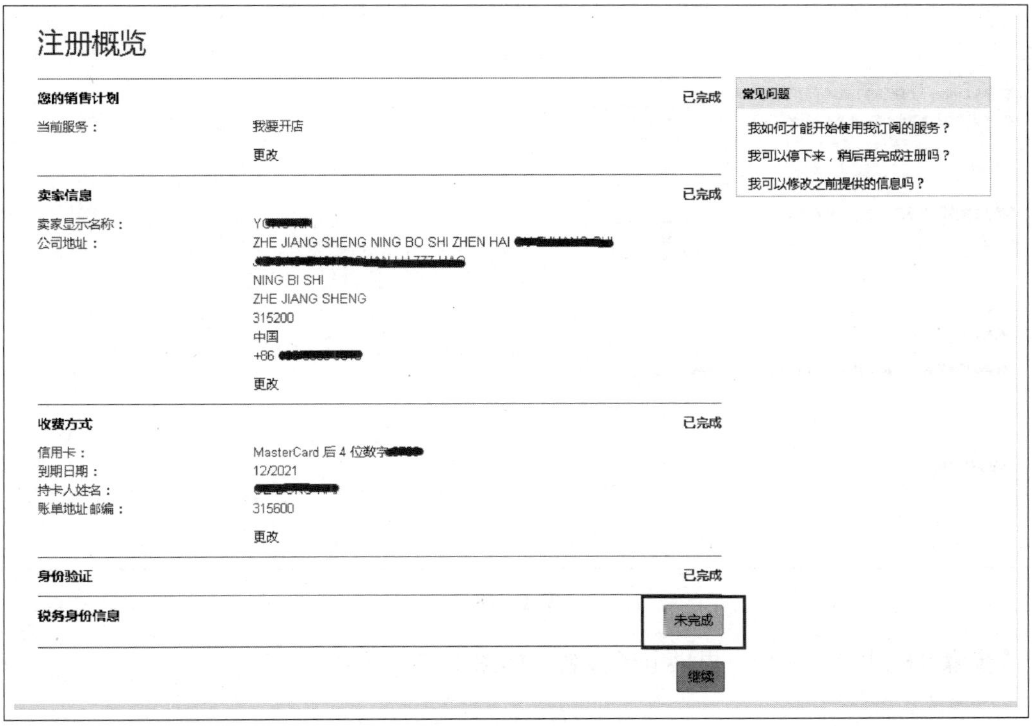

图 1－26

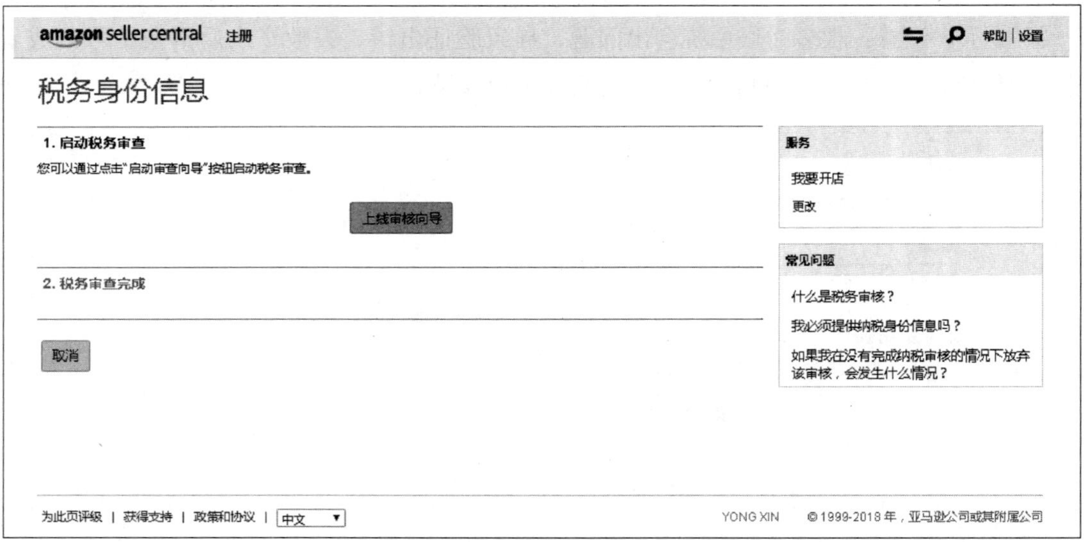

图 1-27

【步骤 8】 完成以上步骤，依次选择"业务"→"否"，填写公司名，可选部分也可不填，选择所在国家为中国，受益人类型为公司，如图 1-28 和图 1-29 所示。

图 1-28

【步骤 9】 跳转下一步，提供电子签名，如图 1-30 所示。

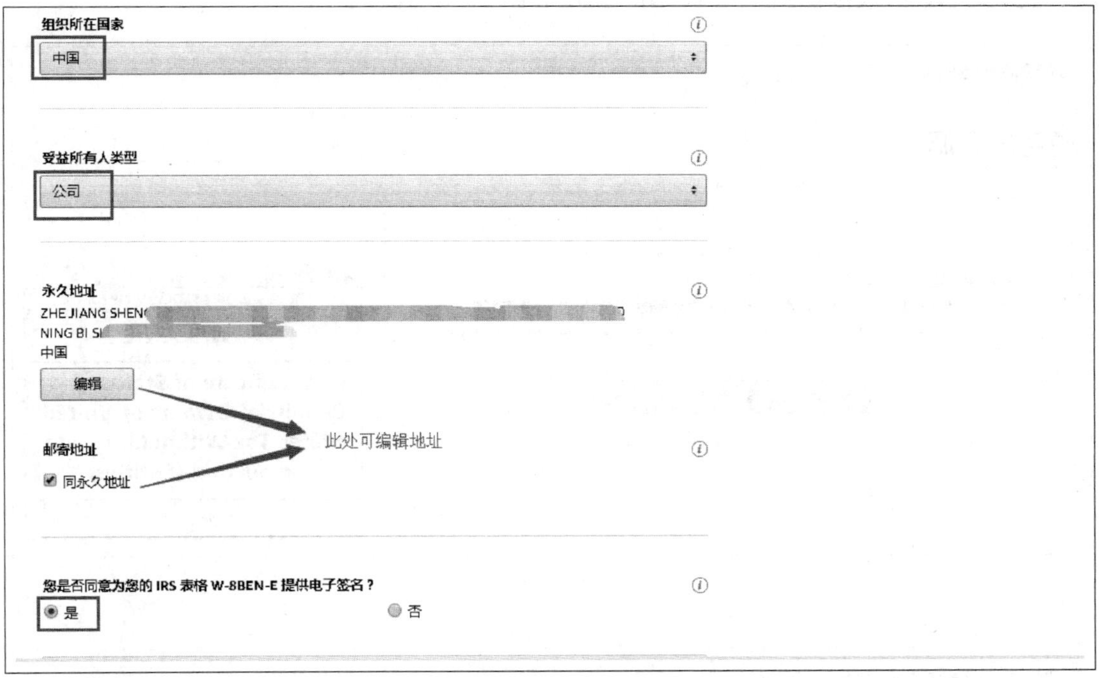
组织所在国家
中国
受益所有人类型
公司
永久地址
ZHE JIANG SHEN[redacted]
NING BI S[redacted]
中国
编辑
此处可编辑地址
邮寄地址
同永久地址
您是否同意为您的 IRS 表格 W-8BEN-E 提供电子签名？
是
否

图 1－29

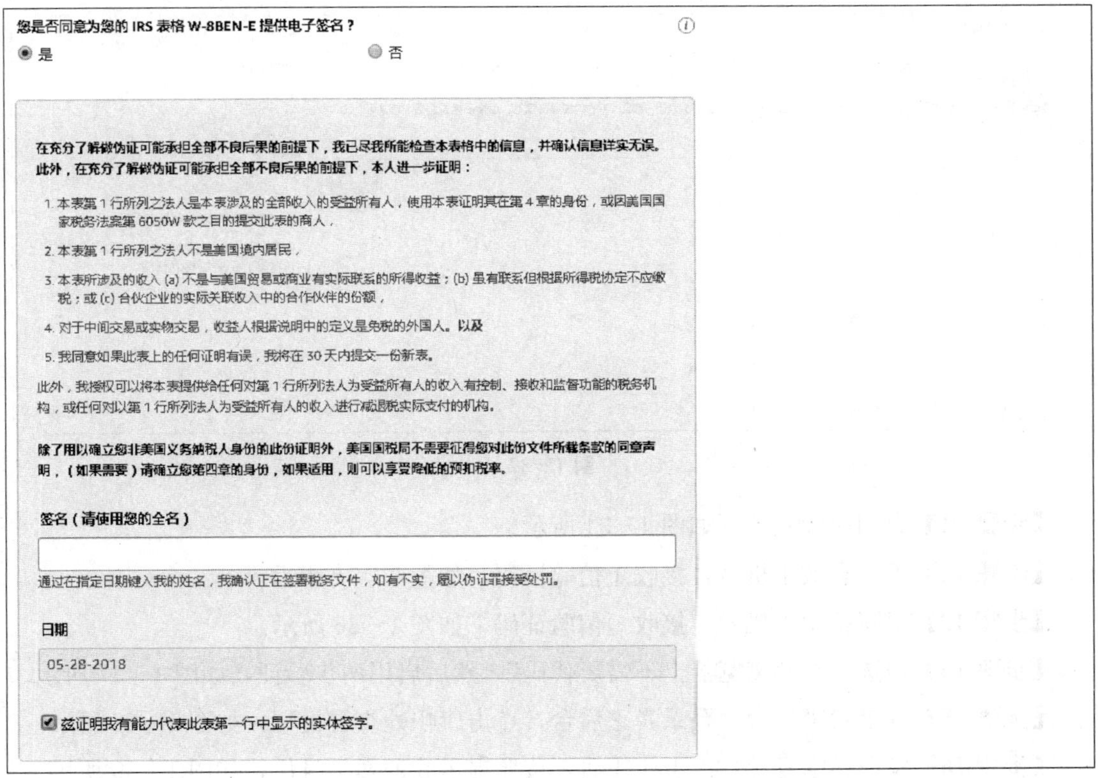
您是否同意为您的 IRS 表格 W-8BEN-E 提供电子签名？
是
否
在充分了解做伪证可能承担全部不良后果的前提下，我已尽我所能检查本表格中的信息，并确认信息详实无误。此外，在充分了解做伪证可能承担全部不良后果的前提下，本人进一步证明：
1. 本表第 1 行所列之法人是本表涉及的全部收入的受益所有人，使用本表证明其在第 4 章的身份，或因美国国家税务法案第 6050W 款之目的提交此表的商人，
2. 本表第 1 行所列之法人不是美国境内居民，
3. 本表所涉及的收入 (a) 不是与美国贸易或商业有实际联系的所得收益；(b) 虽有联系但根据所得税协定不应缴税；或 (c) 合伙企业的实际关联收入中的合作伙伴的份额，
4. 对于中间交易或实物交易，收益人根据说明中的定义是免税的外国人。以及
5. 我同意如果此表上的任何证明有误，我将在 30 天内提交一份新表。
此外，我授权可以将本表提供给任何对第 1 行所列法人为受益所有人的收入有控制、接收和监督功能的税务机构，或任何对以第 1 行所列法人为受益所有人的收入进行减退税实际支付的机构。
除了用以确立您非美国义务纳税人身份的此份证明外，美国国税局不需要征得您对此份文件所载条款的同意声明，（如果需要）请确立您第四章的身份，如果适用，则可以享受降低的预扣税率。
签名（请使用您的全名）
通过在指定日期键入我的姓名，我确认正在签署税务文件，如有不实，愿以伪证罪接受处罚。
日期
05-28-2018
兹证明我有能力代表此表第一行中显示的实体签字。

图 1－30

【步骤 10】继续按照图 1－31、图 1－32 和图 1－33 操作。

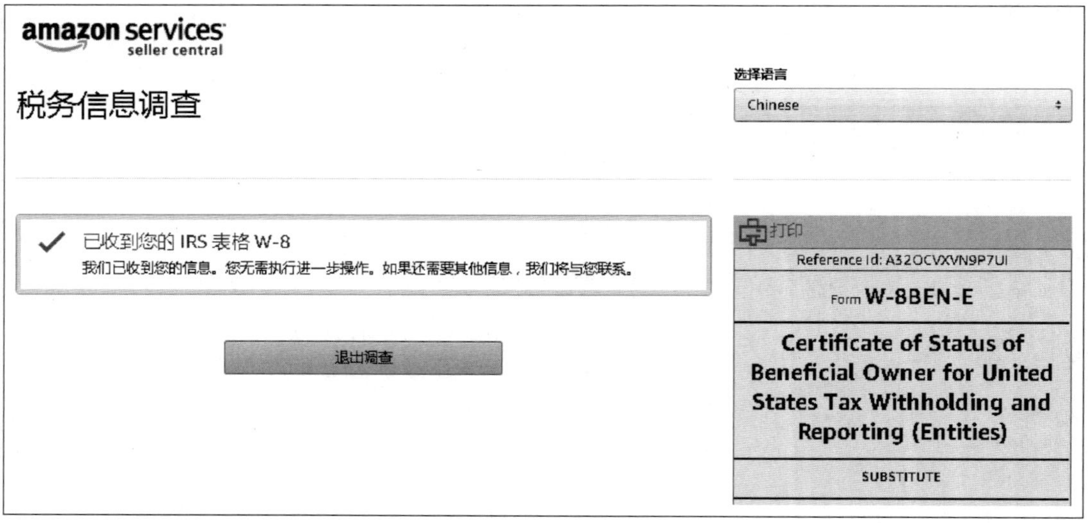

图 1－31

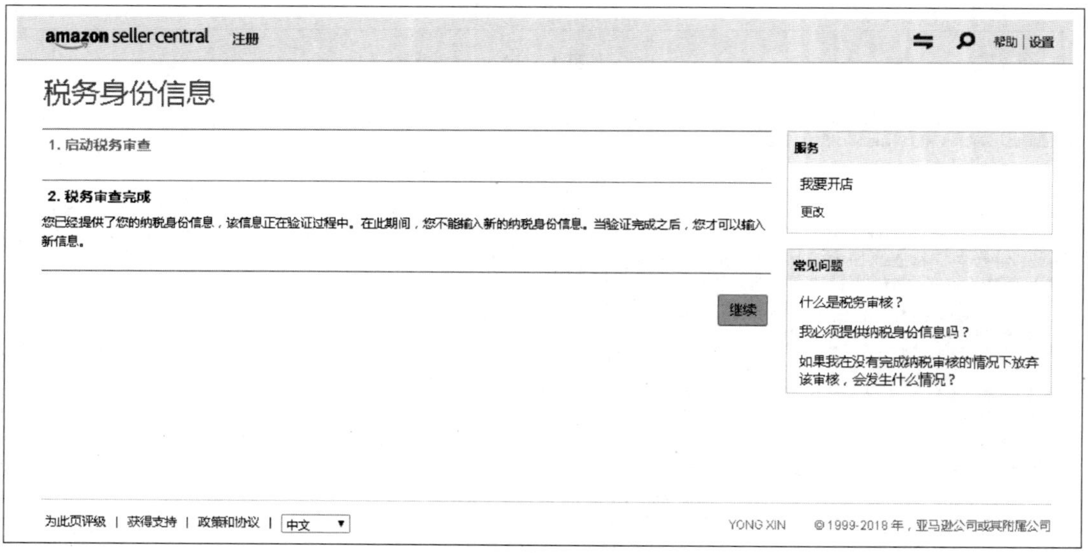

图 1－32

【步骤 11】启用两步验证，如图 1－34 所示。

【步骤 12】填写有效手机号，接收短信验证码，如图 1－35 所示。

【步骤 13】填写备用手机号，接收短信验证码，如图 1－36 所示。

【步骤 14】勾选“在此浏览器上不需要代码”，然后启用两步验证，如图 1－37 所示。

【步骤 15】登录卖家后台。登录卖家后台，点击旗帜处查看提醒，如图 1－38 所示。

【步骤 16】验证卖家身份。点击旗帜后，按照提示验证卖家身份，如图 1－39 所示。

图 1 - 33

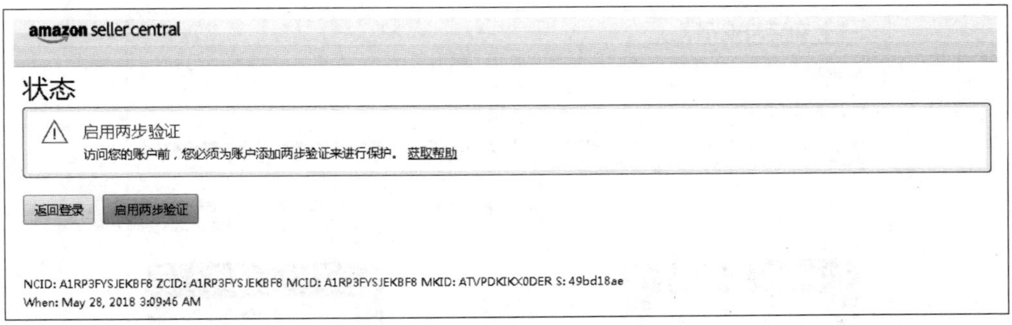

图 1 - 34

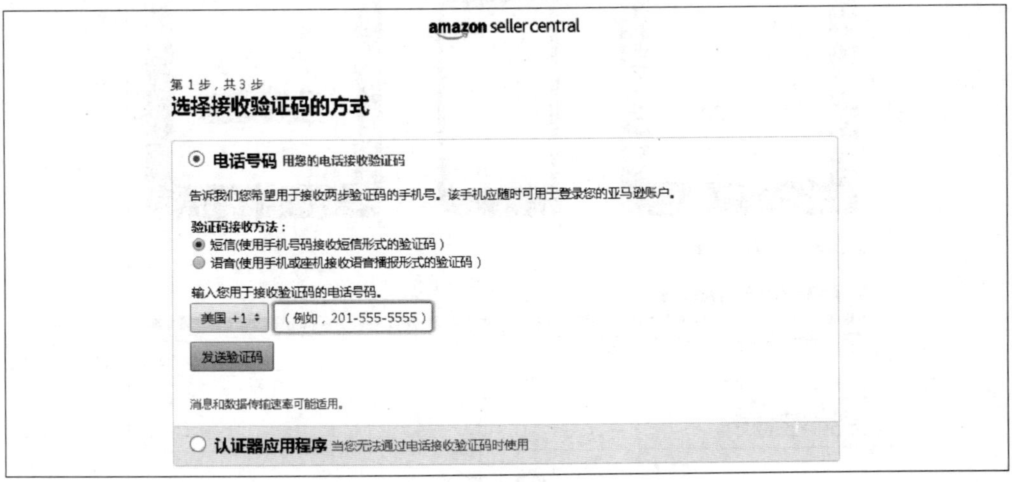

图 1 - 35

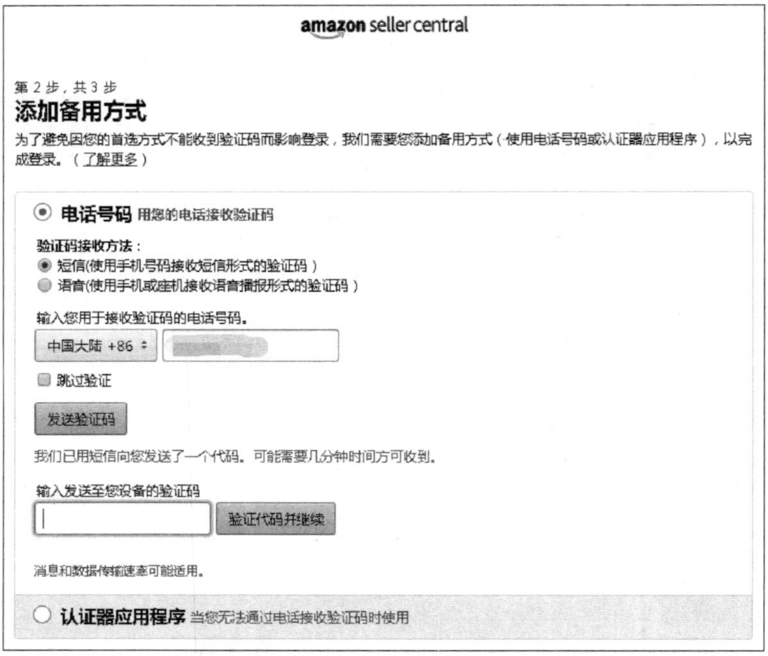
amazon seller central
第 2 步，共 3 步
添加备用方式
为了避免因您的首选方式不能收到验证码而影响登录，我们需要您添加备用方式（使用电话号码或认证器应用程序），以完成登录。（了解更多）
电话号码 用您的电话接收验证码
验证码接收方法：
短信(使用手机号码接收短信形式的验证码）
语音(使用手机或座机接收语音播报形式的验证码）
输入您用于接收验证码的电话号码。
中国大陆 +86
跳过验证
发送验证码
我们已用短信向您发送了一个代码。可能需要几分钟时间方可收到。
输入发送至您设备的验证码
验证代码并继续
消息和数据传输速率可能适用。
认证器应用程序 当您无法通过电话接收验证码时使用

图 1－36

马上就完成了……
请注意两点：
1. 其他登录方式
如果您开启了两步验证功能，在Kindle电子书阅读器上登录您的亚马逊帐号时，需要在密码输入框中输入帐户密码并将认证器应用程序上出现的6位数验证码追加到密码之后
1. 点击【如果您已有亚马逊帐号】
2. 在出现的登录名输入框中输入您的帐号名称
3. 在密码输入框中输入帐户密码和认证器的6位密码，个人密码在前，认证器密码在后。
amazon
登录
janedoe@email.com
123456是您的亚马逊验证码。
123456
然后您将登录到您的亚马逊账户。
2. 添加信任设备，跳过验证码
在常用设备上登录时，您可以选择"将此设备设为信任设备,不需要验证码登录"。在该信任设备上登录时，您仅需要和普通登录一样输入您的亚马逊帐户密码即可登录。
在此浏览器上不需要代码
了解。启用两步验证

图 1－37

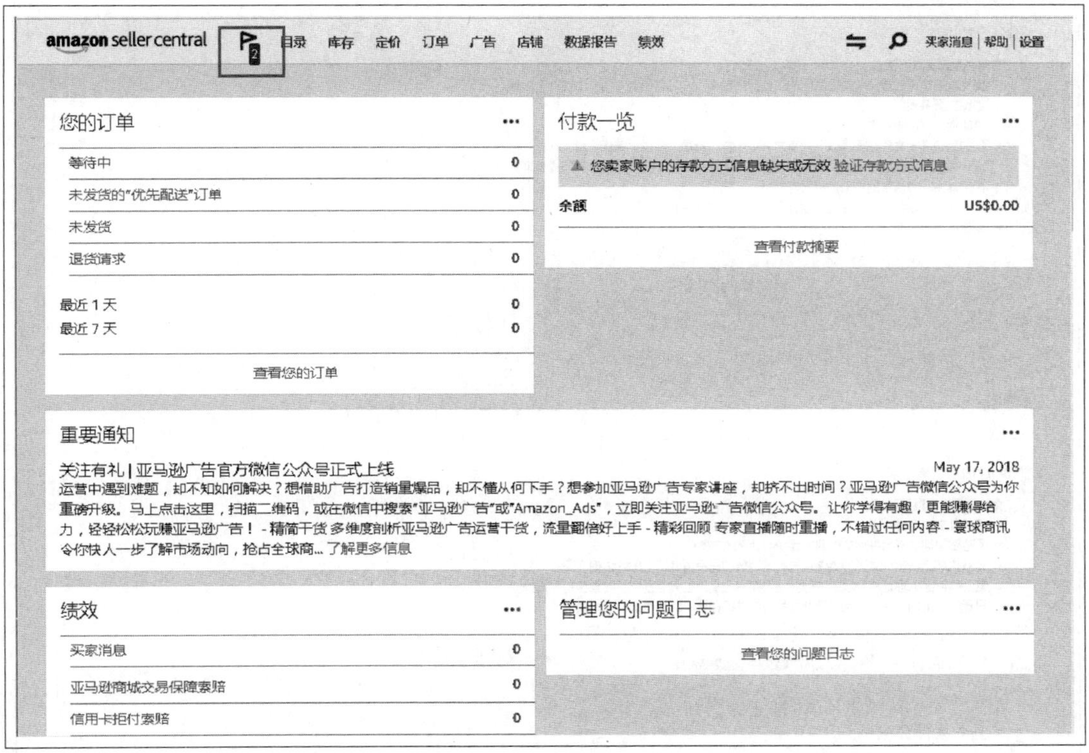

图 1-38

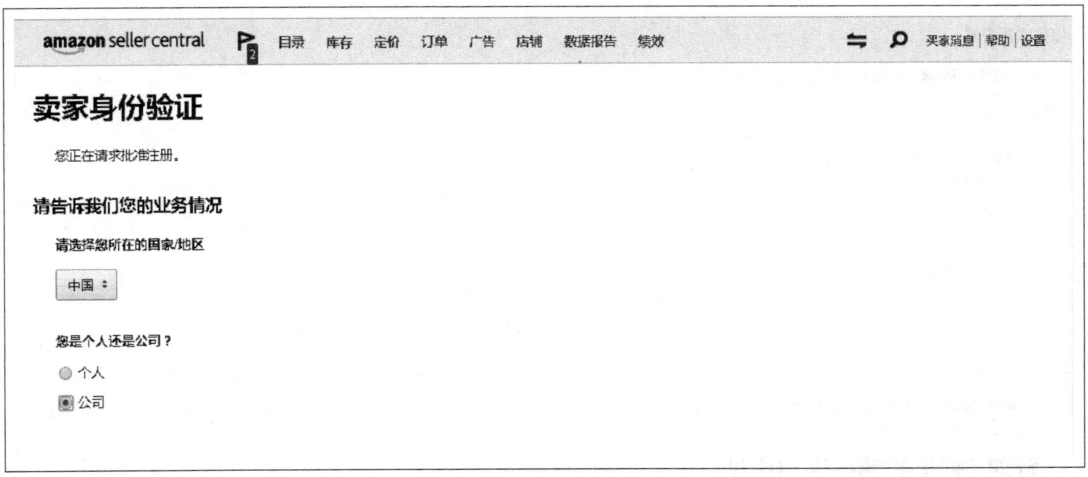

图 1-39

【步骤 17】 上传身份证和营业执照，如图 1-40 所示。

【步骤 18】 填写注册的邮箱，可选项目也可不填，然后提交，如图 1-41 所示。

【步骤 19】 等待审核，一般情况下最快 1 天就能有结果，如图 1-42 显示为等待审核状态。

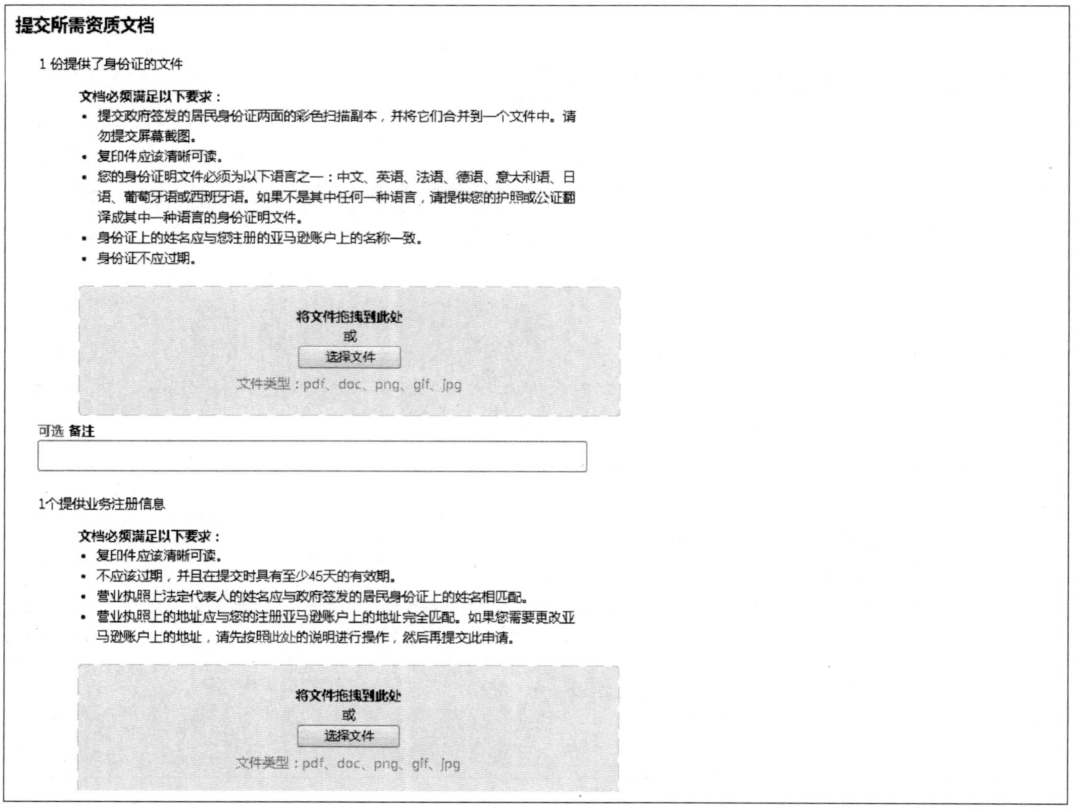

图 1－40

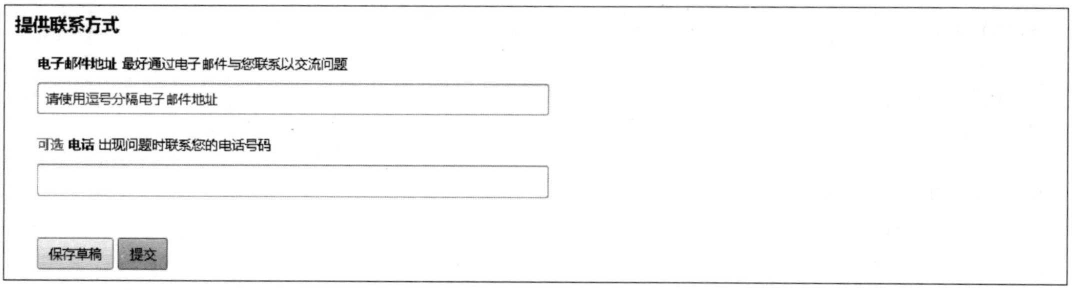

图 1－41

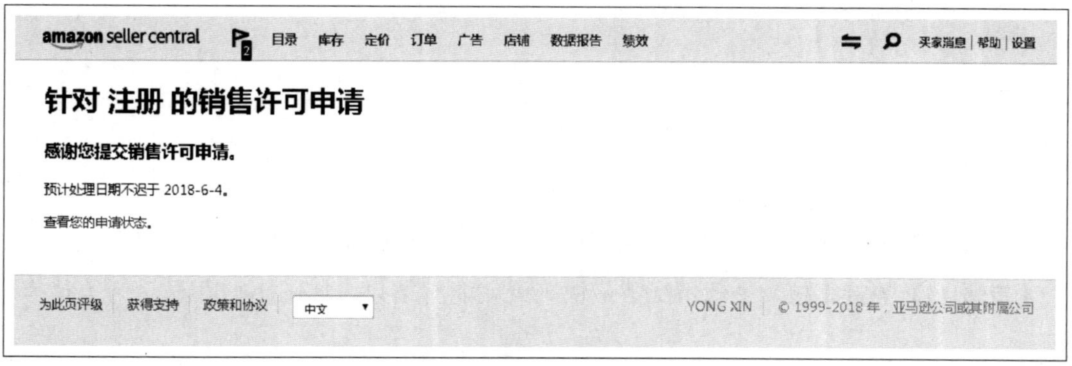

图 1－42

【步骤20】 收到审核通过的通知，表示可以销售，账号注册全部完成，如图1－43所示。

您好：

我们已经完成了对您的账户的审核。

现在，您可以在 Amazon.com、Amazon.ca 和 Amazon.com.mx 上销售了。

您无需再次提交卖家资质审核所需的文件，并可以选择关闭文件提交通知。

您可以通过卖家平台“获得支持”获取有关卖家帐户的详细信息。

您也可以要求卖家支持团队与您联系（https://sellercentral.amazon.com/hz/contact-us/performance）

请注意，改变销售计划（由个人升级为专业或由专业降级为个人）均可能再次触发卖家资质审核，而影响您的销售。

Thank you for selling with Amazon,

Seller Identity Varification
Amazon.com Seller Support
=======================================
MORE WAYS TO GET HELP:
Visit our Seller Forums for help from other sellers: http://sellercentral.amazon.com/forums
Browse all Seller Help topics: http://sellercentral.amazon.com/gp/help

图1－43

工作任务4　亚马逊账号申诉

亚马逊平台倡导诚信经营，任何一个小的操作不当都有可能导致账号夭折。因此，尊重平台规则，注重商品品质，处理好售后是做好亚马逊的关键。如果违反了亚马逊的政策，那么将收到亚马逊的账号冻结邮件。亚马逊发的冻结邮件里，只会提到商品被下架，销售资金被冻结。如果卖家想回复亚马逊账号冻结邮件，必须保证不会再违反政策并提供相应的解决方案。亚马逊卖家绩效评估团队（Seller Performance Team）永远不会电话通知买家或卖家，一旦账号被冻结，精心撰写包含行动计划的申诉是恢复账号唯一的希望。

当店铺被平台关闭后，可向平台进行账号申诉，账号申诉流程一般有如下5个步骤：

【步骤1】 查看亚马逊发给你的邮件通知，确认被移除销售权的具体原因，到底是账号表现问题还是违反亚马逊政策问题。

【步骤2】 查看自己的账号表现、客户评价，找出具体的账号表现情况或者查看商品是否违反了亚马逊的销售政策。

【步骤3】 根据实际情况制定一个行动方案，列出具体步骤，详细且准确地向亚马逊介绍自己之后的计划。

（1）诚恳地说明你已经认识到你的问题来自你的销售过程或你的商品选择问题；

（2）详细地说明你将在实际操作过程中如何解决这些问题。

【步骤4】 将申诉邮件发给亚马逊。

（1）登录自己的卖家账户；

（2）点击“Performance Notifications”；

（3）找到关于卖家权利被撤销的通知，点击“Appeal”。

【步骤 5】关注你的注册邮箱，亚马逊卖家绩效评估团队会回复你店铺申诉结果。

【步骤 6】申诉失败的原因分析。

卖家账号被封，向亚马逊提起申诉，申诉失败的原因主要有以下几个：

（1）卖家没有行动计划或者证据表明自己已经认识到自己的不合理行为并做了相关调查。例如：卖家没有认识到自身的问题，表述不清晰，行动计划里也把所有导致账号被冻结的问题都写在了一起（最好每个问题单独列出来，因为不同问题需要采取不同的纠正措施）。

（2）解决措施写得太简单，没有举例说明或者提出证据证明。

（3）解决措施之间没有关联，不能明显地评估每个解决措施对事件问题的影响。

（4）没有说明采取哪些步骤防止问题再次发生，或者将这些步骤完整体现。

（5）问题没有优先级，无法体现主次。

（6）没有清晰的反思，卖家没有表明自己是否从中吸取了教训。

收到亚马逊邮件后，卖家还是要做好前期调查，如查看与问题相关的所有邮件往来、案例等。然后研究亚马逊冻结账号的原因，确认跟冻结有关的投诉、负面反馈和邮件等。同时，要确保申诉里所提交的材料符合亚马逊的要求，检查申诉结构是否有逻辑，并注意申诉时的语气是否妥当，是否有错别字。最重要的是，申诉要重点突出纠正措施和预防措施。

知识链接

一、2018 年亚马逊“全球开店”政策变化解析

2018 年的亚马逊“全球开店”政策在基本延续 2017 年的卖家注册审核流程的基础上，加大了对卖家店铺注册前期的审核力度。

1. 美国站、欧洲站的变化

（1）亚马逊针对 2018 年“全球开店”申请卖家出台了一份“2018 亚马逊欧美站点卖家上线运营计划”，此计划涵盖“前期准备→注册→上线运营→测试”，要求卖家认真学习，并按要求回传招商经理。

（2）招商经理初审卖家信息。卖家在收到亚马逊店铺注册链接之前需填写和确认公司信息收集表、商品信息收集表和亚马逊“全球开店”卖家绩效须知。

（3）后台资质审核后，须等待 72 小时再上传商品信息。

（4）线上考试：亚马逊增加了一项在线测试考核新卖家运营水准，需要达到 95 分。

（5）为配合卖家线上测试部分，亚马逊有相应的在线培训和直播培训帮助卖家通过基础关。

（6）欧洲 VAT 仍是比较敏感的部分，英国税务局已经开始普查往年卖家税务状况，

存在往年增值税漏缴现象的将面对以下处理措施：关闭账号→交税→重新开始销售。因此，欧洲站新卖家还需斟酌。

2. 特殊类目的变化

2018 年，美国站、欧洲站都可申请注册假发类目。关于假发类目增值税发票问题，2017 年 10 月以后开店的卖家已不需要进行品类审核，可以直接上传商品，但如果有卖家遇到亚马逊要求审核，依旧需要提供发票。

3. 2018 年亚马逊“全球开店”的中国卖家需提前准备的资料

（1）公司营业执照彩色扫描件或彩色照片，资料的相关要求包括：

1）必须是在内地、香港或台湾注册的有限公司法人；

2）内地公司须提供三证合一的新版营业执照，不接受个体工商户营业执照；

3）香港公司须提供公司注册证书和商业登记条例扫描件；

4）台湾公司须提供有限公司设立登记表、股份有限公司设立登记表、有限公司变更登记表、股份有限公司变更登记表；

5）不接受澳门特区法人。

（2）法人身份证彩色扫描件或彩色照片，不接受黑白复印件。

（3）VISA 信用卡：

1）可使用中国境内银行签发的 VISA 双币信用卡（能扣美元）；

2）美国账户可以使用持卡人为他人的信用卡，建议使用法人信用卡；

3）欧洲账户信用卡持卡人必须为公司法人、受益人或者该信用卡是由公司承债的商务信用卡。

（4）海外银行收款账号（以下任何一种收款方式）：

1）欧美当地银行储蓄卡账号或香港银行账号（非中国内地银行属性）；

2）个人银行账户、公司银行账户均可；

3）美国账户可以使用别人的银行账号、借记卡；

4）欧洲账户必须是注册公司的对公银行账户。

（5）品牌：

1）目前文字标、图案标都可进行品牌备案；

2）需要品牌®标，TM 标无法备案。

（6）UPC：

1）每个上传亚马逊的商品都需要相对应的条形码；

2）亚马逊官方指定购买网址：www.barcodestalk.com。

二、欧洲站 VAT 相关准备

1. VAT 政策简介

VAT（Value Added Tax）即增值税，是欧盟国家普遍使用的售后增值税，即货物售价的利润税。例如：当货物进入英国（按欧盟法例）时，须缴纳进口税；当货物销售后，商家可以退回进口增值税，再按销售额缴纳相应的销售税。

欧洲站需要欧洲增值税号。凡从事以下5种业务活动的，为了避免因为增值税问题而导致业务中断，造成惨重的损失，需要在欧洲注册增值税：

（1）出口商品至欧洲。在你将商品从中国或者欧洲以外的其他地方运送到欧洲时，你需要考虑准备注册增值税。当你把出口的商品提交到欧洲海关时，可能需要缴纳当地进口增值税和进口关税（如果适用）。

（2）在欧洲存储商品。为了方便业务运营，很多卖家会使用欧洲的亚马逊运营中心或在欧洲国家或地区存储商品，这时你需要考虑在商品所在国注册增值税。

（3）在欧洲的运营中心之间运输商品。如果亚马逊代表你在欧洲不同国家或地区的运营中心之间运送商品，那么你需要考虑准备注册增值税。

（4）向欧洲的个人买家销售商品。每个欧洲国家或地区针对从另一个欧洲国家或地区发货过来的商品，均有一个特定的注册增值税起征点。在起征点以下，你不需要注册增值税便可以向该国家或地区的个人买家销售商品。一旦超过此起征点，就需要在买家所在国家或地区注册增值税。例如：你将存储在德国的商品销售给法国的买家，那么在销售金额未达到35 000欧元前，你无须在法国注册增值税；一旦销售额达到35 000欧元，你就需要在法国注册增值税了。

（5）向欧洲的企业买家销售商品。如果你向企业买家销售商品，并将商品从一个欧洲国家或地区发往另一个欧洲国家或地区，那么你需要考虑准备注册增值税。好消息是，你可以在特定的Amazon Business欧洲商城中向企业买家展示不含增值税的价格。

表1-2列出了一些国家的增值税起征点：

表1-2　　一些国家的增值税起征点

增值税起征点	
国家/地区	远程销售起征点
英国	70 000英镑
德国	100 000欧元
法国	35 000欧元
意大利	35 000欧元
西班牙	35 000欧元
波兰	160 000波兰兹罗提（PLN）
捷克	1 140 000捷克克朗（CZK）

注：表中的信息源自欧盟委员会（2016年8月12日）和英国税务海关总署（2017年4月18日）。

按照亚马逊第三方业务的条款，卖家应遵循当地法规，包括增值税相关法规。截至2017年12月，亚马逊欧洲站各国家站点已全面要求卖家将增值税号输入亚马逊卖家账户的卖家资料中。

2. 欧洲站 VAT 的注册

一旦产生在当地注册增值税的义务，必须向当地税务机构提交申请表。商家可通过欧盟国家负责税收的相关政府部门网站在线完成此注册流程。在增值税注册流程结束时，商家将获得一个增值税税号，你可以借助此税号：开具增值税发票，在上面显示你向买家收取的增值税，如此一来，如果你是已注册增值税的商家，就可以对大多数业务支出（以及商品进口到欧洲时所缴纳的进口增值税）追回增值税；向英国税务海关总署（HMRC）进行增值税申报，并索回你可能已经累积的任何增值税款项。

表 1-3 和表 1-4 是欧洲各国增值税税率、申报周期和注册所需材料。

表 1-3　　英、德、法、意、西增值税税率、申报周期对照表

国家	标准税率	申报周期	申报次数/年
英国	20%	每个季度	4
德国	19%	每个月、每年	13（月度申报 12 次，年度申报 1 次）
法国	20%	每个月	12
意大利	22%	每个月	12
西班牙	21%	每个季度、每年	5（季度申报 4 次，年度申报 1 次）

表 1-4　　英、德、法、意、西增值税注册所需时间及材料

<table>
<tr><th>国家</th><th>增值税
注册所需时间</th><th>是否须指定
税务代表</th><th>增值税注册
所需材料概览</th><th>增值税注册
其他可能所需材料</th></tr>
<tr><td>英国</td><td>2～3 周</td><td>否</td><td rowspan="5">1. 公司营业执照
2. 公司税务登记证
3. 公司法定代理人
4. 身份证明</td><td></td></tr>
<tr><td>德国</td><td>4～8 周</td><td>否</td><td>1. 企业章程
2. 仓储信息，例如：包含仓储地址、合约期等信息的仓储合同</td></tr>
<tr><td>法国</td><td>4～6 周</td><td>是</td><td>1. 企业章程
2. 税务代理委托书
3. 银行开户证明</td></tr>
<tr><td>意大利</td><td>3 周</td><td>是</td><td>税务代理委托书</td></tr>
<tr><td>西班牙</td><td>1～2 周</td><td>否</td><td>营业执照等文件，需经过公证和海牙认证</td></tr>
</table>

（1）如何注册英国增值税？

你可以通过英国税务海关总署的相关网站完成申请。填写完相关信息后，英国税务海关总署会给你创建一个增值税网上账户（有时也称作 Government Gateway Account）。

你也可以委任第三方代理服务商申请增值税号。

（2）如何注册德国增值税？

你可以通过邮寄的方式或网上注册的方式注册增值税号。通过联系德国税务办公室获取相关申请表格。德国税务办公室将寄给你一份申请增值税注册表。你必须填写个人信息及你的公司信息。你需要将填写完成并签过字的注册表寄还该税务办公室；该税务办公室审核后，会将增值税号寄给你。你也可以通过在德国税务网站上提交相关信息来注册增值税号。

如果你已经递交了申请，就可以向德国中央税务局获取增值税号：该申请没有固定格式，但须包含下述信息：申请人姓名及地址，申请号码，申请所递交的德国税务办公室信息。你还可以委任第三方代理服务商注册增值税号。

3. 亚马逊欧洲站 VAT 的设置

已经注册了增值税，在亚马逊卖家平台可以按照以下路径提交增值税号：“设置”→“账户信息”→“税务信息”→“VAT/GST 注册编号”，如图 1-44 所示。

图 1-44

三、商品商标注册

以注册美国商标为例，从商标注册流程、须提交的资料、注意事项及提高通过率等方面列举说明。

1. 商标注册流程

（1）查询品牌是否可用；

（2）进行品牌申请；

（3）受理通知书（5 个工作日）；

（4）证书公示（公示期：6～8 个月）。

2. 须提交的资料

（1）申请人中英文信息（营业执照或身份证）；

（2）商标名称（含设计方案）；

（3）商品类别；

（4）印有商标的包装袋和商品图片（真实的商品图）。

3. 注意事项

（1）1 个美国商标对应 1 个大类目，可选择 40 个商品小类；

（2）注册美国商标，由于需要经过美国商标管理部门的审核和相应的公示程序，无法保证 100%通过。如果商标被驳回，则须重新提交注册，注册周期大约是 10 个月。

（3）如果是以公司名义进行商标注册，在提交英文公司名称时，除了 CO.，LTD. 此类的词外，建议一律使用拼音，请勿使用英语单词，否则容易出现因中文和英文不一致而导致的商标通不过的现象。

（4）注册美国商标，请勿单独注册图形商标，因为无论是亚马逊还是其他平台都需要填写商标名称，这就需要有一串商标英文字母。除非特殊情况，也不建议注册中文商标。

4. 如何提高商标注册通过率

（1）选取一些相对生僻的字母组合，如“fengjiewudi”“woshidashuaige”等生辟词语。

（2）不要在商标中使用诸如“fashion”“design”“new”“super”等词语。

（3）不要使用与知名品牌相似的词语，如“NIKER”“ADIDADA”“DIORO”等。这些词语看起来高大上，但被驳回的风险也是极高的，即使通过了，在入驻电商平台使用时也会有遭受非议的风险。

四、亚马逊账号风险

1. 违法操作

亚马逊平台上的侵权主要有品牌侵权、外观侵权、图片侵权三种情况。侵权轻则被移除 Listing，重则被关店。目前，平台上侵权问题导致关店的占比在 90%以上，而且关店后，该账户所有的注册信息均不能再次在亚马逊上使用。那么，如何防止侵权呢？

身为卖家，在选品之初就应该对侵权问题足够重视，从源头抓起，对于商品来源知根知底。对于生产型企业来说，应了解自己生产的商品的外观、技术及品牌是否已被注册知识产权，对于公司自主研发的商品要积极注册知识产权。对于贸易商来说，应当谨慎进货，了解供货方资质，保证货源合法正规，并向供货方了解是否有权生产、销售该商品，并且做到规范交易手续，保存交易凭证。同时，在销售过程中也需要严格对商品的图片、描述、关键词等把关，避免出现盗用图片、描述或关键词中出现其他品牌而导致的侵权。

2. 违规操作

（1）账号关联。为了注重买家购物体验，防止卖家重复铺货销售相同的商品，亚马逊的规则偏向于相同的商品只在平台上出现一次，跟卖也是基于这个理念。为了保证卖家间公平竞争和为顾客提供最优质的商品，亚马逊的页面不强调店铺的概念，而是以商品为主，即“重商品而轻店铺”，同一个商品详情页内可能有多个卖家。

亚马逊官方规定，一个人或一家公司只能拥有一个亚马逊账号。亚马逊通过技术手段监测、核对各种数据，进行关联因素匹配，如果发现一个卖家拥有 2 个或 2 个以上同站点的亚马逊账号，这些账号就会被判定为关联账号。

1）账号关联的后果：

①相同站点的几个账号关联，如果账号之间所售商品有交集，一般会被强制下架新账号的全部 Listing；

②相同站点的几个账号关联，如果各账号所售商品各不相同，且账号表现良好，那么可能全部继续存活；

③任何站点，如果关联账号中的某一个账号已经被关闭，那么其他账号可能也会被关

闭，关闭时间不确定。如果因为账号关联而被关店，那么卖家将无法进入后台，也就是说卖家无法提起申诉。

2）判定账号关联的因素：

①电脑：主要指硬盘信息。

②网线：主要指外网 IP 地址，但由于国内 IP 多是浮动 IP，难免出现多个账号 IP 相同的情况，所以 IP 地址仅仅是判定关联的一个因素而非唯一因素。

③网卡 MAC 地址：有些卖家基于成本的考虑，在一个账号被关闭后，将电脑格式化，重装系统后登录新的账号。如果电脑网卡是集成的，没有禁用网卡和更换新网卡，同样容易导致账号关联。

④路由器。

⑤浏览器指纹：如插件、Cookies、系统字体、操作系统版本、打字方式、打字速度等。

⑥邮件：图片或 Flash。

⑦账户信息：注册人姓名、信用卡持卡人姓名、收款账号信息、邮箱地址、地址信息、电话号码、密码等，都要尽可能做到互不相同，无规律可循。

3）如何防止账号关联。在注册多个账号的过程中，尽可能使用新邮箱、新电脑、新系统、新路由器、新网线、新电话号码、新信用卡、新收款账号和新商品，尽可能以物理绝缘的方式来避免被亚马逊系统抓取到彼此账号之间的相似因素。账号关联的判定是基于多个因素的综合判定，单一因素可能并不会直接导致账号关联。多个因素的高度相似性必然增加被判定为关联账号的风险。

需要注意的是，亚马逊账号关联是没有任何提醒的，没有邮件通知，没有客服联系，没有后台警告，是否关联只能凭卖家自己判断。另外，账号关联是不可逆的，一旦被系统判定为关联账号，就没有退出关联名录的机会。

另外，不同站点也会存在关联，但如果其中一个站点出了问题，另一账号跟着出事的情况并不多见。因为亚马逊支持卖家到各个站点开店，把商品销售到各个区域。同时，关联不止针对卖家账号和卖家账号，卖家账号和买家账号也存在关联问题，因此大家需要避免因为买家账号问题导致卖家账号受限这种情况的发生。

（2）违规刷评论。对于好评，卖家是求之不得的。但使用“好评返现”诱惑买家或者“雇水军”，是不被亚马逊接受的。一旦被亚马逊查出来，存在账号被关的风险。

（3）使用非正规 UPC/EAN。如果在淘宝购买或者用自动生成器生成，风险很高。一旦被使用正规 UPC/EAN 的卖家投诉，下架商品 Listing 是必然的，甚至可能被封账号。因此卖家需要通过正规渠道购买有效的 UPC/EAN。

（4）Listing 违规。

1）直接抄袭其他卖家的 Listing，包括标题、图片、详情描述；尤其是挪用品牌卖家的图片，容易被投诉侵权。

2）在 Listing 标题中加入秒杀、大促、降价等诱导性广告词语，出现公司、促销、物流、运费或其他任何与商品本身无关的信息。

3）不准确的商品信息，商品图文介绍与实物严重不符。

以上情况可能导致商品被强制移除，账号销售权限受限制，账号被冻结或账号被关闭。建议卖家遵守亚马逊的 Listing 标题规范，如实填写商品描述信息，保证商品实物与图片一致。

（5）引流到其他平台。部分卖家选择同时在亚马逊和别的平台开店，为了“肥水不流外人田”，通过邮件、站内短信或者在站内的 Listing 标题图片添加促销内容，引导买家到站外平台购买。这些行为如被亚马逊发现，会受到警告或关店。

（6）账号异常。由于亚马逊平台放款周期的特殊性（14 天为一个放款周期），出于对卖家风控方面的考虑，平台对新账号的商品上架速度和销售速度比较关切。一般而言，新账号上线前三个月为重点考核期，新卖家在这三个月内，既要把握商品上架速度，又要控制销售速度。任何的飞速增长或者大起大落的波动性发展都会引起平台对账号的再审核。虽然这种审核本身并无大碍，但对账号的正常运营还是会有比较大的影响的。例如：审核中可能会发现原本较小的问题，要求卖家提供各种采购单据、授权书等；对于已经投入资金和精力运营打造的 Listing，也有可能在审核期间被暂停销售，而暂停销售必然会影响 Listing 的曝光、流量和排名。

3. 店铺绩效

（1）商品。

1）资质认证。一些商品需要提供有关机构出具的认证才能上架销售，如商品授权认证、安全认证等（如在欧洲站，机械、人身保护设备、玩具、体外诊断医疗器械等需要取得 CE 认证）。关于商品认证，买家购买前可能会咨询，亚马逊审查时也会要求卖家提供认证。如果卖家无法提供认证，很容易给账户带来风险，包括下架商品、被警告甚至封号，所以卖家应该在选品或上架前就解决认证问题。

2）质量问题。如果卖家的商品存在功能缺陷、将过期商品当新品卖、销售假货或存在疑似欺诈买家或亚马逊的行为，那么很容易引起差评或索赔纠纷，从而影响订单缺陷率（ODR）指标。订单缺陷率一旦严重超标，账号容易被审核、受限或暂停。所以，卖家需要严格控制自家商品的质量。

（2）服务。

如果卖家对买家发来的站内短信、邮件咨询等爱答不理，或者在日常运营中遇到比较挑剔的买家时，直接拒绝对方的要求并发生争吵，容易导致买家留下差评或索赔投诉，从而影响订单缺陷率（ODR）指标，导致账户被审核、受限或暂停。另外，卖家客户服务质量在很大程度上直接影响卖家的搜索排名，所以卖家要尽可能减少与买家的分歧或冲突。

（3）发货。

1）延迟发货。延迟发货主要是针对自发货的情况而言的。亚马逊规定：超时发货被认定为延迟发货。亚马逊规定迟发率应小于4%，如果超标，可能会收到亚马逊的警告邮件，情节严重者，很有可能导致账号受限。

2）物流跟踪。如果买家无法用卖家录入订单的追踪编码（快递单号）跟踪物流信息，或者有未收到货却显示包裹已被签收的情况，则将被统计入无效追踪率数据。有效追踪率需要达到95%，在特定商品分类下达不到此目标，卖家有可能丧失在该分类下销售非亚马逊物流商品的权限。

3）FBA货件绩效。发FBA时，货件最好严格按照亚马逊的要求来发，不得超尺寸、超重等。如果经常出现违规情况，可能被亚马逊警告，情节严重的可能被拒绝使用FBA（例如：某SKU的发货数量超过亚马逊建仓时的计划数量，那么就会收到亚马逊的警告。另外，绝对不能发送发货计划里没有的商品）。

知识拓展

海外公司开店

目前，中国公司大部分是通过“全球开店”的形式参与亚马逊业务的，但是每年“全球开店”的名额是有限的，比如说2016年7月以后就没有美国站“全球开店”的名额了，也就是说前半年用完了一整年的名额，所以，2016年后半年开设亚马逊美国站账户的中国公司只能以自注册的名义开店。此时，便有一些公司注册海外公司，利用海外公司来开设亚马逊账户以规避以中国公司名义开店的不利影响。

通过海外公司（如美国公司）开设亚马逊账户的好处如下：

（1）封店率低，安全性高；

（2）亚马逊官方有促销、秒杀活动时会优先想到本土开设的店铺；

（3）可销售的商品多，不受限制（如珠宝）。

如何设置子账号

为方便店铺管理和操作，防范关联问题，可设置不同权限的子账号。当子账号出现关联问题时，主账号可以有进行平台申诉的机会。设置子账号的操作步骤具体如下：

（1）事先准备一个邮箱，例如：worker123@sina.com。进入亚马逊后台，选择“设置”下面的“用户权限”，如图1-45所示。

图 1－45

（2）在邀请框中填入准备好的邮箱，点击“发送邀请”，如图 1－46 所示。

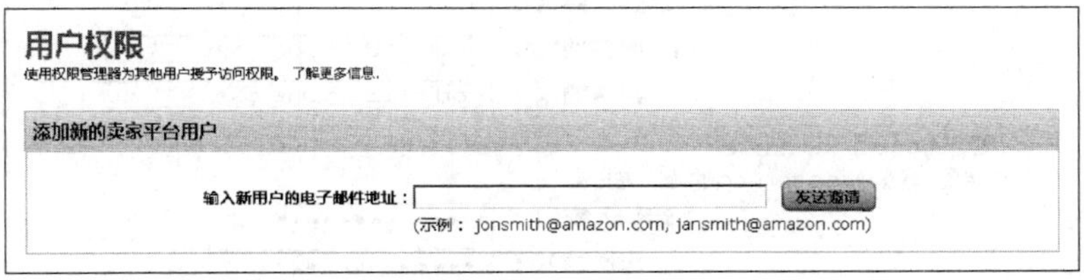

图 1－46

（3）打开子账号邮箱，可以看到新发过来的一封“邀请以下人员成为卖家平台用户”的邮件，点开邮件，将链接打开，如图 1－47 所示。

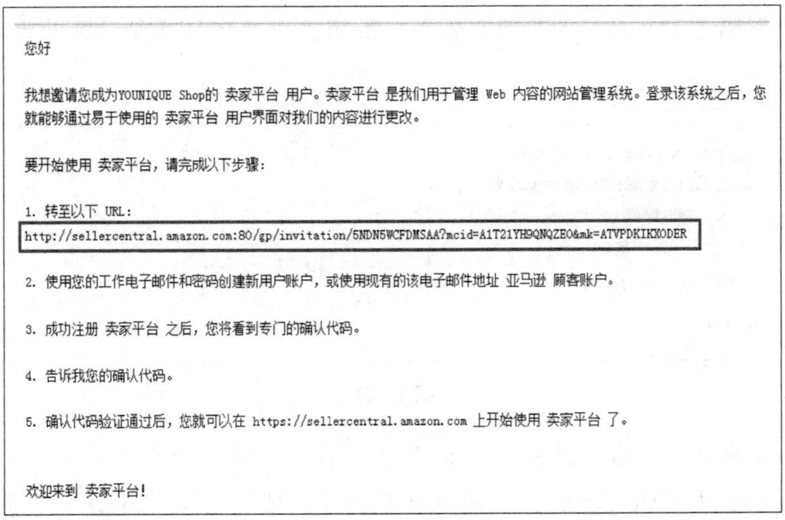

您好

我想邀请您成为YOUNIQUE Shop的 卖家平台 用户。卖家平台 是我们用于管理 Web 内容的网站管理系统。登录该系统之后，您就能够通过易于使用的 卖家平台 用户界面对我们的内容进行更改。

要开始使用 卖家平台，请完成以下步骤：

1. 转至以下 URL：
http://sellercentral.amazon.com:80/gp/invitation/5NDN5WCFDMSAA?mcid=A1T21YH9QNQZE0&mk=ATVPDKIKX0DER

2. 使用您的工作电子邮件和密码创建新用户账户，或使用现有的该电子邮件地址 亚马逊 顾客账户。

3. 成功注册 卖家平台 之后，您将看到专门的确认代码。

4. 告诉我您的确认代码。

5. 确认代码验证通过后，您就可以在 https://sellercentral.amazon.com 上开始使用 卖家平台 了。

欢迎来到 卖家平台！

图 1－47

（4）打开链接后，可以看到图 1－48 所示的界面，在框中填上子账号的邮箱。需要注意的是，要选择“我是一个新客户”，然后点击“Sign in using our secure server”。

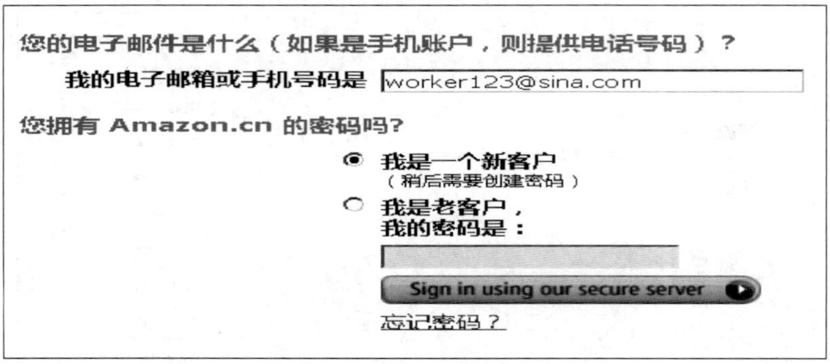

图 1-48

（5）在图 1-49 注册新用户界面，设置子账号名称和密码，然后点击“Create account”。

图 1-49　注册新用户界面

（6）点击“Create account”后，刷新页面，会出现一个确认代码，然后重新进入子账号邮箱，找到刚才亚马逊发的那封邮件，把刚刚生成的代码回复给亚马逊，如图 1-50 所示。

图 1-50

（7）点击“发送”之后，回到亚马逊卖家后台，刷新后台页面，系统会要求重新登录，登录之后，点击“Confirm”，子账号就建好了。确认后会出现设置子账号权限的提示，设置完权限后子账号就可以用了，如图 1-51、图 1-52 所示。

库存

选择整列	○ 无	○ 查看	○ 查看和编辑	○ 管理员
上传库存:	○ 无		◉ 查看和编辑	
商品分类指南:	○ 无	○ 查看	◉ 查看和编辑	
管理亚马逊库存/货件:	○ 无 *这将会关闭：物流报告和物流设置*		◉ 查看和编辑	
管理库存/添加新商品:	○ 无		◉ 查看和编辑	

定价

选择整列	○ 无	○ 查看	○ 查看和编辑	○ 管理员
定价:	○ 无	◉ 查看		
自动定价:	○ 无	○ 查看	◉ 查看和编辑	

广告

选择整列	○ 无	○ 查看	○ 查看和编辑	○ 管理员
促销:	○ 无	◉ 查看	○ 查看和编辑	○ 管理员
广告活动管理:	◉ 无		○ 查看和编辑	
注册商品推广:	○ 无	◉ 查看		

订单

选择整列	○ 无	○ 查看	○ 查看和编辑	○ 管理员
交易: *可以安排和下载订单报告以及上传盘点和发货确认文件。*	◉ 无		○ 查看和编辑	
管理订单:	○ 无	◉ 查看	○ 查看和编辑	
管理退款:	◉ 无		○ 查看和编辑	
管理退货:	◉ 无		○ 查看和编辑	

店面设计

选择整列	○ 无	○ 查看	○ 查看和编辑	○ 管理员
店面名称:	○ 无	◉ 查看	○ 查看和编辑	
您的信息和政策:	◉ 无		○ 查看和编辑	

Amazon Payments

选择整列	○ 无	○ 查看	○ 查看和编辑	○ 管理员
管理退款:	◉ 无		○ 查看和编辑	

图 1-51

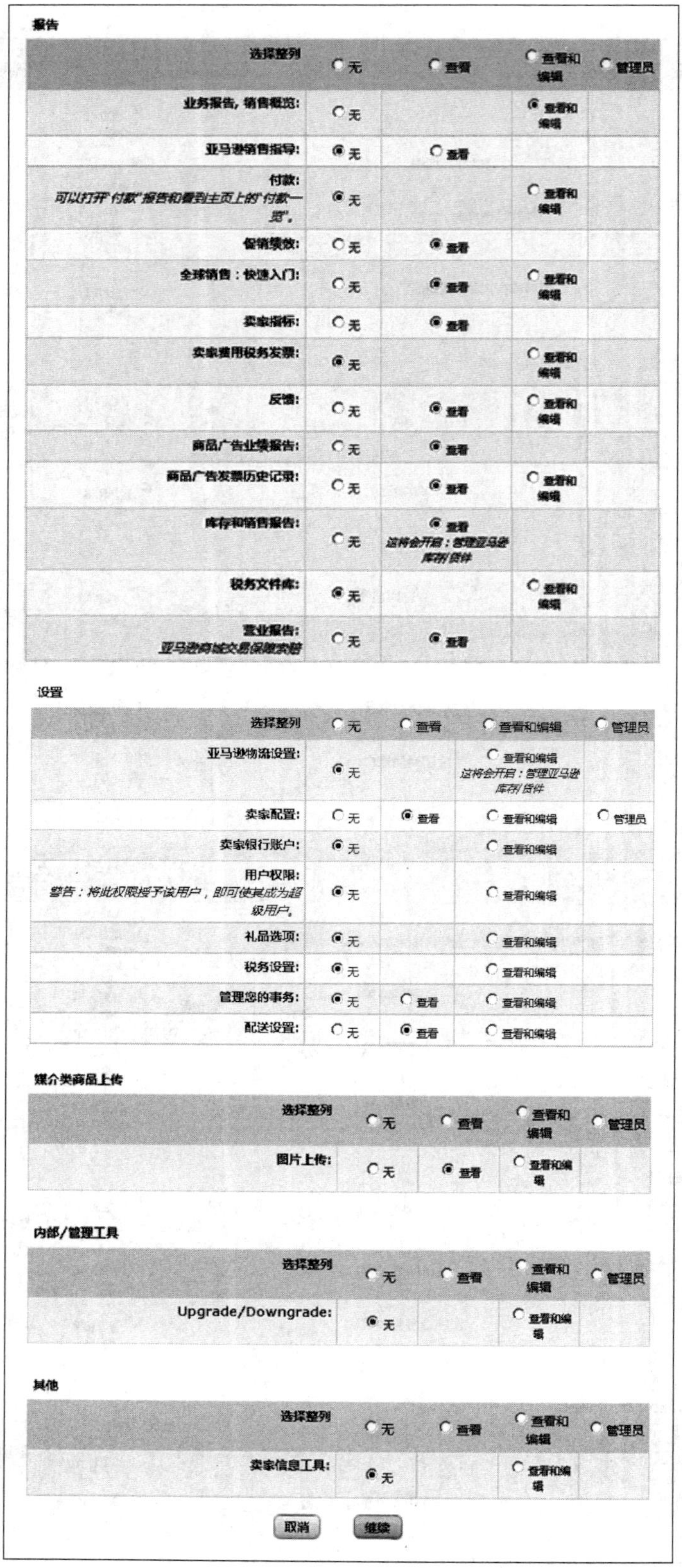
报告
选择整列
无
查看
查看和编辑
管理员
业务报告，销售概览：
亚马逊销售指导：
付款：
可以打开"付款"报告和看到主页上的"付款一览"。
促销绩效：
全球销售：快速入门：
卖家指标：
卖家费用税务发票：
反馈：
商品广告业绩报告：
商品广告发票历史记录：
库存和销售报告：
这将会开启：管理亚马逊库存/货件
税务文件库：
营业报告：
亚马逊商城交易保障索赔
设置
亚马逊物流设置：
卖家配置：
卖家银行账户：
用户权限：
警告：将此权限授予该用户，即可使其成为超级用户。
礼品选项：
税务设置：
管理您的事务：
配送设置：
媒介类商品上传
图片上传：
内部/管理工具
Upgrade/Downgrade:
其他
卖家信息工具：
取消
继续

图 1－52

经典实例

关联风险须谨慎

一家外贸公司于2017年注册美国亚马逊账号，店铺主要销售运动类商品。由于价格便宜，因此销量非常好，但后来由于店铺绩效太差而被亚马逊关店。于是，该公司准备了一套新的注册资料并更换了电脑、网线、路由器等设备，成功注册了新账号。可惜才过2天，账号就无法登录了。后来排查原因才发现之前的账号是用公司经理一直在使用的办公邮箱注册的。更换设备注册新账号后，经理还需要登录原先的邮箱查看邮件，这就导致邮箱出现关联而被关店。

侵权得不偿失

王某之前在淘宝上销售NIKE、Adidas高仿鞋，但是由于淘宝竞争激烈，利润低，于是开始转战海外市场。在对比了国外几个电商平台后选择在亚马逊销售。果然，商品刚上架没多久，销售情况就非常好。原先淘宝一天只能销售10双不到，但是在亚马逊却能卖出50多双。看着销量日益增长，王某向工厂下了大单，准备大干一场。然而没过几天，王某就收到了亚马逊发来的商品审核邮件。由于怀疑王某销售的商品有侵权问题，亚马逊要求王某提供商品授权书及进货单等资料。但是王某卖的是假货，根本没有授权书，只能眼睁睁地看着店铺被关。然而，工厂那边还有一大批货等着他付钱……王某一下子傻眼了。

能力实训

一、不定项选择题

1. 亚马逊账号类型有几种？（　　）

A. 1种　　B. 2种　　C. 3种　　D. 4种

2. 亚马逊“专业销售计划”月租金为多少美元？（　　）

A. 29.99美元/月　　B. 39.99美元/月　　C. 49.99美元/月　　D. 39.90美元/月

3. 注册亚马逊账号所需资料，下面哪些是需要的？（　　）

A. 全新邮箱　　B. 信用卡号　　C. 联系电话　　D. 法人一寸照片

4. 注册亚马逊账号最好选择以下哪一种信用卡？（　　）

A. 万事达　　B. VISA　　C. 银联　　D. 以上均可

5. 造成亚马逊账号风险的因素可概括为哪几种？（　　）

A. 违法操作　　B. 违规操作　　C. 店铺绩效　　D. 账户申诉

6. 店铺绩效不包括下列哪一项？（　　）

A. 商品　　B. 服务　　C. 发货　　D. 物流

二、简答题

1. 注册亚马逊账号所需资料有哪些？
2. 账号关联的因素有哪几点？
3. 当账号因绩效问题被冻结时，如何恢复账号？

三、实操题

根据所学的知识，自组团队开立一个亚马逊卖家账号。

学习情境二

亚马逊物流解读

知识目标

- 了解 FBA 及其优劣势
- 熟悉 FBA 所涉及的各项费用
- 掌握 FBA 发货后台操作知识

技能目标

- 能够计算不同规格商品的 FBA 费用
- 能够在后台创建发货计划，正确打印并粘贴商品标签和箱子标签

结构导图

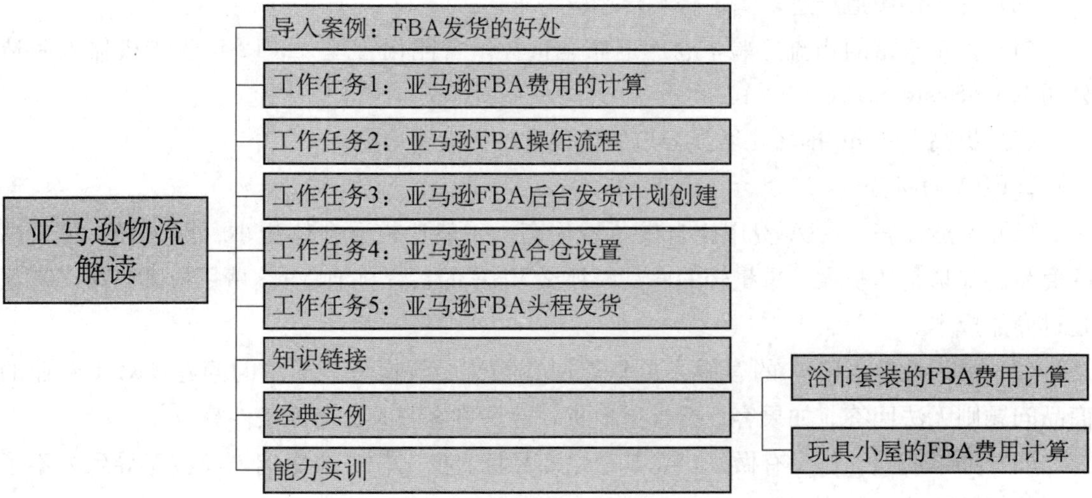

导入案例

FBA 发货的好处

小林注册了一家亚马逊店铺，主营陶瓷类商品，市场调研选品后开始销售。因为怕囤积货物，他选择自发货配送。商品上传后，小林发现曝光率不是很高，于是想通过点击付费广告（CPC）增加商品曝光率。但由于是自发货，平台前期不分配购物车，没有资格做

CPC。小林又想报名参加秒杀活动，咨询招商经理后得知自发货也没有资格去申请秒杀、Best Deal 等活动。一段时间后，小林终于成交了一单，不料客户收到商品后却要求退货，这让小林不知所措，交涉失败后只能自认倒霉退款并白送货品给买家。这次事件之后，小林决定使用亚马逊物流（FBA）。上传了几款亚马逊热销款商品，使用了 CPC，没过几天就出单了。通过不断优化 CPC，订单越来越多，广告费用占比也随之降低。后来，小林又报名参加亚马逊的站内秒杀活动。秒杀活动为小林的店铺锦上添花，商品排名很快升至前几页，订单多了起来，店铺也开始良性发展。

通过小林的经历我们不难发现，在亚马逊平台经营，选择亚马逊提供的物流服务更有利于店铺的成长。那么，到底什么是亚马逊物流？它有哪些规则？如何操作？接下来，我们将带领大家揭开亚马逊物流的神秘面纱！

亚马逊物流（Fulfillment by Amazon，FBA）是指由亚马逊提供的高标准的，包括仓储、拣货、包装、配送、收款、客服和退货在内的所有物流服务的总称。

1. FBA 的优势

（1）配送时效性强（仓库大多靠近机场）。

（2）全年无休专业客服。

（3）支持多渠道配送，满足跨平台运营需求。

（4）多年丰富的物流经验，仓库遍布全世界，智能化管理（2012 年收购机器人制造公司 Kiva Systems）。

（5）提高 Listing 排名，增强客户的信任度，提高销售额。

2. FBA 的劣势

（1）一般而言，FBA 费用比自发货费用高，一般比较适合体积小、重量轻、售价高的商品。如果是体积大、重量轻的商品，那么 FBA 的头程算泡货①，费用极其高昂，甚至超过商品成本。

（2）灵活性差。FBA 的客服人员只能回答物流、退换货等简单的问题，对于专业的商品问题则无法回答。如果客户要求退换货，亚马逊客服人员会无条件答应。

（3）如果前期工作没有做好，尤其是贴商品标签的工作，会影响入库甚至导致入不了库。此时就要请头程物流公司人员帮忙处理标签问题。

（4）如果使用的是美国 FBA，退货地址只支持美国。如果再退回国内就算为进口，而国内的关税极其高昂。另外，就算请 FBA 销毁商品，也要收取销毁费用。

工作任务 1　亚马逊 FBA 费用的计算

FBA 费用的计算公式如下：

FBA 费用＝执行费＋月仓储费

---

① 泡货：又叫抛货（bulky cargo），通俗来讲就是轻货。

【步骤 1】确定 FBA 的尺寸标准

FBA 费用主要是根据商品的包装尺寸及重量来收取的，首先了解一下 FBA 的尺寸标准和重量是如何划分的，如表 2-1 所示。

表 2-1　FBA 尺寸标准和重量的划分

商品尺寸	最长边	中长边	最短边	长边+底面周长	重量
小标准尺寸	15″	12″	0.75″	N/A	媒介类：14 oz 非媒介类：12 oz
大标准尺寸	18″	14″	8″	N/A	20 lb
小超标准尺寸	60″	30″	N/A	130″	70 lb
中超标准尺寸	108″	N/A	N/A	130″	150 lb
大超标准尺寸	108″	N/A	N/A	165″	150 lb
特殊超标准尺寸	>108″	N/A	N/A	>165″	>150 lb

（1）单个包装单位的商品满足以下所有要求的为标准尺寸，只要有一个条件不满足，就是超大尺寸：

重量≤20 lb　最长边≤18″　中长边≤14″　最短边≤8″

（2）超标准尺寸里的“长边+底面周长”是以最长边为高，中长边和最短边组成的平面为底面。

（3）FBA 中常见计量单位换算：

1″（inch，英寸）=2.54 cm

1 lb（磅）=0.453 6 kg

1 oz（盎司）=28.35 g

1 cubic foot（立方英尺）=28.32 cubic dm（立方分米）=0.028 316 8 m^3

1 m^3=35.314 724 8 cubic foot

为了确定正确的标准划分，符合标准尺寸的商品使用商品重量归类方法（重量超过 1 磅的标准尺寸非媒介类商品除外）；对于小号、中号和大号的大件商品，以及重量超过 1 磅的标准尺寸非媒介类商品，适用商品重量或体积重量中的较大者。体积重量的计算方式是：商品体积（长×宽×高，以英寸为单位）÷139。

注意：这些计算仅适用于确定相应分段的情况，要计算首重和续重费用，必须使用出库配送重量。

【步骤 2】FBA 配送费用的计算

FBA 配送费用标准（新的配送费用标准已于 2018 年 2 月 22 日生效）如表 2-2 所示。

表 2-2　亚马逊物流配送费用标准

商品尺寸	相应 FBA 费用
标准尺寸	全年费率
小号（不超过 1 磅）	2.41 美元
大号（不超过 1 磅）	3.19 美元

续前表

商品尺寸	相应 FBA 费用
大号（1～2 磅）	4.71 美元
大号（超过 2 磅）	4.71 美元＋0.38 美元/磅（超出首重 2 磅的部分）
大件	全年费率
小号大件	8.13 美元＋0.38 美元/磅（超出首重 2 磅的部分）
中号大件	9.44 美元＋0.38 美元/磅（超出首重 2 磅的部分）
大号大件	73.18 美元＋0.79 美元/磅（超出首重 90 磅的部分）
特殊大件	137.32 美元＋0.91 美元/磅（超出首重 90 磅的部分）
如果是服装类商品，每件商品应加 0.40 美元	

注意：实际处理重量是基于出库装运的实际重量。亚马逊在商品出库的时候会加上一些包装保护材料和纸箱等，因此商品的出库配送重量并不等同于商品入库时的重量。计算出库配送重量，得出首重和续重费用：

（1）标准尺寸（除重量超过 1 磅的大号标准尺寸非媒介类商品之外）和特殊超大尺寸。每件商品均须计算出库配送重量，计算方式为包装重量加上商品重量。每件商品的总重量数值要四舍五入到最接近的磅数。出库配送重量可以用来计算首重和续重费用。

（2）大号标准尺寸（非媒介类商品重量大于 1 磅），小号超大尺寸、中号超大尺寸和大号超大尺寸。每件商品均需计算出库配送重量，计算方式是包装重量加上商品重量或体积重量，取商品重量或体积重量的较大者。每件商品的总重量数值向上取整数（例如：2.1 磅取整数为 3 磅）。出库配送重量可以用来计算首重和续重费用。

不同尺寸商品的出库配送重量如表 2－3 所示。

表 2－3　不同尺寸商品的出库配送重量

商品尺寸分段和类别	包装重量	出库配送重量
标准尺寸媒介类商品	2 oz (0.125 lb)	商品重量①＋包装重量② （向上取整到最接近的磅数）
标准尺寸非媒介类商品（1 lb 或更低）	4 oz (0.25 lb)	商品重量＋包装重量 （向上取整到最接近的磅数）
标准尺寸非媒介类商品（大于 1 lb）	4 oz (0.25 lb)	商品重量或体积重量③中的较大者＋包装重量 （向上取整到最接近的磅数）
小号、中号和大号大件商品	16 oz (1.00 lb)	商品重量或体积重量中的较大者＋包装重量 （向上取整到最接近的磅数）
特殊大件商品	16 oz (1.00 lb)	商品重量＋包装重量 （向上取整到最接近的磅数）

注意：用来计算费用的商品重量、尺寸和其他测量数值由亚马逊决定，根据不同包装

① 商品重量是指商品本身的重量。

② 包装重量是指包装箱和包装材料的重量。

③ 体积重量等于商品体积（长×宽×高，以英寸为单位）除以 166。对于重量超过 1 磅的大号标准尺寸非媒介类商品及所有的小号、中号和大号超大尺寸商品，如果体积重量大于商品重量，则使用体积重量。

可能有所变化。体积可能根据包装类型的不同而有所变化。

【步骤 3】FBA 仓储费用的计算

自 2017 年 10 月 1 日起，标准尺寸商品的月度库存仓储费用将从每立方英尺 0.54 美元提高至每立方英尺 0.64 美元。1 月—9 月期间储存在亚马逊运营中心的标准尺寸商品均须支付此费用。对于在此期间储存的大件商品，费用不做调整。

自 2017 年 10 月 1 日起，标准尺寸商品和大件商品在 10 月的月度库存仓储费用将会提高，以与 11 月和 12 月的月度库存仓储费用保持一致。届时，亚马逊还会降低在 10 月配送的所有商品的配送费用，以与 11 月和 12 月的配送费用保持一致。

亚马逊月度库存仓储费用如表 2 - 4 所示。

表 2 - 4　　亚马逊月度库存仓储费

时间	标准尺寸商品	大件商品
1 月—9 月	每立方英尺 0.64 美元	每立方英尺 0.43 美元
10 月—12 月	每立方英尺 2.35 美元	每立方英尺 1.15 美元

【步骤 4】库存配置服务费

自 2017 年 7 月 19 日起，在卖家创建入库计划时，亚马逊将更频繁地询问卖家是否要将商品发往多个目的地。卖家可以在每个入库计划中选择遵循亚马逊的指南或使用库存配置服务，这使卖家能够选择运往较少的目的地。如果卖家使用库存配置服务，亚马逊将按件收取服务费，如表 2 - 5 和表 2 - 6 所示。具体费用取决于卖家选择的目的地数量。

表 2 - 5　　亚马逊库存配置服务费（标准尺寸）

亚马逊推荐的货件目的地	卖家选择的货件目的地（按件收取费用）		
	三个	两个	一个
三个	免费	$0.10 +（超出首重 2 lb 的部分）× $0.10/lb	$0.30+（超出首重 2 lb 的部分）× $0.10/lb
两个	免费		$0.20 +（超出首重 2 lb 的部分）× $0.10/lb
一个	免费		

表 2 - 6　　亚马逊库存配置服务费（大件）

亚马逊推荐的货件目的地	卖家选择的货件目的地（按件收取费用）		
	三个	两个	一个
三个	免费	$0.50 +（超出首重 5 lb 的部分）× $0.20/lb	$1.65 +（超出首重 5 lb 的部分）× $0.20/lb
两个	免费		$0.70+（超出首重 5 lb 的部分）× $0.20/lb
一个	免费		

如果卖家在亚马逊后台创建发货计划时，亚马逊推荐了三个目的地，为了节省物流成本，卖家可以在后台进行合仓操作（合仓要收取库存配置服务费），将三个货件目的地缩

减至两个或一个。例如：在标准尺寸条件下（2017 年 7 月 19 日之后），亚马逊推荐的货件目的地有纽约、洛杉矶、西雅图三个，如果缩减至两个，其库存配置服务费的计算如下：＄0.10 ＋（超出首重 2 lb 的部分）× ＄0.10/lb。

工作任务 2　亚马逊 FBA 操作流程

【步骤 1】卖家将商品发送给亚马逊

卖家将自己的新商品或二手商品发送至亚马逊运营中心。

（1）将商品信息上传到卖家平台。

（2）让亚马逊配送全部库存或部分库存。

（3）打印亚马逊提供的 PDF 标签或使用亚马逊物流贴标服务。

（4）使用亚马逊的物流或选择其他承运人。

【步骤 2】亚马逊存储卖家的商品

亚马逊将卖家的商品分类存储在亚马逊的待发货库存中。

（1）亚马逊接收并扫描卖家的库存。

（2）亚马逊记录商品尺寸以便进行存储。

（3）卖家通过亚马逊的集成跟踪系统监控库存。

【步骤 3】买家对商品下单

（1）非亚马逊 Prime 会员，只有总价超过 35 美元的订单才符合免费配送的资格，总价金额不符合免费配送条件的，还须额外支付配送费用。

（2）亚马逊 Prime 会员购买亚马逊物流配送的商品，可以享受免费的配送服务。

（3）这里的订单，不包括其他网站的多渠道配送订单及亚马逊移除订单等服务。

【步骤 4】亚马逊分拣并包装商品

亚马逊物流从库存中分拣并包装商品，准备配送。

（1）亚马逊利用高速分拣和分类系统定位商品。

（2）买家可以要求将该订单与其他由亚马逊配送的商品合并配送。

【步骤 5】亚马逊配送商品

亚马逊将商品从运营中心配送至买家手中。

（1）亚马逊利用买家选择的配送方式配送。

（2）亚马逊为买家提供跟踪信息。

（3）对于在亚马逊上所下订单，买家可以联系亚马逊寻求客户服务。

工作任务 3　亚马逊 FBA 后台发货计划创建

【步骤 1】亚马逊配送转换

（1）在主页点击“库存管理”。

（2）选择需要转换的 SKU。

（3）选择“转换为‘亚马逊配送’”，如图 2－1 所示。

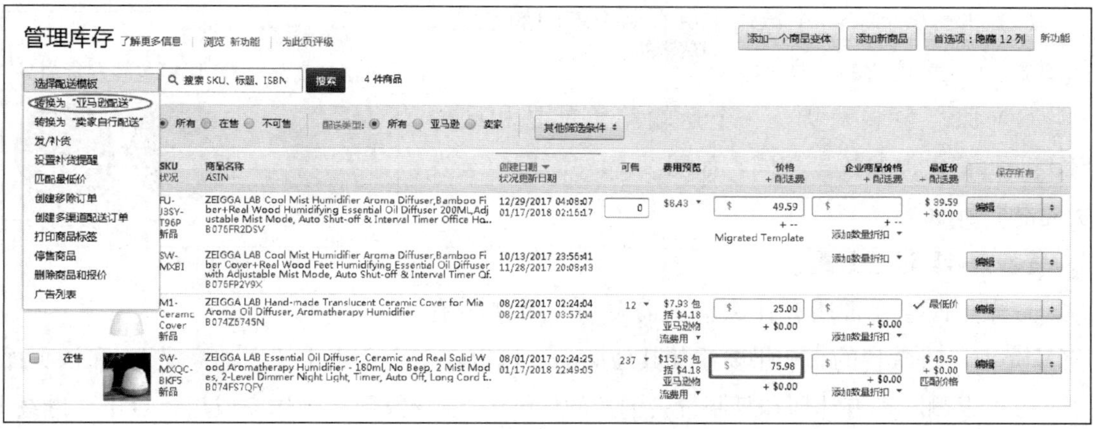

图 2－1

【步骤 2】条形码类型选择

选择“亚马逊条形码”，点击“转化并发送库存”，如图 2－2 所示。

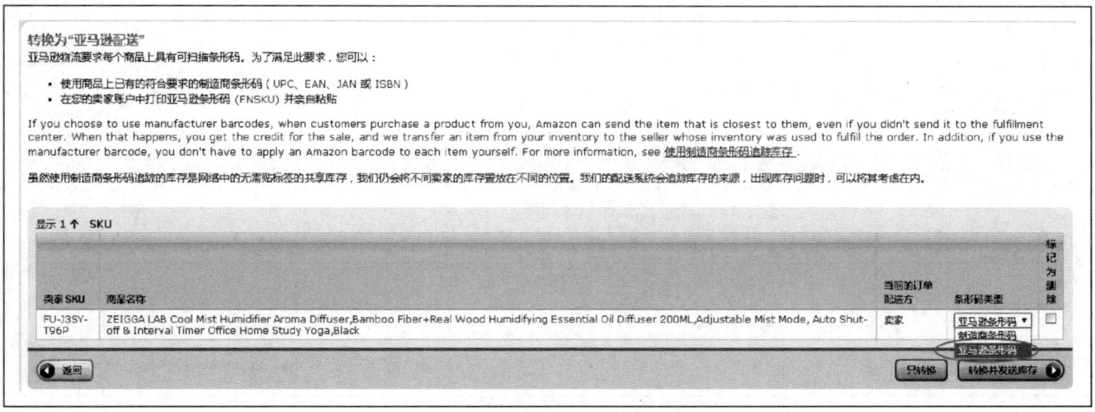

图 2－2

【步骤 3】发/补货

首先，新建入库计划或者添加至现有入库计划；接着，设置发货地址（发货地址可以是默认地址或新建地址）；然后，选择“包装类型”；最后，点击“继续处理入库计划”，如图 2－3 所示。

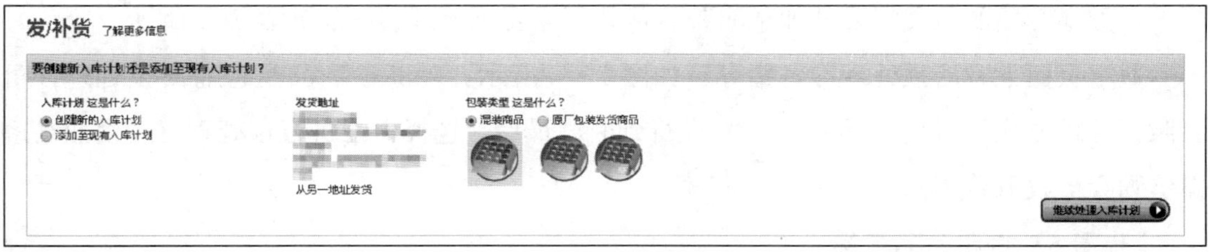

图 2－3

包装类型主要有如下两种：

（1）混装发货：一个运输箱里有多个不同的 SKU，如图 2－4“混装商品”所示。

（2）原厂包装发货：一个运输箱里都是相同的 SKU，每箱包含的数量相同，如图 2－4“原厂包装发货商品”所示。

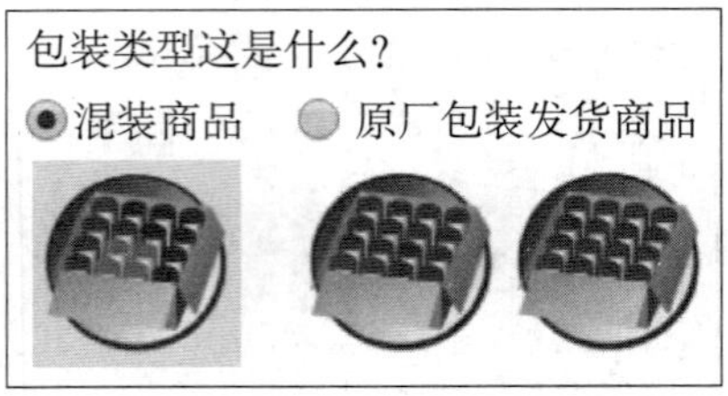

图 2－4

【步骤 4】设置数量

首先，检查是否还有什么信息需要填写及是否有 SKU 是亚马逊禁售的。如果要添加其他商品，可以在右上角点击“添加商品”，在该页面左下方可以删除现有计划和复制过去创建的计划。“设置数量”操作完成后，点击“继续”进入下一步，如图 2－5 所示。

图 2－5

【步骤 5】准备商品

（1）需要准备：是否有需要预处理的商品。

（2）可能需要准备：你的商品可能需要预处理。

（3）预处理：亚马逊根据商品特性要求对某些商品增加包装而达到发货给顾客的包装要求，如半开放的包装需要外加透明胶袋包装。需要预处理的商品如表 2－7 所示。

通过页面下方的预处理准备指导，如图 2－6 所示，判断该商品是否需要预处理，可参照预处理方式类目表（见表 2－8）进行判断。最后，选择由谁进行预处理（若由亚马逊操作则会被收取费用）。

【步骤 6】打印商品标签

如图 2－7 所示。

表 2-7　　预处理商品及预处理方式表

商品种类	预处理方式
婴儿商品	示例：适用于3岁及以下儿童的商品（咬胶或围兜）或裸露玩具（包装箱的开口尺寸大于25平方毫米）
	包装材料：塑料袋，可扫描条形码标签
	包装方式：将商品置于透明袋中密封并贴标
锋利、尖锐或以其他方式构成安全问题的商品	示例：剪刀，工具，金属原材料
	包装材料：气泡膜、箱子，可扫描条形码标签
	包装方式：使用气泡膜包装或置于箱子内，以覆盖所有裸露的边缘并贴标
易碎品/玻璃	示例：瓷器、木架镜子、玻璃瓶或罐装液体
	包装材料：气泡膜、箱子，可扫描条形码标签
	包装方式：使用气泡膜包装或置于箱子内并贴标
	注意：已经做好预处理的商品必须满足从1米的高处跌落至坚硬地面而不会破碎这一条件
服装、面料、毛绒布料和纺织品	示例：手提袋、毛巾、服装、毛绒玩具
	包装材料：塑料袋，可扫描条形码标签
	包装方式：置于透明袋中密封并贴标
小型商品（最长边短于54毫米）	示例：珠宝、钥匙扣、闪存驱动器
	包装材料：塑料袋，可扫描条形码标签
	包装方式：置于透明袋中密封并贴标
成人商品	示例：提供真人裸体模特图片的商品，包装显示亵渎或淫秽消息的商品
	包装材料：黑色或者不透明塑料袋或收缩包装，可扫描条形码标签
	包装方式：采用收缩包装或置于不透明塑料袋中密封并贴标
塑料瓶装液体（玻璃瓶装液体视为易碎品）	示例：没有双重密封的塑料瓶装液体（最大1 000毫升）
	包装材料：塑料袋，可扫描条形码标签
	包装方式：拧紧瓶盖，进行双重密封或者将容器置于透明的塑料袋中，然后密封贴标
粉末、球状颗粒和颗粒物质	示例：面膜粉、食用糖、粉末洗涤剂
	包装材料：塑料袋，可扫描条形码标签
	包装方式：将商品置于透明袋中密封并贴标

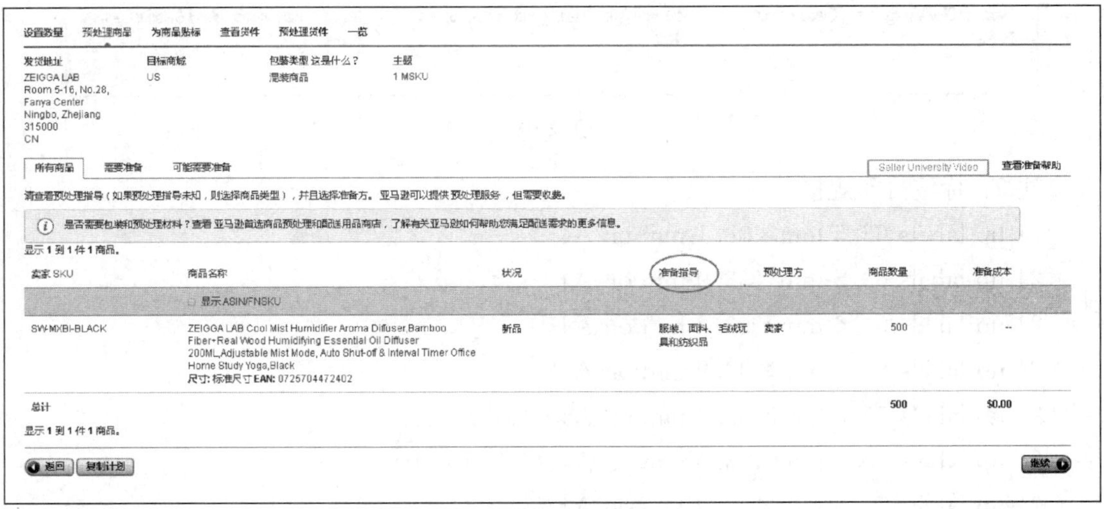

图 2-6

表 2-8　　预处理方式类目表

预处理类目	描述和示例
易碎品	容易破碎的商品：玻璃、瓷器、相框等
液体	液体或者胶类的商品：液体皂、喷雾瓶、乳液等
纺织品	布类商品：衣服、毯子等
毛绒玩具、婴儿用品	毛绒玩具或 3 岁以下小孩用的商品：维尼熊、奶嘴、奶瓶等
尖锐物品	尖锐的或者有尖锐边缘的商品：刀、剪刀等
小物品	最长边小于 $2\frac{1}{8}''$（相当于信用卡的边）的商品：珠宝、钥匙圈等
成人用品	含有潜在侵犯性质的商品：色情杂志、电影等

图 2-7

注 1：商品标签，亚马逊称之为 FNSKU，示例如图 2-8 所示。

图 2-8

注 2：标签打印规格

21-up labels 63.5 mm×38.1 mm on A4

24-up labels 63.5 mm×33.9 mm on A4

24-up labels 64.6 mm×33.8 mm on A4

24-up labels 66.0 mm×33.9 mm on A4

24-up labels 66.0 mm×35.0 mm on A4

24-up labels 70.0 mm×36.0 mm on A4

24-up labels 70.0 mm×37.0 mm on A4

27-up labels 63.5 mm×29.6 mm on A4

30-up labels 1″×2 $\frac{5}{8}$″on US Letter

40-up labels 52.5 mm×29.7 mm on A4

44-up labels 48.5 mm×25.4 mm on A4

（1）标签颜色：背景白色。

（2）标签纸材质：可撕除的不干胶贴纸。

（3）打印标签注意事项：

1）材质和设备要求：

要打印高质量的标签，请确保：

①使用热转印或激光打印机；

②使用合适的打印机标签纸；

③使用分辨率不低于 300 DPI 的打印机；

④如有需要，请检测、清洗和更换打印机打印头；

⑤定期测试你打印的标签的可扫描性。

2）标签位置：

当你准备好将标签粘贴到商品上时，请确保：

①在每件商品上粘贴正确的标签；

②其他所有可见的标签被覆盖（序列号条形码除外）；

③将标签粘贴在所有准备材料的外侧；

④不要将标签粘贴在包装的弯曲部位或角落；

⑤包装箱中的每件商品都有亚马逊标签。

【步骤 7】分仓库

在这一步可以创建新的发货计划，也可以添加到现有相同目的地库房的发货计划中。接下来，可以再次检查货件中的商品，点击“确认货件”后，发货计划正式创建，如图 2－9 所示。

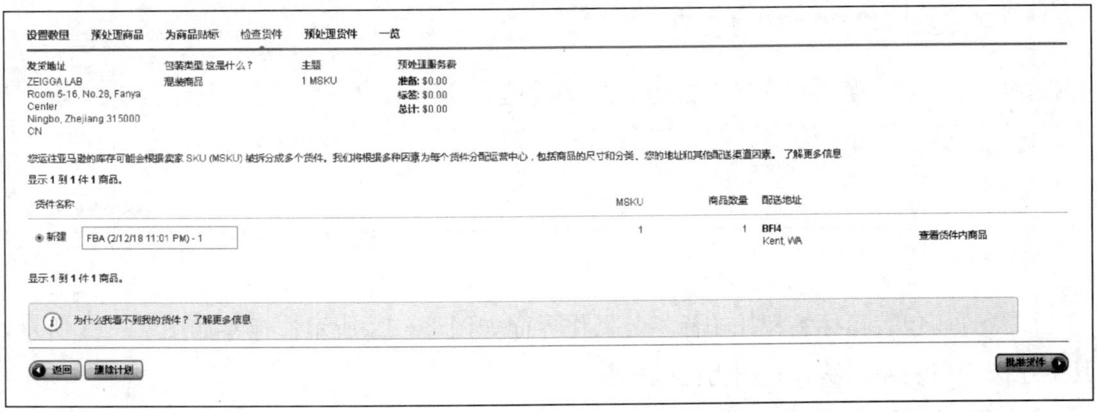

图 2－9

【步骤 8】准备货件

（1）对发货数量进行微调。调整数量最多 6 件，或者在原始数量±5%的范围内进行微调。

（2）选择入库方式。入库运送方法有两种：小包裹快递（SPD）和汽运零担（LTL）。具体方式须与发货物流沟通确认后选择，如图 2－10 所示。

图 2－10

（3）设置箱子信息。设置箱子信息有三种选择方式：所有商品装于一个箱子；每箱一个 SKU；每箱不止一个 SKU。如图 2－11 所示。

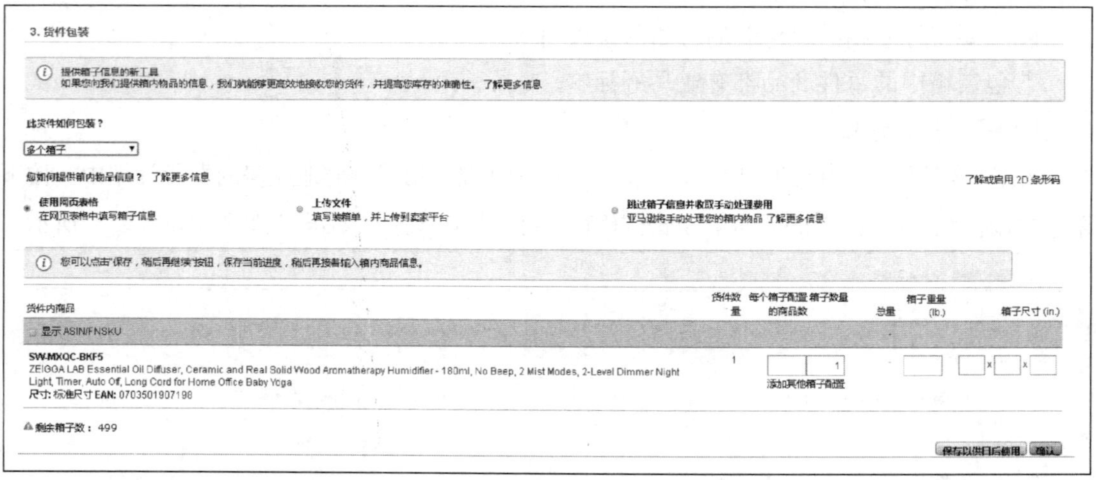

图 2－11

（4）打印包装箱标签和托帕标签。操作界面如图 2－12 所示；标签如图 2－13 所示，其中左图为包装箱标签，右图为托帕标签。

【步骤 9】填写物流追踪编码

首先，输入物流追踪编码；然后，检测发货计划商品清单，如图 2－14 所示。当发现

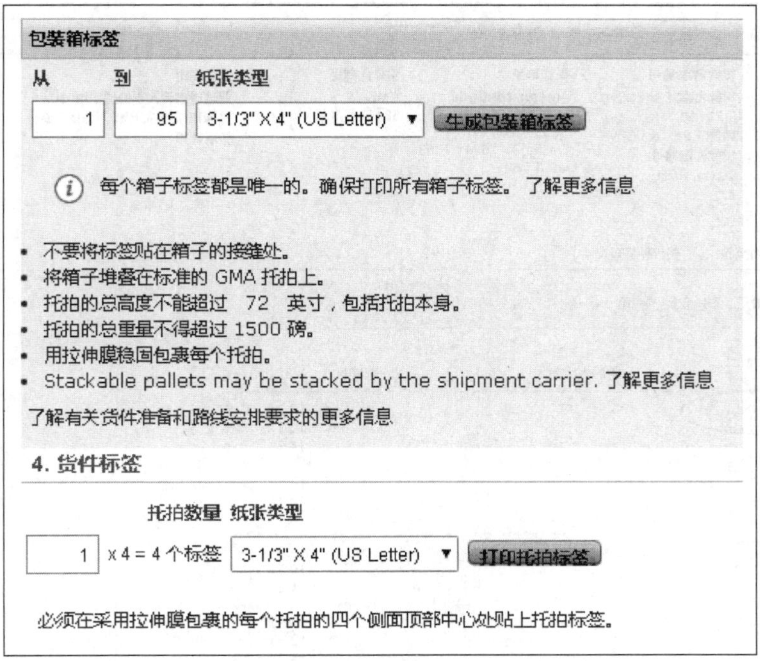

图 2－12

图 2－13

收货数量与发货数量不符时，可以在“货件差异查询”中联系亚马逊调查，如图 2－15 所示。

在亚马逊 FBA 后台发货操作过程中务必注意以下几点：

（1）检查每一款商品的数量是否与网上填写的运输数量一致。

（2）用激光打印机打印合适的标签，纸张大小要适宜，确证标签清晰且清洁干净。

（3）依照亚马逊提供的 PDF 文件制作标签，在每个商品上都贴上标签。

（4）确定商品的名称和属性与所贴标签相符。

图 2-14

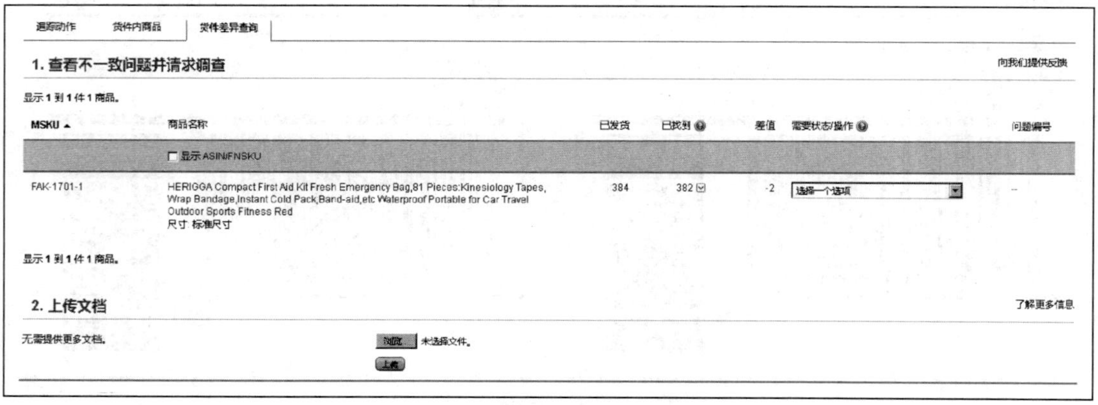

图 2-15

（5）在承运人的标签下面粘贴集装箱的标签。

（6）选择能提供物流追踪号的承运公司，这样亚马逊可以追踪货物情况。

工作任务 4 亚马逊 FBA 合仓设置

【步骤 1】 进入“页面设置”界面，在右上角“设置”下点击“亚马逊物流”，如图 2-16 所示。

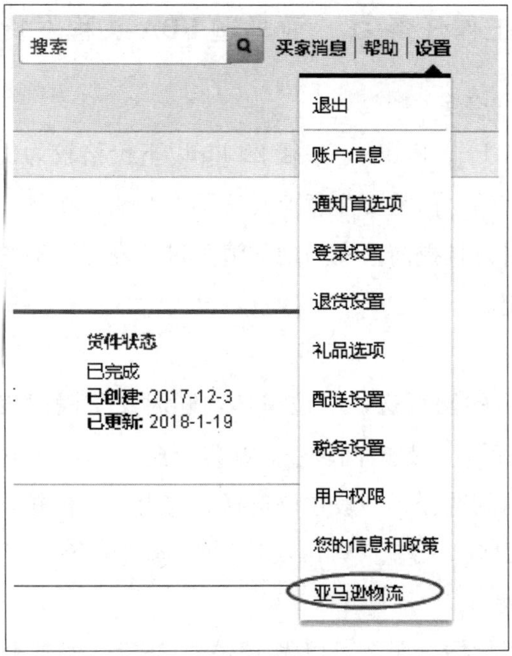

图 2-16

【步骤 2】在“入库设置”中点击“编辑”，如图 2-17 所示。

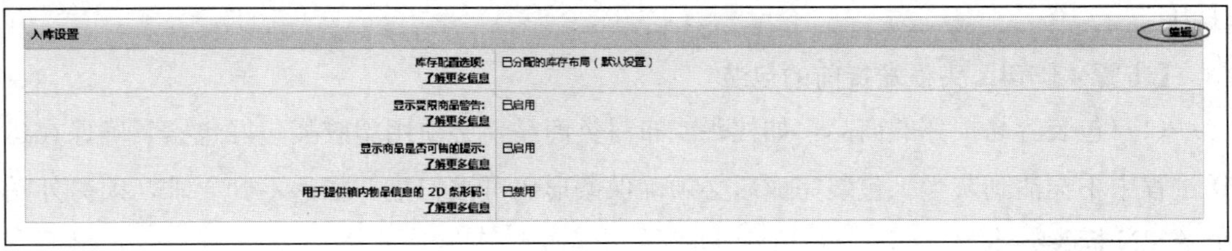

图 2-17

【步骤 3】选择“库存配置服务”，点击“更新”完成，如图 2-18 所示。

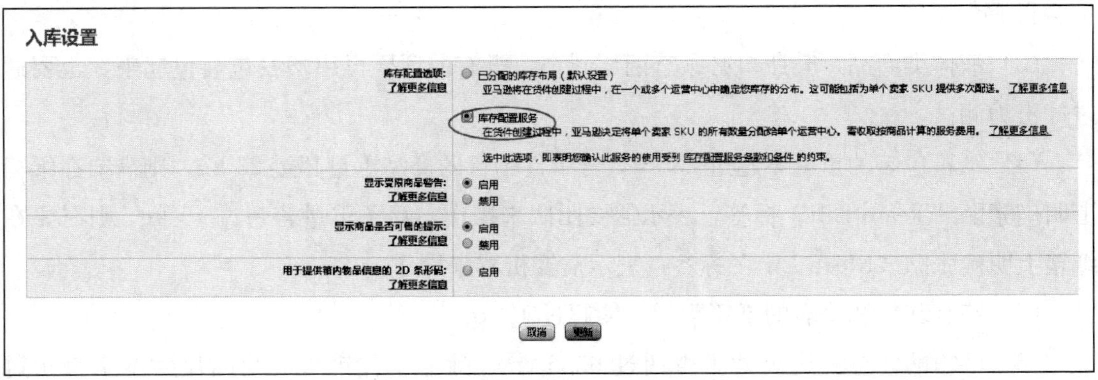

图 2-18

工作任务5 亚马逊 FBA 头程发货

【步骤 1】直发快递（空运）

直发快递如 DHL、UPS、Fedex，一般 20 kg 以下价格较为优惠，适合紧急补货。此外，快递都是免预约入库的，但是要注意亚马逊不作为清关主体，不负责清关和缴税，一定要做好申报和关税预付并且提前落实当地的清关进口商。一般物流公司可以提供税号借用，但要收取一定的费用。

【步骤 2】FBA 海运

海运＋当地清关＋目的国派送，三位一体，随时交货随时发。FBA 海运价格便宜，每立方米约 1 500 元人民币，但是时间较长，从发货到入库需要 40 天左右，对库存的估算要求较高。对于物流公司的选择，一般建议选择有实力、价格较合理的物流公司，如亚马逊龙舟计划、出口易、4PX、三态、Webgistix、Egoglobal 等。

【步骤 3】海外仓调拨

如果在海外仓有库存货物，那么可以做 FBA 的补货。海外仓调拨去亚马逊的选择很多，既可以选择快递免预约入库，又可以选择拖车送货。海外仓方式灵活简便，可以多频次补货，补货时间相对较短，但是会有额外的仓储费和手续费产生，而且会有资金的压力。

【步骤 4】FBA 头程发货前的包装

（1）包装容易损坏的商品，如枕头或布料类商品，必须用塑胶袋包好包紧，确保在运送过程中不会沾到灰尘。包装完成后必须确保条形码可被扫描，如达不到要求，须另外贴上 ASIN 标签。

（2）易碎品需要小心保护，如利用气泡膜包紧，确保不会在运送过程中弹来弹去。条形码必须在不被拆开的前提下可以被扫描，而且要通过冲击力测试（丢五次都不会破损）。

（3）液体类商品，其瓶口必须有两层封口，没有的话要再用塑胶包装包起来，也要通过冲击力测试。

（4）纸箱包装的重量不超过 23 kg，若单件销售的商品重量超过 23 kg，则需要在纸箱上明确张贴“Team Lift”标签，表示需要团队来操作；箱子重量若超过 45 kg，则需要在纸箱上明确张贴“Mech Lift”标签，表示需要机器来操作。

（5）装有珠宝和手表的纸箱重量不能超过 18 kg；

（6）纸箱的任意一边尺寸不得超过 63.5 cm，除非单件销售的商品尺寸本来就超过 63.5 cm。纸箱的任意一边尺寸若超过 63.5 cm，那么纸箱需要放置在 1 m×1.25 m 的托盘上，除非单件销售的商品纸箱尺寸本身超出标准托盘的尺寸。

知识链接

最新亚马逊物流库存仓储限制政策

为更好地管理亚马逊运营中心的仓储空间，以便更快地收到商品并配送至买家，亚马逊将从 2018 年 7 月 1 日起采用库存仓储限制政策。仓储限制基于体积（以立方英尺计算）并针对每个仓储类型进行设置。

一、仓储限制标准

（1）对个人销售账户实行相同的仓储限制，不会提高或降低。对专业卖家账户不一定实行仓储限制，具体取决于以下标准：

①将库存绩效指标保持在 350 或更高的卖家将获得标准尺寸商品、大件商品和服装鞋靴商品的无限仓储使用权限。

②库存绩效指标在当前季度结束之前 6 周内低于 350 的卖家将被告知面临仓储限制。如果他们的分数在当前季度的最后一天仍低于 350，那么亚马逊将在下一季度实行仓储限制。

③亚马逊会对没有库存绩效指标的卖家实行默认仓储限制，直到收集到足够的数据来生成分数为止。

（2）卖家可以在库存绩效控制面板上查看自己的库存绩效指标。此外，亚马逊还在此处为卖家提供了四种方法，以帮助卖家提高库存绩效指标。

①减少冗余库存。在“管理冗余库存”界面采取措施，以降低仓储费和保管成本。

②提高售出率。在“亚马逊物流库龄”界面上采取措施，以提高低流量和低转化率商品的亚马逊物流售出率。

③修复商品信息。在“修复无在售信息的亚马逊库存”界面采取措施，以确保卖家的库存处于可购买状态。

④补充库存。在“补充库存”界面上采取措施，以提高亚马逊物流有存货率。

二、设置季度性限制

（1）对于拥有专业销售账户的卖家，仓储限制每 3 个月评估一次。如果卖家的库存绩效指标在当前季度结束前的 6 周内低于 350，那么平台就会告知卖家可能面临仓储限制。如果卖家的库存绩效指标分数在季度末仍低于 350，那么亚马逊将在下一季度对卖家实行仓储限制。

（2）季度仓储限制基于卖家的销量、卖家的历史库存绩效指标分数和可用的亚马逊运营中心容量。对于拥有持续较高分数的卖家，亚马逊将实行更高的仓储限制，并根据销量和可用容量进行调整。设置下个季度的限制时，亚马逊会考虑卖家最近的销量和上一年的季节性销量。

三、2018 年季度性仓储限制时间表

仓储限制取决于卖家在季度结束之前 6 周和该季度的最后一天的库存绩效指标。表 2-9 列出了具体日期及相关仓储限制的生效日期。

表 2-9　　2018 年季度性仓储限制时间表

季度	首次分数检查（当前季度结束前 6 周）	最终分数检查（当前季度的最后一天）	仓储限制有效期限
第 3 季度（2018 年 4 月 1 日—6 月 30 日）	2018 年 5 月 19 日	2018 年 6 月 30 日	2018 年 7 月 1 日—2018 年 9 月 30 日
第 4 季度（2018 年 7 月 1 日—9 月 30 日）	2018 年 8 月 19 日	2018 年 9 月 30 日	2018 年 10 月 1 日—2018 年 12 月 31 日
第 1 季度（2018 年 10 月 1 日—12 月 31 日）	2018 年 11 月 19 日	2018 年 12 月 31 日	2019 年 1 月 1 日—2019 年 3 月 31 日

2018 年，每个仓储类型的仓储限制的设置不低于 20 立方英尺。

1. 仓储类型

仓储限制适用于 6 个仓储类型：标准尺寸商品、大件商品、服装、鞋靴、易燃物和气溶胶。从 2018 年 6 月开始，卖家可以使用仓储监视器在亚马逊物流“库龄和库龄报告”界面中查看卖家的商品被归为哪些仓储类型及它们占据多少立方英尺的空间。如果卖家未在仓储监视器中看到仓储类型，这是因为卖家未对此仓储类型实行限制。危险品仓储限制调整（易燃物和气溶胶）应与其他储存类型分开处理。（注意：亚马逊根据商品特征确定卖家库存的仓储类型。卖家不可以调整仓储类型。商品不按多种仓储类型进行分类。）

2. 超出亚马逊物流仓储限制的处理

根据亚马逊物流库存仓储限制政策，在库存水平低于仓储类型限制之前，卖家将无法为此仓储类型创建发送到亚马逊的新货件。

例如，如果卖家的标准尺寸库存的当前限制为 25 立方英尺，且卖家已在亚马逊运营中心拥有 26 立方英尺的标准尺寸库存，卖家将无法创建新的标准尺寸库存货件。但是，如果卖家的仓储限制低于大件库存，卖家将可以创建包含大件库存的货件。如果卖家发送的库存超过仓储限制所允许的数量，亚马逊运营中心可能会拒绝多余的库存。如果卖家超过仓储限制，除了月度库存仓储费和长期仓储费（如果适用）外，亚马逊还会根据库存中超出仓储限制的部分向卖家收取库存仓储超量费。根据卖家每月超过仓储限制的日均库存量，超量费将按每月每立方英尺 10 美元收取。

具体如表 2-10 所示：

表 2-10　　超出亚马逊物流仓储限制的费用处理

	分数低于 350（当前季度结束前 6 周及当前季度末）	分数为 350 或以上
仓储限制	每季度更新	不受限制
每月库存仓储超量费	超出仓储限制后，每立方英尺收费 10 美元	不适用

四、减少库存

卖家可以通过以下 3 种方式减少卖家在亚马逊运营中心的库存量：

（1）销售更多库存。管理冗余库存提供了有关如何提高销量的建议。

（2）通过创建移除订单，请求退回部分库存。

（3）通过创建移除订单，请求弃置部分库存。

（注意：当卖家提交移除订单或进行类似更改时，库存仓储监视器会在卖家的请求处理完毕后显示此类更改，通常是在第二天显示。另外，买家退货会计入卖家的整体库存数量。）

五、追踪 ASIN 限制

亚马逊可能还会针对特定 ASIN 创建仓储限制。如果特定 ASIN 限制适用于卖家账户，卖家可以在可下载的库存状况报告中的 ASIN 限制标题下查找详细信息。在线库存状况报告中不提供此信息。常见问题如下：

（1）如果我的库存绩效指标（IPI）处于较低水平，我是否会收到通知？

如果卖家的库存绩效指标为 450 或更低，亚马逊会在当月向卖家发送提醒，以通知卖家此信息。此提醒有别于在当前季度结束之前 6 周卖家所收到的季度性通知。

（2）我何时能知道亚马逊是否会在下一个季度周期对我实行仓储限制，以及会实行哪些仓储限制？

亚马逊会在当前季度结束前 6 周通知卖家要实行的潜在仓储限制。仅当卖家的分数在当前季度结束时低于 350，亚马逊才会实行仓储限制。

（3）如果我的库存绩效指标在下一季度开始前 6 周一直高于 350，但在当前季度的最后一天低于 350，会怎么样？例如，在 5 月 19 日是 400，在 6 月 30 日是 300。

只有在当前季度结束前 6 周内及在当前季度的最后一天卖家的库存绩效指标分数均低于 350 时，亚马逊才会对卖家实行仓储限制。在本示例中，亚马逊将不会对卖家实行仓储限制，因为卖家的分数在本季度结束前 6 周内超过 350。

（4）如果我没有库存绩效指标，也就是说我是一个新亚马逊物流卖家，怎么办？

大多数具有专业销售账户的卖家都会有绩效指标，但有些没有，因为亚马逊没有充足的数据为此类账户（如新亚马逊物流卖家）生成分数。要应用新的仓储限制调整周期，卖家必须在当前季度结束前 6 周内和当前季度的最后一天获得库存绩效指标分数。如果卖家无法提供上述任一日期中的指标分数，亚马逊将对卖家实行默认仓储限制。

（5）基于商品的仓储限制是否仍适用？

自 2018 年 7 月 1 日起，基于商品的限制将不再适用。

（6）我能否更改商品的仓储类型？

不能，仓储类型是由亚马逊根据商品特征确定的。卖家可以在亚马逊物流库龄界面上查看卖家的商品被归为哪个仓储类型及它们占据多少立方英尺的空间。

（7）我能否使用一种仓储类型的空间交换另一种仓储类型的空间？

不能，仓储类型之间的库存无法交换。

（8）危险品仓储类型有何变化？

之前称为危险品的仓储类型已转换为两个新仓储类型，即气溶胶和易燃物。对气溶胶和易燃物仓储类型的仓储限制的调整是分开处理的。

经典实例

浴巾套装的FBA费用计算

计算以下浴巾套装的 FBA 配送费用和 1—9 月的每月仓储费。

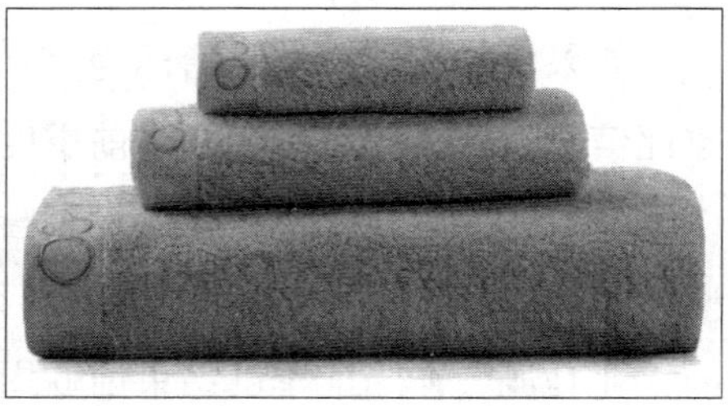

包装尺寸：35 cm×25 cm×8 cm
包装重量：0.63 kg

计算步骤：

（1）将长度单位厘米换算成英寸，重量单位千克换算成磅：

尺寸＝35×25×8（厘米）

＝13.7×9.8×3.1（英寸）

包装重量＝0.63（千克）＝1.38（磅）

（2）对照 FBA 尺寸标准表可知该商品属于大标准尺寸。

（3）计算体积重量［体积重量等于商品体积（长×宽×高，以英寸为单位）除以 139］

体积重量＝13.7×9.8×3.1/139＝2.99（磅）

（4）按照出库配送重量表可知，标准尺寸非媒介类商品大于 1 磅是在商品重量或体积重量较大者（2.99 磅＞1.38 磅）基础上加 0.25 磅包装，所以出库重量＝2.99＋0.25＝3.24 磅。向上取整到最接近的磅数：4 磅。

使用出库重量并按照大标准尺寸规格计算费用：

FBA 配送费用＝4.18＋（4－2）×0.39＝4.96（美元）

1—9 月的每月仓储费：

1 立方米＝35.314 724 8 立方英尺，标准尺寸商品每立方英尺仓储费是 0.54 美元，换算成每立方米是 0.54×35.314 724 8＝19.07 美元。

该商品月仓储费＝（0.35×0.25×0.08）×19.07＝0.133（美元）

玩具小屋的FBA费用计算

计算以下玩具小屋的FBA配送费用和1—9月的每月仓储费。

包装尺寸：51.6″×35.6″×19.0″
围度＋长度：160.8″
商品重量：53.5磅

计算步骤：

（1）体积重量＝51.6×35.6×19/139＝251.09磅。

（2）商品重量＝53.5磅＜体积重量251.09磅。

（3）对照FBA尺寸标准表可知该商品属于特殊超标尺寸。

（4）按照出库配送重量表可知特殊超标商品大于1磅是商品重量基础上加1磅包装，所以出库重量＝251.09＋1＝252.09磅。向上取整到最接近的磅数：253磅。

（5）使用出库重量并按照特殊超标尺寸规格计算费用：

FBA配送费用＝137.32＋0.91×（253−90）＝285.65（美元）

1—9月的每月仓储费：

1英寸＝1/12英尺，超标尺寸每立方英尺0.43美元。

该商品月仓储费＝［（51.6×35.6×19）/（12×12×12）］×0.43＝8.69（美元）

能力实训

一、不定项选择题

1. FBA提供的物流服务包括（　　）。

A. 仓储、拣货　　B. 包装、配送
C. 收款和客服　　D. 退货

2. 用纸箱发货时，纸箱包装的重量最多不超过（　　），纸箱的任意一边不得超过（　　）（除非商品本身超过）。

A. 18 kg　63.5 cm　　B. 23 kg　59.5 cm
C. 23 kg　63.5 cm　　D. 50 kg　59.5 cm

3. 亚马逊会对超过（　　）个月的商品收取长期仓储费。

A. 5　　B. 6　　C. 7　　D. 8

4. 商品的最长边超过（　　）就会被划分为超标准尺寸。

A. 18″　　B. 20″　　C. 22″　　D. 24″

5. 下列属于FBA包装注意事项的是（　　）。

A. 婴儿用品必须用塑胶袋包好包紧，确保在运送过程不会沾到灰尘

B. 易碎品要小心保护，确保它不会在运送过程中弹来弹去，而且要通过冲击力测试

C. 若单件销售的商品重量超过 23 kg，则需要在纸箱上明确粘贴“Team Lift”标签，表示需要团队来操作

D. 装有珠宝和手表的纸箱重量不能超过 18 kg

二、简答题

1. 卖家自己贴标要注意哪些事项？

2. 简述亚马逊物流丢失和残损库存赔偿政策。

三、计算题

某吊床的包装尺寸是 63.0″×11.6″×6.3″，围度＋长度为 98.8″，商品重量为 46.6 磅，出库配送重量为 48 磅，请分别计算 FBA 配送费用和每月仓储费（按照 1—9 月标准费）。

四、实操题

根据所学的知识，在亚马逊账号后台创建一个 FBA 发货计划。

学习情境三

亚马逊商品开发

知识目标

- 了解亚马逊主要排行榜的意义与作用
- 了解亚马逊选品的基本思路
- 熟悉亚马逊定价原理

技能目标

- 能够从亚马逊主要排行榜入手进行市场调研与商品定位分析
- 掌握亚马逊选品的基本思路及技巧
- 掌握亚马逊定价技巧

结构导图

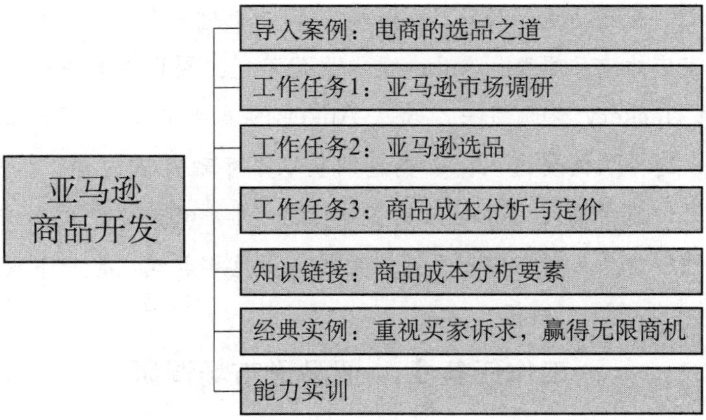

导入案例

电商的选品之道

在亚马逊平台，Anker 一直是一个神话般的存在。很多中国卖家都在研究或模仿 Anker，但正如齐白石先生所言，“仿我者死，学我者生”。真正能够模仿 Anker 且做得很好的少之又少，但基于对 Anker 的研究和学习，进而做出新的拓展，开拓出新的思路的卖家倒有几个，本学习情境就此话题做一个简单的分析。

Anker以移动电源起家，一直以黑白色调为主打。在Anker自己的调研中，他们得出的结论是欧美人更偏爱黑色，所以打开Anker的店铺，黑色调格外明显。同时，Anker的商品以方正款式为主，以商务人士为首选客户群体。亚马逊全球副总裁在做招商推介的时候也说，他来中国出差，用的就是中国品牌Anker的移动电源。很多想从Anker身上学习的卖家也采取了同样的黑色调和方正款，可成功的案例并不多。而另有两家公司，同样以移动电源为主打，选择了和Anker不一样的路，却做得非常成功。

Jackery同样以移动电源为主打，同样主推方正款式，却选择了和Anker完全不一样的颜色——橙色。在Anker给人冰冷沉稳的黑色印象之外，Jackery以鲜活亮眼的橙色瞬间吸引了用户的眼球。抛开品质方面的对比不谈，单纯从色彩层面来看，如果说Anker是以成年稳重商务人士为核心客户群，那么Jakery则明显可以获得女性群体及更年轻的消费者青睐。

在亚马逊平台的移动电源这个类目下，Anker占据着霸主地位，而Jackery的另辟蹊径也让它活得非常好。从商品评论数量可知，Jackery的销售额也是以亿为单位计算，遥遥领先于普通卖家。Jackery之外，另一家移动电源的品牌打造就更有意思。

Lepow以更加鲜活的形象进入移动电源市场。在品牌打造的过程中，Lepow选取绿色和黄色为主推色调，同时以圆润款式甚至带有卡通形象的款式为主打，一下子就俘获了年轻消费群体的心。在亚马逊平台，Lepow起步晚，但也一直走得很好。

回头看这三家店的选品思路，Anker凭首发优势，主要面对商务人士群体，占得移动电源类目的龙头。Jackery在选品中，既从Anker的发展中看到了商机，又为了避免与Anker正面竞争，选择从侧翼进入，以亮色调获取了年轻群体的青睐。当Lepow进入移动电源这个市场时，想去撼动Anker的销售地位已经非常困难。既然无法撼动，就迂回前行，以更加年轻的群体为目标，做出了有针对性的颜色和款式，也一举获得成功。

工作任务 1　亚马逊市场调研

亚马逊市场调研可以从亚马逊平台上的主要排行榜入手，通过Best Sellers、Hot New Releases、Movers & Shakers、Most Wished For、Gift Ideas对亚马逊上的热销品信息进行统计分析，从而增进对市场行情的认知，再进一步结合具体商品做深入分析和定位。

【步骤1】Best Sellers分析

亚马逊平台不具备显示每个商品的月销量的功能，但是有销量排行榜——Best Sellers，官方英文解释是“Our most popular products based on sales，updated hourly”，也就是根据销量产生的最受买家欢迎商品排行榜，每小时更新一次。亚马逊根据商品类目展示销量排名前100位的商品，我们可以依据此排行榜找出目前平台上最热卖的商品品类。

如何查看 Best Sellers 呢？一般有两种方式：

（1）从亚马逊首页进入。将鼠标放在“Departments”上面，会跳出所有的商品类目，如图 3－1 所示。选择其中一个类目点击进去，在新打开的界面上部的一行选项中，点击“Best Sellers”，如图 3－2 和图 3－3 所示。

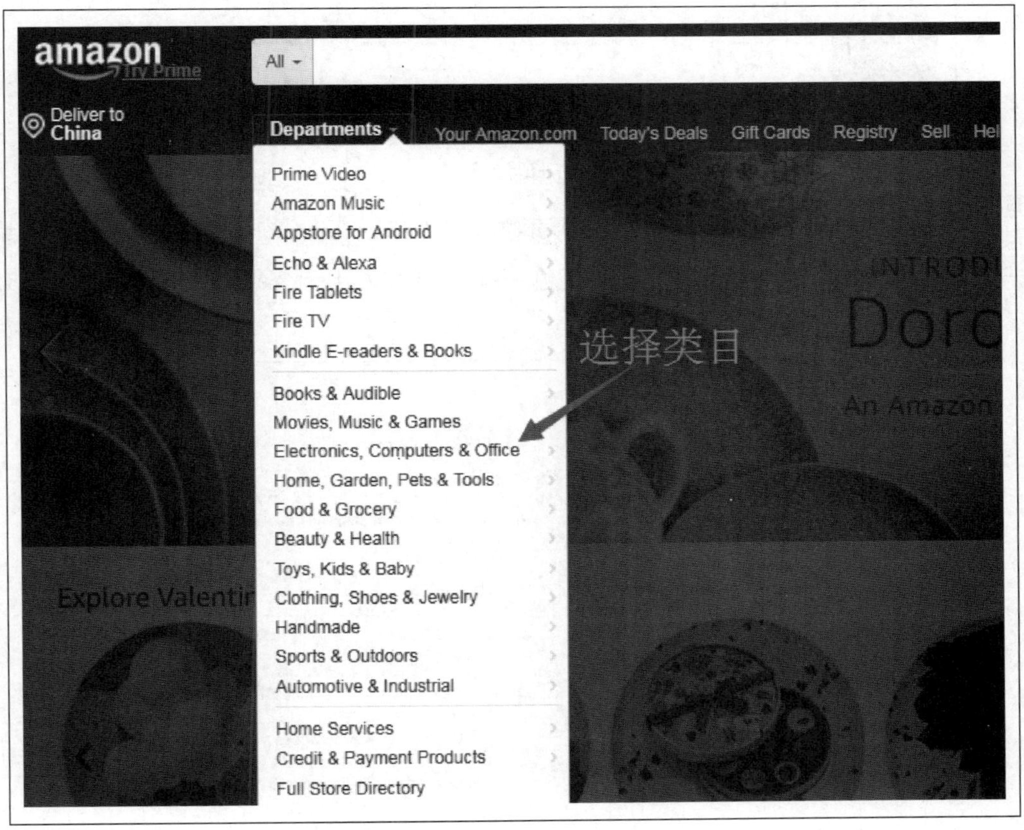

图 3－1

图 3－2

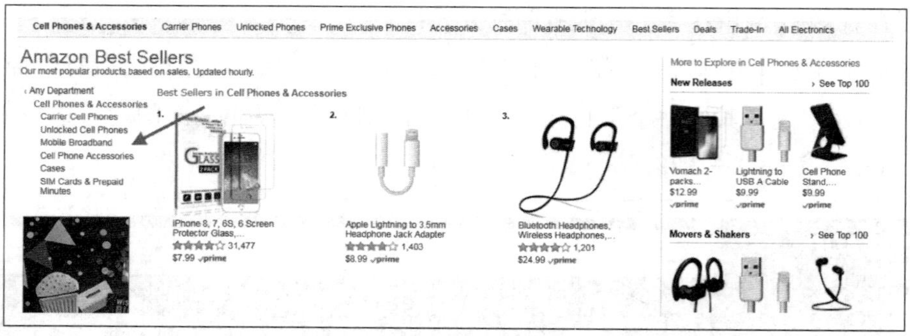

图 3-3

（2）从商品详情页进入。将商品详情页拉到“Product Information”这个模块，模块里有一栏信息“Best Sellers Rank”，点击蓝色字体即可进入 Best Sellers 排行榜，如图 3-4 所示。

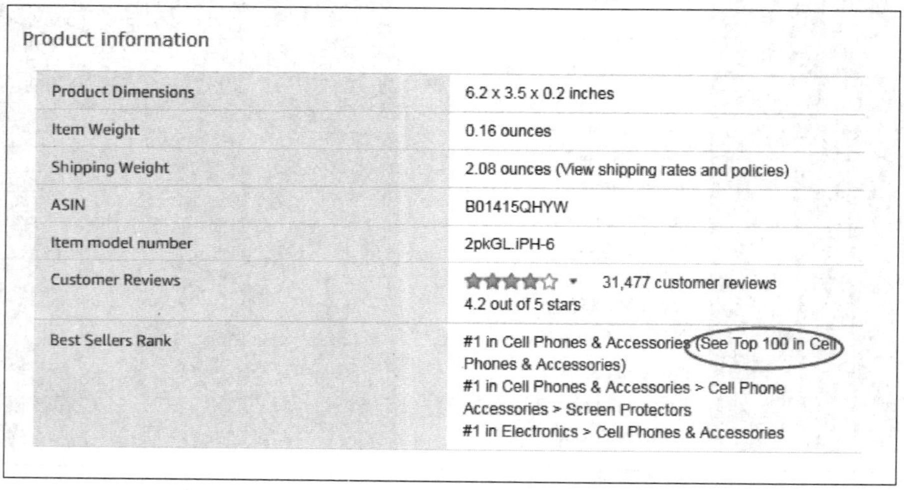

图 3-4

从“Best Sellers”这个界面可以直接跳转到“Hot New Releases”“Movers & Shakers”“Most Wished For”“Gift Ideas”界面，如图 3-5 所示。

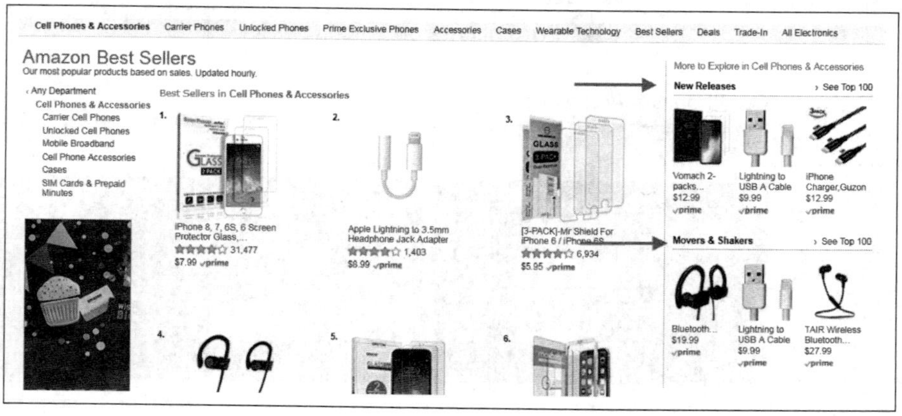

图 3-5

【步骤 2】Hot New Releases 分析

Hot New Releases 排行榜如图 3－6 所示，官方英文解释是“ Our best-selling new and future releases，updated hourly”，也就是最新上架的商品中销量最大的商品排行榜，同样是每小时更新一次。我们通过这个排行榜不仅可以了解正在热卖的商品，而且可以预测流行趋势。

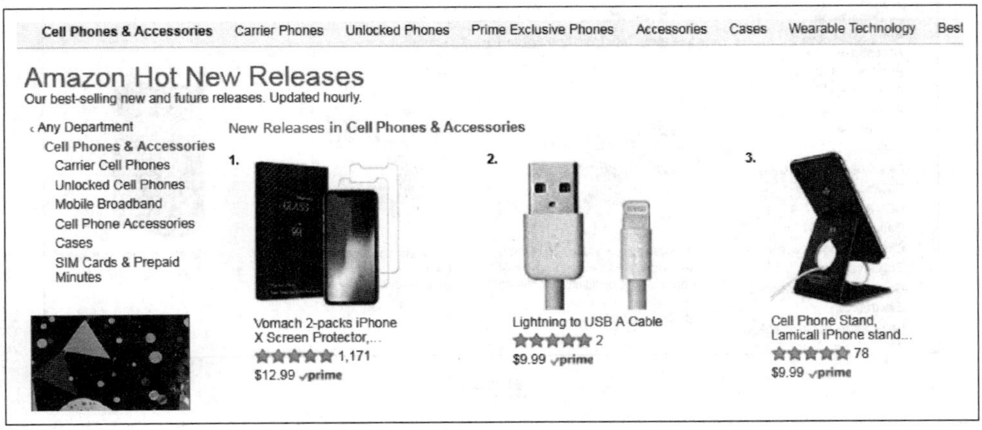

图 3－6

【步骤 3】Movers & Shakers 分析

Movers & Shakers 排行榜如图 3－7 所示，官方英文解释是“ Our biggest gainers in sales rank over the past 24 hours，updated hourly”，也就是过去 24 小时内销量排名爬升最快的商品排行榜，同样是每小时更新一次。这个排行榜跟“Best Sellers”有所区别，它会显示过去 24 小时内销售排名上涨百分比。我们可以根据这个排行榜了解热销商品的上升空间。

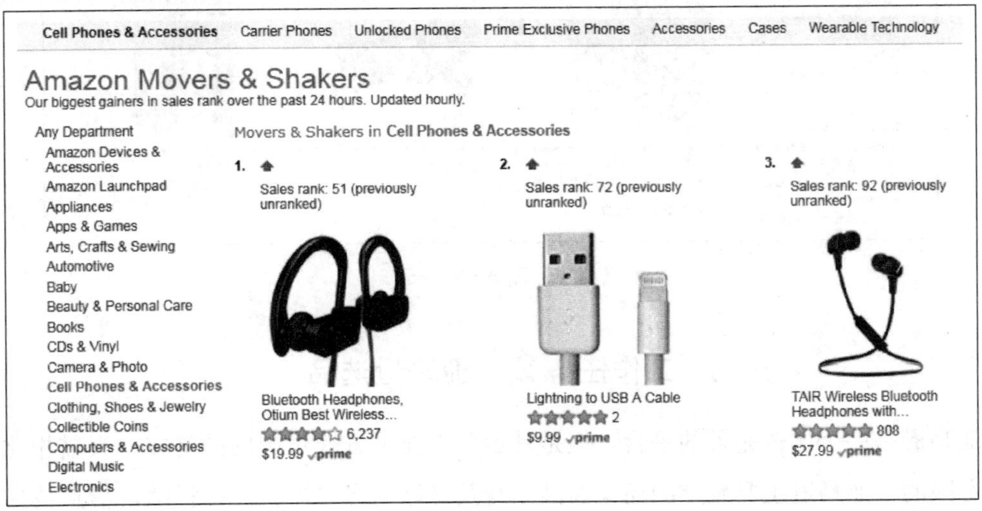

图 3－7

【步骤 4】Most Wished For 分析

Most Wished For 排行榜如图 3－8 所示，官方英文解释是“ Our products most often added to Wishlists and Registries，updated daily”，也就是买家加入心愿单最多的商品排行榜。心愿单（Wishlists）是亚马逊推荐系统一个非常重要的数据来源，这个排行榜可以查看当前买家的心仪商品，是商家选品的重要依据。

图 3－8

【步骤 5】Gift Ideas 分析

Gift Ideas 排行榜是亚马逊销售商品中的礼物购买排名，如图 3－9 所示。对于销售的商品中带有节日元素的卖家来说，这一排行榜非常具有选品参考意义。

图 3－9

工作任务 2　亚马逊选品

亚马逊是一个比较完善的平台，但是其运营手段及方式跟国内的淘宝、天猫相比，是比较有限的，亚马逊主要看重的还是商品本身及良好的客户体验。而且随着信息技术的发展，卖家技术层面的差异化也越来越小，所以，前期的选品就变得尤为重要。亚马逊选品，首先需要对所在行业进行市场容量估算，由此判断此商品线是否适合进入亚马逊。如果确定适合，则对此商品进行多维度的数据分析，并结合市场需求，最终确定选品结果。

【步骤 1】市场容量估算

1. 找准商品的细分类目

商品的细分类目要找准。以耳机为例，如图 3－10 所示，首先找到一级类目 Electronics，然后找到二级类目 Headphones，继续查找三级类目 Over-Ear Headphones。在商品种类没有确定的情况下，一般会先选准大的行业方向，然后在精准类目的上一级类目里具体分析哪个种类比较适合进入亚马逊。确定了商品种类以后，再按上述方法查找精准类目。

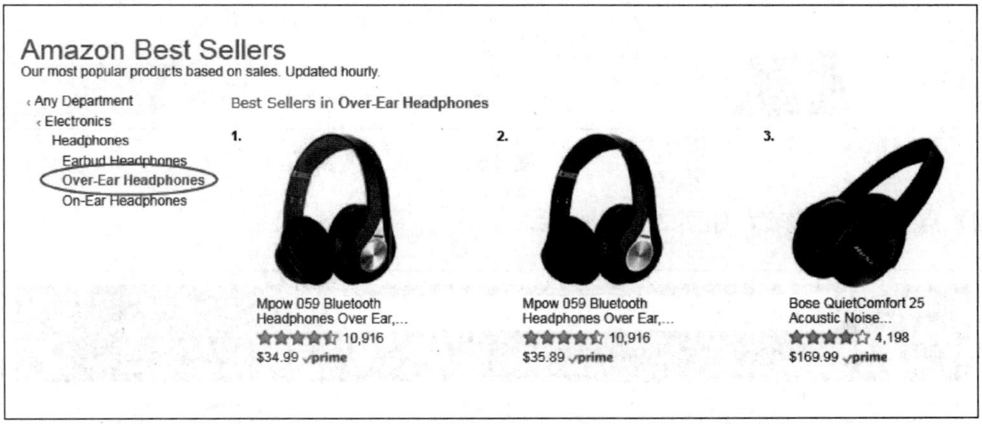

图 3－10

2. 预测 Best Sellers 销量

预测 Best Sellers 销量的方法主要有两种：

（1）评论数估算法。根据图 3－11 可知，第一条评论的时间是 2016 年 1 月 2 日，评论数至今已达 1 248 条。如果按 1∶80 的留评比估算，累计销售数量达 99 840 个，日均留评数约为 3 个，预计日销量为 240 个。

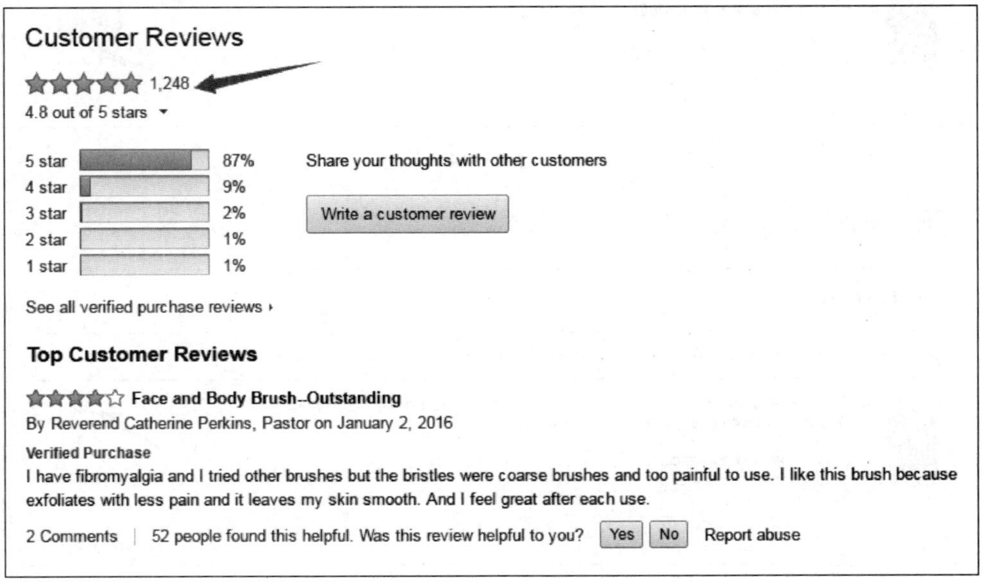

图 3－11

（2）加购推算法。

1）将商品添加到购物车，如图 3-12 所示。

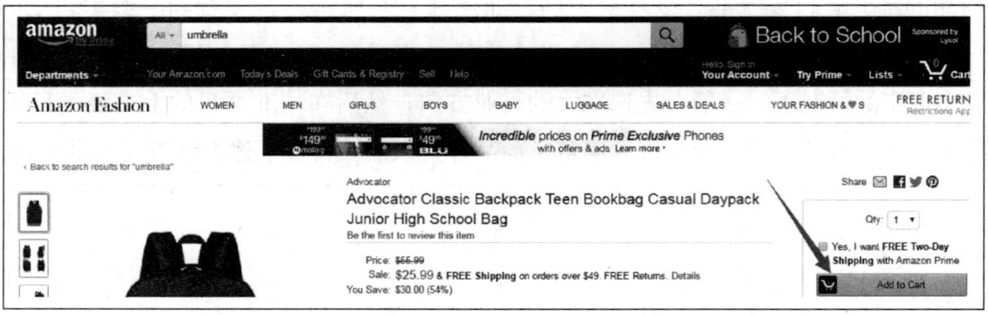

图 3-12

2）点击“购物车”，如图 3-13 所示。

图 3-13

3）调整购买数量，如图 3-14 所示。

图 3-14

4）确认目前库存数量，如图 3-15 所示。

图 3-15

依照这种方法，继续推算第二天此时段的库存数量，两者相减便可推算前一天的销量。

两种方法各有利弊：第一种方法估算出的销量可能误差较大，毕竟留评率变数较大；第二种方法也受较多因素的影响，如限购、亚马逊预留库存、补货、自发货等。我们可以根据具体情况选择用哪种方式来预测，甚至可以利用软件工具来预测销量。同时，在对应的具体细分类目中分析该商品的市场占有率，进而得出一个相对科学的备货数量。

【步骤 2】商品属性分析

不同的商品有不同的特点，功能也不尽相同，特别是一些电子类商品，其商品属性涉及很多参数，需要我们对市场和客户需求做较全面的分析，这是我们开发商品的核心点。一般应综合参考亚马逊的 Best Sellers、Hot New Releases、Most Wished For、Gift Ideas 等排行榜，选择适合的商品属性。在调研过程中，要特别注意，不同属性的商品所属分类是不一样的，所以有时候需要进行多个类目的调研。

【步骤 3】买家诉求分析

亚马逊界面上能体现买家诉求的模块有两个：Customer Reviews 和 Customer Questions & Answers。

1. Customer Reviews

（1）点击“See all…customer reviews”，查看所有评论，如图 3－16 所示。

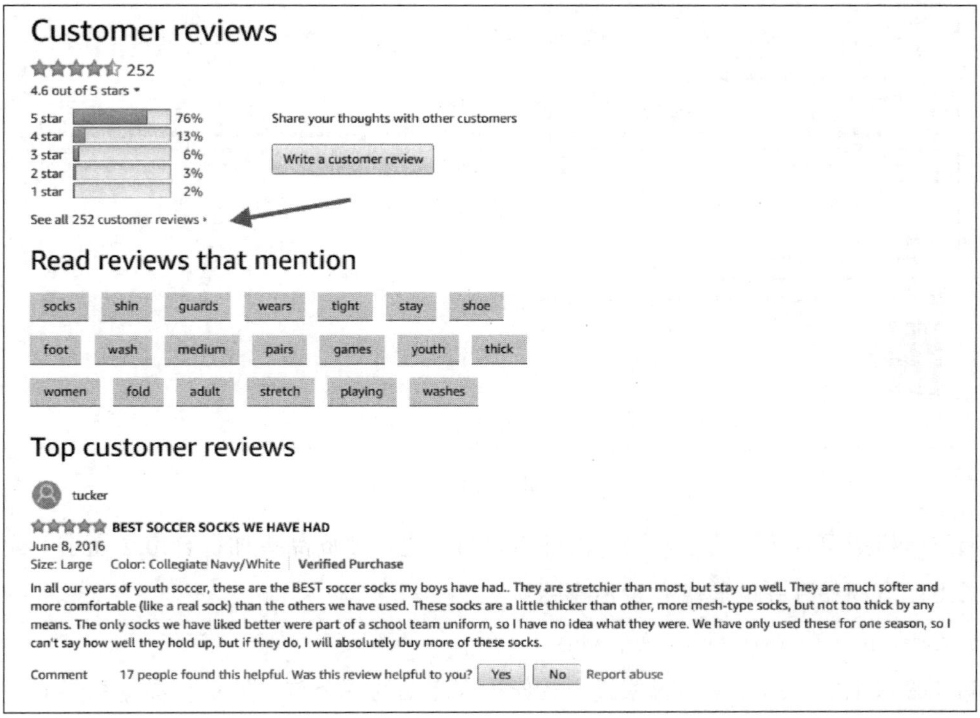

图 3－16

（2）分别查看好评和差评，如图 3－17 所示。

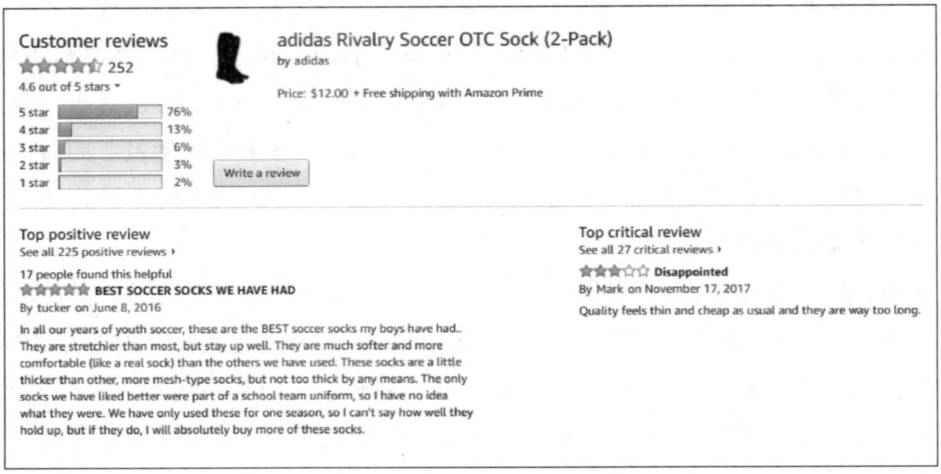

图 3-17

注意：这里查看的是所有评论，在分析好评的时候最好排除没有 VP 标志（确认购买标志）的评论，这样分析的结果会更客观。如何查询带有 VP 标志的好评呢？可以通过在“Filter By”选项的下拉菜单选中“Verified purchase only”这个动作，筛选所有带有 VP 标志的评论，如图 3-18 所示。

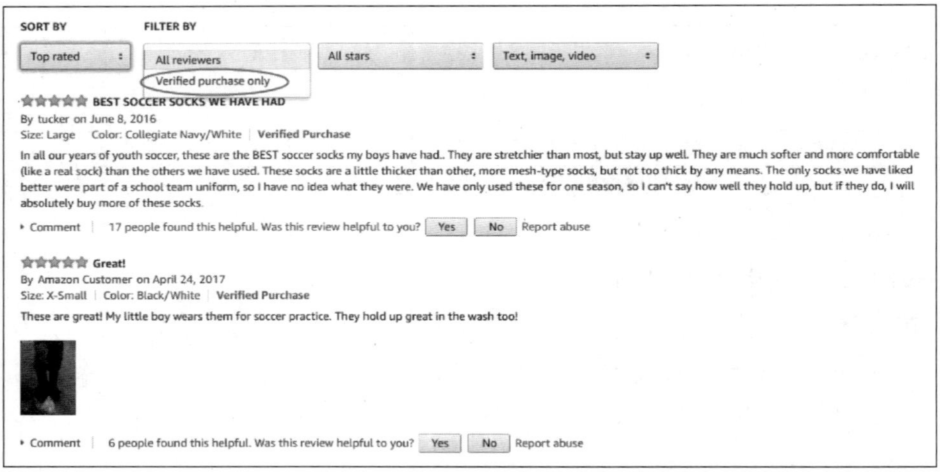

图 3-18

通过分析买家评价，可以对商品的痛点进行改进，使商品更加符合市场需求，避免当前市场上已有商品存在的弊端，少走弯路。

2. Customer Questions & Answers

问与答这个模块是买家与卖家或与其他买家互动的一个前台展示。买家如果对商品有疑问，可以通过这种形式来跟大家沟通，可以是卖家回答问题，也可以是其他购买过的买家回复。通过对这个环节的分析，可以了解买家的关注点，也可以将之作为优化 Listing 的一个参考因素。如图 3-19 所示。

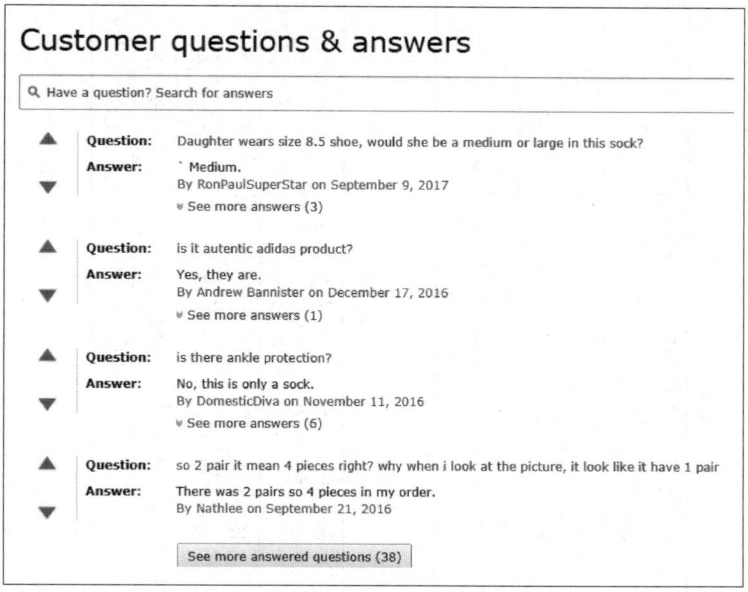

图 3-19

工作任务 3　商品成本分析与定价

定价是一门深奥的学问，需要考虑的因素非常多，非常考验运营者的功底。定价的高低直接影响后期的销售情况。定价会因物流方式、发货方式等的不同而有所差异。以下我们以 FBA 发货方式为例，讲解成本分析及定价的内容。

【步骤 1】商品成本分析

在成本分析过程中主要应考虑以下几个因素：生产成本、头程运费、FBA 费用、亚马逊佣金、推广费用、售后破损、杂费等。以商品 SKU 从 RT02-X001 到 RT02-X005 这 5 种颜色的袜子为例，生产成本为 10 元人民币每双，头程运费平摊约 5.4 元人民币每双，FBA 配送费用为 3.56 美元每双，FBA 仓储费用按 3 个月计算为 0.07 美元每双，亚马逊佣金占 15%，推广费用预设占 8%，售后破损预算占 5%，杂费预算占 4%。用 Office 办公软件中的 Excel 工具做商品的成本分析，将各项费用整理到表格中，如表 3-1 所示。需要说明的是，亚马逊上所有的成本分析都是以美元计价的，因此有必要将表格中的生产成本和头程运费按照实时汇率换算成美元，我们这里的汇率取 6.35。

【步骤 2】商品定价

完成成本分析以后，再加上利润，商品 SKU 从 RT02-X001 到 RT02-X005 这 5 种颜色袜子的价格就可以核算出来了。假设利润率定为最终售价的 20%，那么售价＝生产成本＋头程运费＋FBA 费用＋亚马逊佣金＋推广成本＋售后损失＋杂费＋利润。计算公式为：

售价＝(生产成本＋头程运费＋FBA 费用）/（1－亚马逊佣金率－推广成本费率－售后损失费率－杂费率－利润率）

同样，可以利用 Excel 工具确定最终价格为 12.62 美元，如表 3-2 所示。

表 3-1　产品成本分析

SKU	生产成本	头程运费	汇率	FBA 仓储费用	FBA 配送费用	广告预算	售后预算	平台佣金	杂费
RT02-X001	￥10.00	￥5.40	6.35	US$0.07	US$3.56	8%	5%	15%	4%
RT02-X002	￥10.00	￥5.40	6.35	US$0.07	US$3.56	8%	5%	15%	4%
RT02-X003	￥10.00	￥5.40	6.35	US$0.07	US$3.56	8%	5%	15%	4%
RT02-X004	￥10.00	￥5.40	6.35	US$0.07	US$3.56	8%	5%	15%	4%
RT02-X005	￥10.00	￥5.40	6.35	US$0.07	US$3.56	8%	5%	15%	4%

表 3-2　产品最终价格确定

SKU	生产成本	头程运费	汇率	FBA 仓储费用	FBA 配送费用	广告预算	售后预算	平台佣金	杂费	产品成本	利润率	FBA 售价
RT02-X001	￥10.00	￥5.40	6.35	US$0.07	US$3.56	8%	5%	15%	4%	US$8.91	20%	US$12.62
RT02-X002	￥10.00	￥5.40	6.35	US$0.07	US$3.56	8%	5%	15%	4%	US$8.91	20%	US$12.62
RT02-X003	￥10.00	￥5.40	6.35	US$0.07	US$3.56	8%	5%	15%	4%	US$8.91	20%	US$12.62
RT02-X004	￥10.00	￥5.40	6.35	US$0.07	US$3.56	8%	5%	15%	4%	US$8.91	20%	US$12.62
RT02-X005	￥10.00	￥5.40	6.35	US$0.07	US$3.56	8%	5%	15%	4%	US$8.91	20%	US$12.62

这个定价计算出来之后，需要与其他同类商品价格做个比较，看看是否在一个合理的区间范围内。如果价格相差较大，则需要适当调整利润率。最终定价最好是以小数点后两位 0.99 或 0.98 结尾比较好，此处涉及消费者心理定价策略，在此不做展开讲述。

知识链接

商品成本分析要素

1. 利润

利润可以根据销售额利润率来计算，也可以根据成本利润率来计算，主要是考虑操作的方便性。举个例子，如果售价是 20 美元，成本利润率是 30%，那利润就是 20×30%＝6 美元。

2. 头程运费

头程运费是指从国内发货到亚马逊仓库的国际运费。国际运费的计算方式取决于采用哪种运输方式、运输到哪个亚马逊仓库。按运输方式来分，运输一般分两种：空运和海运。因为不同的物流公司报价不同，计算泡货的方式也不一样，所以要根据具体情况来选择合适的物流公司。由于亚马逊的仓库比较多，分布较广，所以运输到不同的仓库，运费也有所不同，请根据实际情况确定国际运费的计算方式。

3. 亚马逊佣金

亚马逊佣金是指卖家为每件所售商品所支付的销售佣金。有几个类别的商品设有如下所列的单件商品最低销售佣金（卖家在销售佣金或单件商品最低销售佣金中取较高值进行支付）。

(1) 对于媒体类商品（图书、音乐、视频、DVD、软件和视频游戏），亚马逊将扣除适用的销售佣金百分比或基于商品价格计算出的适用的最低按件销售佣金（取二者中的较高者），其中不含通过亚马逊税款计算服务收取的任何税费。

(2) 对于非媒体类商品，亚马逊将扣除适用的销售佣金百分比或基于总售价（买家支付的总金额，含商品价格及任何运费或礼品包装费）计算出的适用的最低按件销售佣金（取二者中的较高者），其中不含通过亚马逊税款计算服务收取的任何税费。

不同类别商品的销售佣金及一些特殊类别商品的佣金说明如表 3-3 所示。

需要预先审核的商品类别的销售佣金如表 3-4 所示。

表 3-3　　不同类别商品的销售佣金及一些特殊类别商品的佣金说明

类别	销售佣金比例	适用的最低销售佣金（除非另有规定，否则按件收费）
亚马逊设备配件	45%	1 美元
母婴（婴儿服饰除外）、家具和装饰、家居和园艺（包括宠物用品）、厨具、乐器、办公用品、户外休闲、体育用品（体育收藏品除外）、工具和家居装修（基础设备电动工具为 12%）、玩具和游戏	15%	1 美元
摄影和摄像、手机设备、消费电子、解锁手机	8%	1 美元
个人电脑	6%	1 美元
电子商品配件	总售价中 100 美元以内的部分扣 15%；总售价高于 100 美元的部分扣 8%	1 美元
图书、DVD、音乐、视频游戏、软件	15%	—
视频游戏机	8%	—
大型家电	售价中 300 美元以内的部分扣 15%；总售价中高于 300 美元的部分扣 8%	1 美元
所有其他分类	15%	—

表 3-4　　需要预先审核的商品类别的销售佣金

类别	销售佣金比例	适用的最低销售佣金（除非另有规定，否则按件收费）
礼品卡、珠宝首饰	20%	礼品卡 0 美元；珠宝首饰 2 美元
美妆、服装和配饰、收藏类图书、食品、个护健康（含个护用品）、箱包和旅行用品、鞋靴/手提包和太阳镜、钟表	15%	收藏类图书、食品 0 美元；钟表 2 美元；其他 1 美元
3D 打印商品、汽车和户外动力设备、工业和科技制品（含食品服务和清洁与卫生服务）	12%	3D 打印商品 0 美元；其他 1 美元，但轮胎和车轮商品为 10%
硬币收藏品、娱乐收藏品、体育收藏品、艺术品	参阅分类要求（硬币收藏品、娱乐收藏品、体育收藏品、艺术品），了解销售佣金	2 美元

补充说明：

1）部分手机设备可能需要得到批准。

2）摄影和摄像的配件商品属于电子商品配件类别。

3）玩具和游戏 1 美元的最低按件销售佣金并不适用于“玩具和游戏”分类中的收藏

卡商品。

4）如果卖家所售商品无法明确归入任意现有分类，可归入“所有其他分类”。如果商品可以对应其他分类，请勿将商品发布在“所有其他分类”中。

5）自 2016 年 12 月 31 日起，“钟表”分类将采用以下费用构成：每件商品总售价的 15%外加每件商品最低 2 美元的销售佣金。

6）租赁图书服务费：对于出售的每次教科书租赁服务，卖家须支付 5 美元的租赁图书服务费。

4. FBA 费用

如果商品是发往亚马逊仓，由亚马逊代为发货，则需要核算 FBA 费用。FBA 费用是根据商品的包装尺寸及重量来收费的，包含配送费用、仓储费用等项目。

5. 推广费用

亚马逊的推广费用是指营销费用，主要包括站内广告预算、促销金额、优惠券金额、站外引流支出等项目。各项推广费用的具体金额和总占比，不同行业和不同价格定位的商品有不同的推广策略，应当根据实际情况确定。

6. 售后损失

亚马逊 FBA 支持无理由退换货，退换货过程中产生商品破损或者不满足重新上架的要求，就会被作为二手商品销售或无法继续销售，由此产生的商品损失、破损商品移除费用、为解决售后纠纷而产生的退款等，都由卖家承担。这部分费用的占比取决于商品质检合格率、买家满意度和售后服务政策，需要根据商品实际情况或行业经营经验来确定。

7. 杂费

杂费是指其他未计算入内的一些开销，包括汇损、报损、提现费用等其他相关费用。因为每个行业的报损等费用相差较大，所以杂费的比例须根据具体情况来定。

经典实例

重视买家诉求，赢得无限商机

杨某的公司从事宠物用品的生产及销售，以前主要采取传统外贸的操作模式。随着跨境电商的发展，杨某也逐渐开发了 B2C 业务。杨某的跨境电商之路是在经过深思熟虑之后从亚马逊开启的。经过一系列的市场及商品分析，杨某发现狗链及狗圈的市场体量相对来说较大，而宠物背包则相对较小。但是同时狗链及狗圈的竞争也非常激烈，而且市场大部分的份额都被几个大品牌垄断了，同质化比较严重，作为新卖家进入这个市场其实难度是非常大的。于是，杨某在对这两类商品的“买家评价”及“问与答”进行仔细分析之后，针对商品的痛点进行了升级改进。最终，杨某的选品方案确定以宠物背包和升级后的狗链及狗圈作为主打商品。果然，与预期一样，宠物背包在上架的第二天就登上了 Hot New Releases 排行榜的第一名，后来也一直保持强劲的销售势头。而另外两款商品即狗链和狗圈在前期遇到了一些挫折，不过在杨某调整了运营思路以后也展现出强有力的冲劲。杨某通过分析亚马逊平台上的“买家评价”与“问与答”中反馈的商品问题，既解决了买家的困惑，又为自己开辟了一条直面客户的选品捷径。

能力实训

一、不定项选择题

1. 亚马逊 Best Sellers 排行榜显示销售前多少名的排名？（　　）

A. 50　　B. 100　　C. 150　　D. 200

2. 在选品属性分析过程中可以参照以下哪几个排行榜？（　　）

A. Best Sellers　　B. Hot New Releases

C. Most Wished For　　D. Top Rated

3. 亚马逊界面上能体现买家诉求的两个模块是？（　　）

A. Customer Reviews　　B. Customer Questions & Answers

C. Customer Questions　　D. Customer Answers

4. 关于评论的说法，以下哪些是正确的？（　　）

A. 没有购买商品也可以给该商品留评论

B. 有父子变体的 Listing 不可以按不同 SKU 来筛选评价

C. 评价可以上传图片和视频

D. 所有有购买记录的评价都有 VP 标志

5. 亚马逊的定价分析需要考虑的因素有（　　）。

A. 运费　　B. FBA 费用　　C. 亚马逊佣金　　D. 利润

二、简答题

1. 在商品定价过程中应主要考虑哪些方面的因素？

2. 在亚马逊选品过程中，判断此商品是否适合进入亚马逊，可以从哪些方面进行分析？

三、计算题

某款鞋成本价为 100 元，期望销售利润率为 30%，包装尺寸（inch）为 14×11×4，重量（lb）为 2.7。如果空运（空运收费标准：35 元/kg）到亚马逊仓库，请问：

（1）FBA 费用是多少？

（2）最终定价是多少？

四、实操题

运营团队人员通过在平台上进行市场调研，选定几款适宜做跨境电商的商品。

学习情境四

亚马逊商品发布

知识目标

- 掌握如何查找商品的最佳分类
- 了解开通商品类目的流程
- 熟悉三种商品发布方法
- 熟练掌握图片、文案的上传步骤与要求
- 了解 A+页面的概念和要求
- 了解 UPC 的概念和使用

技能目标

- 能够准确选择并开通商品类目
- 能够完成商品 Listing 上传并不断完善

结构导图

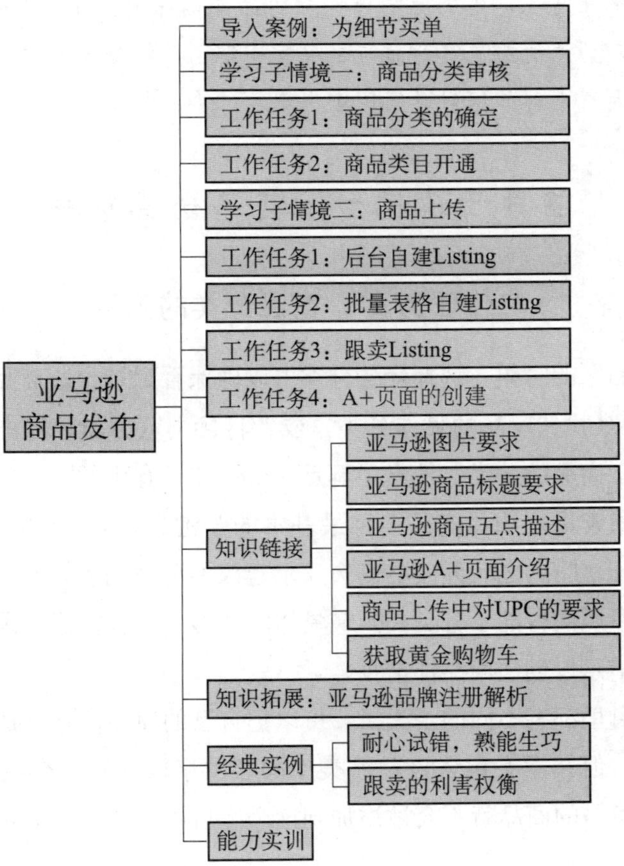

导入案例

为细节买单

某公司有一款收纳包的商品 Listing，该款商品既可归为户外类目也可归为美妆类目。由于公司主营户外商品，因此在商品上传时就将之归为户外类目。在这个类目推广了一段时间后，订单不断增加，排名逐渐上升。运营了一段时间后，在优化链接时，该公司人员发现该 Listing 已无法编辑，平台提示："请开通美妆类目"。

当商品销售库存不足需要补货时，该公司人员联系客服，客服回复：商品 Listing 是系统根据大多数客户的搜索习惯安排的，无法更改，解决该问题有两种处理方式：第一种，将 Listing 删除，重新上传；第二种，重新开通美妆类目。公司经讨论后决定开通美妆类目。美妆类目开通后，之前的商品 Listing 可以重新编辑、发货，之前的客户评价仍被保留，但是由于受类目调整影响，订单量大为减少，排名受到很大影响，无异于一个全新的 Listing，之前的努力付诸东流，较之当初的新品推广难度加大。因此，商品类目选择直接影响商品后期的销售与店铺发展，不容小觑。

通过案例我们不难发现，要成功发布一款商品并确保商品上架后销售保持良好态势，在前期的准备阶段，必须足够了解商品与平台操作细则，把好基础关。在本学习情境，我们会逐一展开，为大家讲解如何规避案例中出现的"事故"。

学习子情境一　商品分类审核

工作任务 1　商品分类的确定

在"添加新商品"的时候，选择最佳分类可以确保看到最合适商品的数据字段。使用"查找分类"搜索框来找到商品的最佳分类，或者直接浏览分类并点击链接选择自己需要的分类。如果不确定商品的分类，搜索工具是一个快速且有用的方法。在对话框中输入简单的商品关键词，通常最好选择商品名称最基本的关键词，如"table lamp"（台灯）或"hiking shoes"（登山鞋），之后界面右侧会显示建议的分类列表，左侧会显示类似商品最大的类目，也可以参照同行的子分类找到最具体的分类。在选择商品最佳分类时，可以继续输入并提交商品信息以创建商品详情页。

在每个大的类目里都有不同的子类目，可以把自己的商品放在合适的子类目里面。如果提交了一个商品，但并没有包含该商品类型的必填字段，我们会收到一条错误消息提示，被错误分类或编目的商品就不会被添加到这个类目中，也不会显示在网页上。要解决这个问题，必须申请开通这个类目（如何开通类目，下文会具体讲述）。

商品分类的方法一般有以下三种：

【方法 1】 在“添加新商品”的“浏览你的商品分类”里查找，如图 4－1 所示。

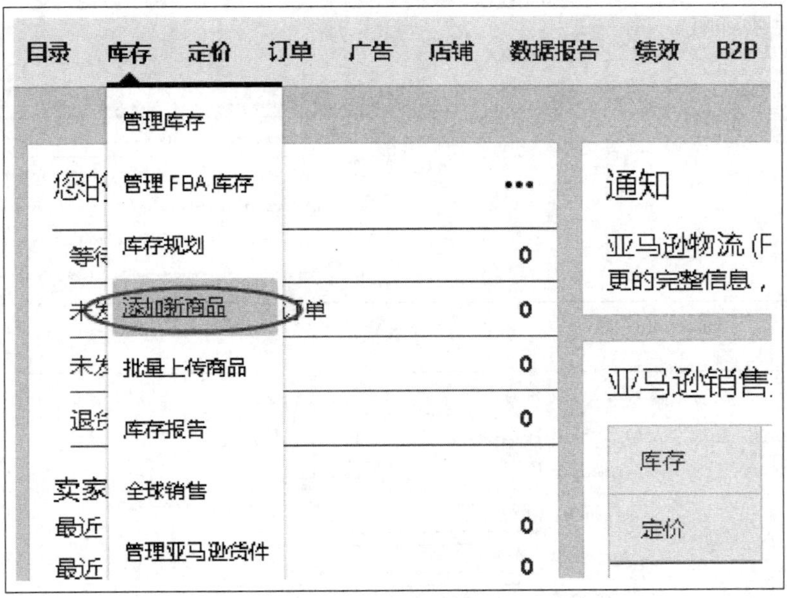

图 4－1

（1）在搜索框中输入关键字，如图 4－2 所示。

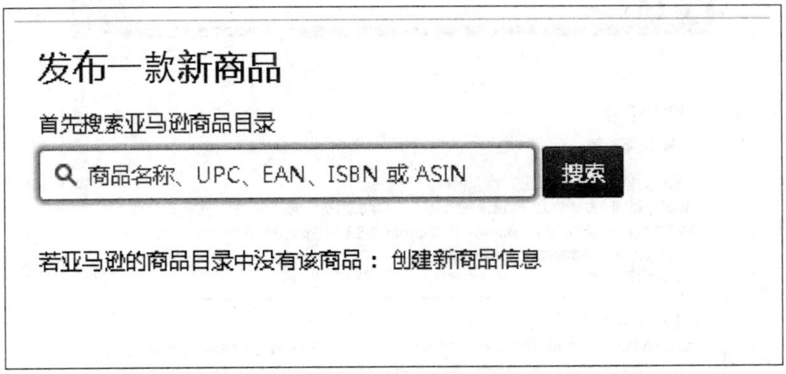

图 4－2

（2）点击商品选择分类，如图 4－3 所示。

（3）点击关键词所在的类目，编辑信息，如图 4－4 所示。

【方法 2】 在 Help 界面搜索分类树指南（Browse Tree Guide，BTG），在分类树指南中下载相关类目并查找。

（1）在 Help 界面搜索分类树指南。分类树指南是特定类别文件，提供唯一的编号（分类节点编号）以用于创建你店铺内的链接。它们之前被称作商品分类指南（Item Categories Guide，ICG），如图 4－5 所示。

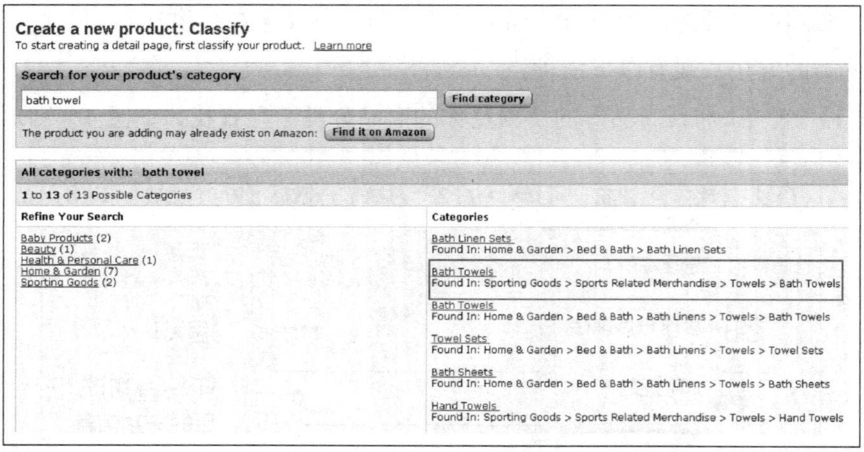
Create a new product: Classify
To start creating a detail page, first classify your product. Learn more
Search for your product's category
bath towel
Find category
The product you are adding may already exist on Amazon: Find it on Amazon
All categories with: bath towel
1 to 13 of 13 Possible Categories
Refine Your Search
Baby Products (2)
Beauty (1)
Health & Personal Care (1)
Home & Garden (7)
Sporting Goods (2)
Categories
Bath Linen Sets
Found In: Home & Garden > Bed & Bath > Bath Linen Sets
Bath Towels
Found In: Sporting Goods > Sports Related Merchandise > Towels > Bath Towels
Bath Towels
Found In: Home & Garden > Bed & Bath > Bath Linens > Towels > Bath Towels
Towel Sets
Found In: Home & Garden > Bed & Bath > Bath Linens > Towels > Towel Sets
Bath Sheets
Found In: Home & Garden > Bed & Bath > Bath Linens > Towels > Bath Sheets
Hand Towels
Found In: Sporting Goods > Sports Related Merchandise > Towels > Hand Towels

图 4-3

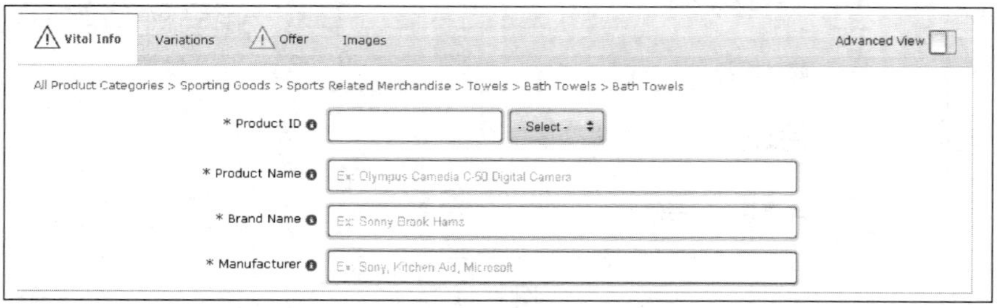
Vital Info
Variations
Offer
Images
Advanced View
All Product Categories > Sporting Goods > Sports Related Merchandise > Towels > Bath Towels > Bath Towels
* Product ID
- Select -
* Product Name
Ex: Olympus Camedia C-50 Digital Camera
* Brand Name
Ex: Sonny Brook Hams
* Manufacturer
Ex: Sony, Kitchen Aid, Microsoft

图 4-4

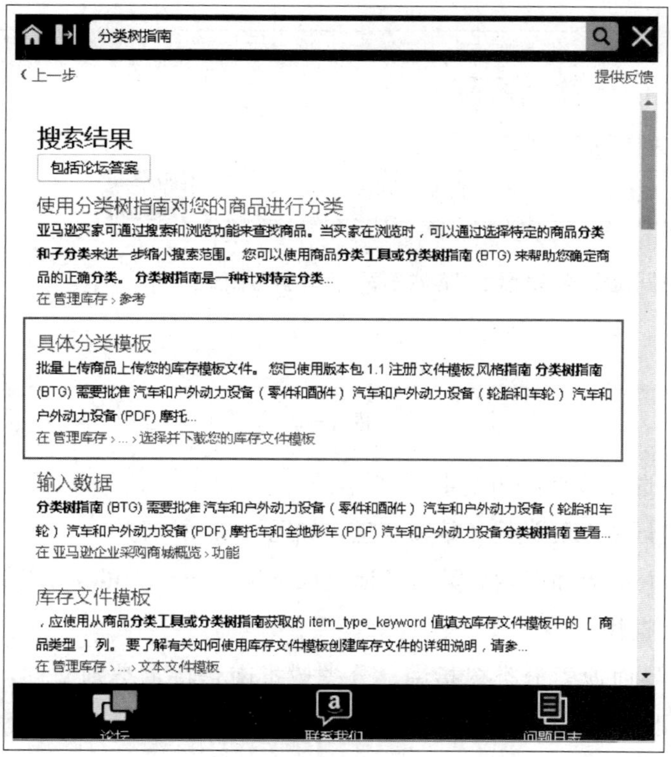
分类树指南
上一步
提供反馈
搜索结果
包括论坛答案
使用分类树指南对您的商品进行分类
亚马逊买家可通过搜索和浏览功能来查找商品。当买家在浏览时，可以通过选择特定的商品分类和子分类来进一步缩小搜索范围。 您可以使用商品分类工具或分类树指南 (BTG) 来帮助您确定商品的正确分类。 分类树指南是一种针对特定分类...
在 管理库存 › 参考
具体分类模板
批量上传商品上传您的库存模板文件。 您已使用版本包 1.1 注册 文件模板 风格指南 分类树指南 (BTG) 需要批准 汽车和户外动力设备（零件和配件） 汽车和户外动力设备（轮胎和车轮） 汽车和户外动力设备 (PDF) 摩托...
在 管理库存 › ... › 选择并下载您的库存文件模板
输入数据
分类树指南 (BTG) 需要批准 汽车和户外动力设备（零件和配件） 汽车和户外动力设备（轮胎和车轮） 汽车和户外动力设备 (PDF) 摩托车和全地形车 (PDF) 汽车和户外动力设备 分类树指南 查看...
在 亚马逊企业采购商城概览 › 功能
库存文件模板
，应使用从商品分类工具或分类树指南获取的 item_type_keyword 值填充库存文件模板中的 [商品类型] 列。 要了解有关如何使用库存文件模板创建库存文件的详细说明，请参...
在 管理库存 › ... › 文本文件模板
论坛
联系我们
问题日志

图 4-5

(2) 打开分类树指南，找出需要的类目（以家居及厨房用品为例），然后下载类目，如图 4-6 所示。

图 4-6

(3) 打开表格，找出需要的关键词（以 Bath Towel 为例），如图 4-7 所示。

Node ID	Node Path	Query
3732921	Home & Kitchen/Bath/Bathroom Furniture Sets	item_type_keyword:bathroom-furniture-sets
335116011	Home & Kitchen/Bath/Bathroom Shelves	item_type_keyword:mounted-bathroom-shelves
3263108011	Home & Kitchen/Bath/Kids' Bath	
3263110011	Home & Kitchen/Bath/Kids' Bath/Kids' Bath Rugs	item_type_keyword:childrens-bath-rugs
3263111011	Home & Kitchen/Bath/Kids' Bath/Kids' Bath Towels	item_type_keyword:childrens-bath-towels
3263109011	Home & Kitchen/Bath/Kids' Bath/Kids' Bathroom Accessories	
3263118011	Home & Kitchen/Bath/Kids' Bath/Kids' Bathroom Accessories/Kids' Bath Towel Hooks	item_type_keyword:childrens-bath-towel-hooks
3263113011	Home & Kitchen/Bath/Kids' Bath/Kids' Bathroom Accessories/Kids' Bathroom Accessory Sets	item_type_keyword:childrens-bathroom-accessory-sets
3265577011	Home & Kitchen/Bath/Kids' Bath/Kids' Bathroom Accessories/Kids' Bathroom Holders & Dispensers	
3263114011	Home & Kitchen/Bath/Kids' Bath/Kids' Bathroom Accessories/Kids' Bathroom Holders & Dispensers/Kids' Bathroom Canisters	item_type_keyword:childrens-bathroom-canisters
3263115011	Home & Kitchen/Bath/Kids' Bath/Kids' Bathroom Accessories/Kids' Bathroom Holders & Dispensers/Kids' Bathroom Cup Holders	item_type_keyword:childrens-bathroom-cup-holders
3263116011	Home & Kitchen/Bath/Kids' Bath/Kids' Bathroom Accessories/Kids' Bathroom Holders & Dispensers/Kids' Bathroom Tumblers	item_type_keyword:childrens-bathroom-tumblers
3263124011	Home & Kitchen/Bath/Kids' Bath/Kids' Bathroom Accessories/Kids' Bathroom Holders & Dispensers/Kids' Soap Dishes	item_type_keyword:childrens-soap-dishes
3263125011	Home & Kitchen/Bath/Kids' Bath/Kids' Bathroom Accessories/Kids' Bathroom Holders & Dispensers/Kids' Tissue Holders	item_type_keyword:childrens-tissue-holders

图 4-7

【方法 3】商品分类器（Product Classifier）。

亚马逊使用卖家提供的分类节点（如男士衬衫）决定商品在亚马逊上出现的类目位置。如果卖家没有提供分类节点，亚马逊会将商品分配到对应分类（如服装）的根节点（范围最广、最普遍的节点）。这样的话商品将会处于劣势地位，不易被买家搜索到。

商品分类器的操作方法如下：

（1）在亚马逊首页查看同行卖家的类目；

（2）进入“商品分类器”工具，如图 4－8 所示；

（3）使用“搜索工具”确定适当的分类，然后点击分类名称右侧的下一类目，选择分类，如图 4－9 所示。

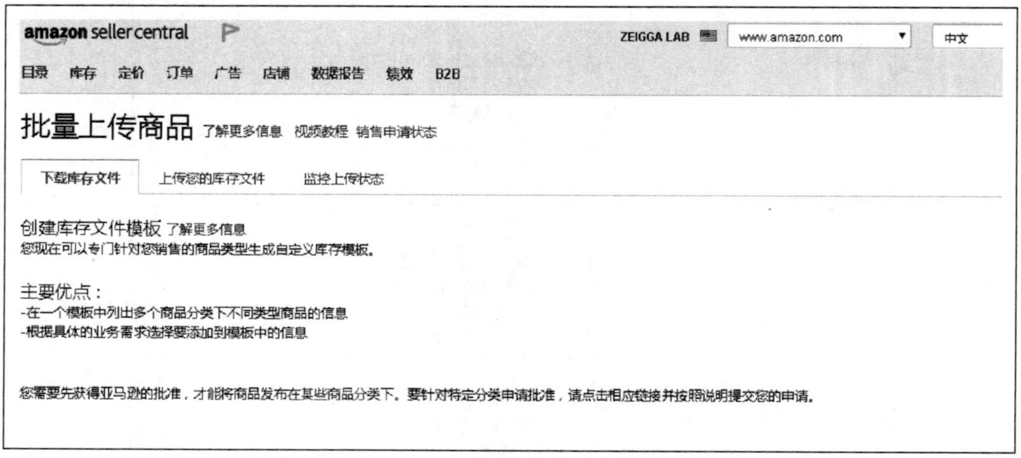

图 4－8

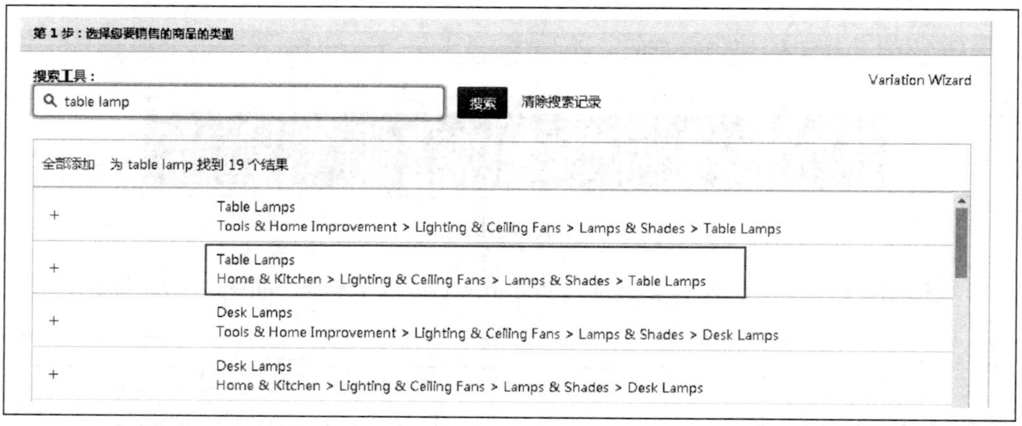

图 4－9

工作任务 2　商品类目开通

商品类目开通的流程分为以下三步：

【步骤 1】 以美国站为例，查看需要分类审核的类别。

Automotive Parts/Motorcycle & ATV（汽车/摩托车零配件）；Clothing，Accessories & Luggage（服饰、箱包周边商品）；Collectible Books（收藏书籍）；Entertainment Collectibles（娱乐收藏品）；Gift Cards（礼品卡）；Industrial & Science（工业和科技制品）；Jewelry（珠宝）；Shoes，Handbags & Sunglasses（鞋子、手提包、墨镜）；Sports Collectibles（体育收藏品）；Toys & Games（holiday approval only）［玩具和游戏制品

(节假日需要申请)]；Watches（手表）等。图 4-10 所示就是需要开通的类目。

图 4-10

【步骤 2】分类审核入口。

后台主页帮助（Help）→搜索“Approval”，如图 4-11 所示，点击“Categories and products requiring approval”（在英文界面才能找到）。

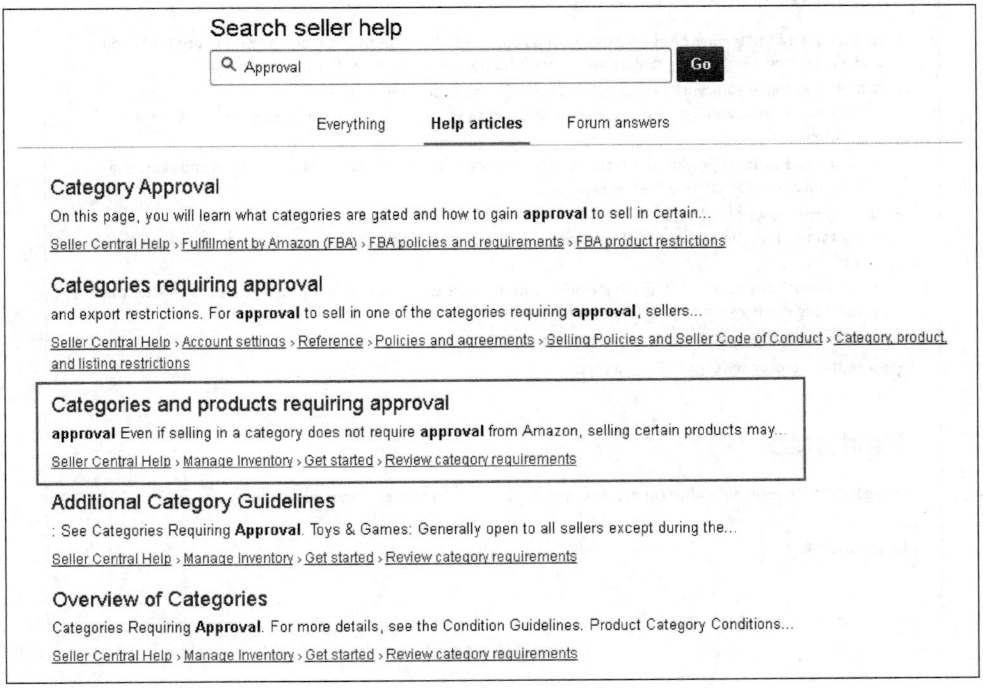

图 4-11

选择需要开通的类目，如图 4-12 所示。

Categories and products requiring approval

- Automotive & Powersports
- Jewelry
- Holiday Selling Guidelines in Toys & Games
- Beauty category: Requirements and application
- Watches
- Health & Personal Care
- Amazon Custom
- Clothing & Accessories
- Shoes, Handbags & Sunglasses
- Grocery & Gourmet Foods
- Join Handmade at Amazon
- Sexual Wellness
- Luggage & Travel Accessories
- Sports Collectibles
- Video, DVD, & Blu-ray
- Collectible Books
- Collectible Coins
- Entertainment Collectibles
- Fine Art
- Gift Cards
- Major Appliances
- Services
- Wine

图 4-12

点击“Request approval”，如图 4-13 所示，然后完成接下来的步骤。

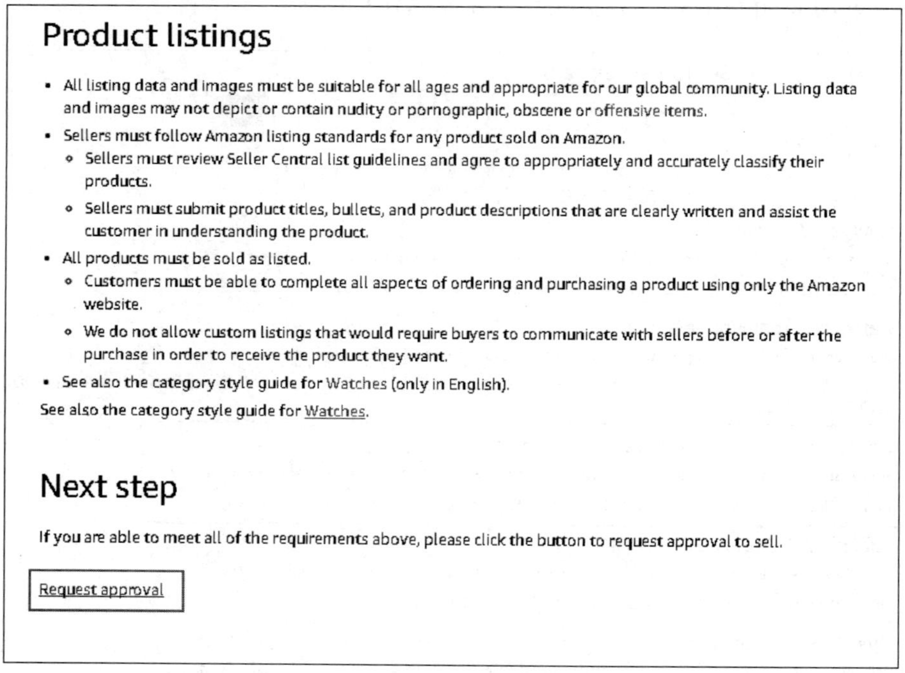

Product listings

- All listing data and images must be suitable for all ages and appropriate for our global community. Listing data and images may not depict or contain nudity or pornographic, obscene or offensive items.
- Sellers must follow Amazon listing standards for any product sold on Amazon.
  - Sellers must review Seller Central list guidelines and agree to appropriately and accurately classify their products.
  - Sellers must submit product titles, bullets, and product descriptions that are clearly written and assist the customer in understanding the product.
- All products must be sold as listed.
  - Customers must be able to complete all aspects of ordering and purchasing a product using only the Amazon website.
  - We do not allow custom listings that would require buyers to communicate with sellers before or after the purchase in order to receive the product they want.
- See also the category style guide for Watches (only in English).

See also the category style guide for Watches.

Next step

If you are able to meet all of the requirements above, please click the button to request approval to sell.

Request approval

图 4-13

有的类目还需要回答如图 4-14 所列的问题，提交正规机构出具的购买商品的发票和营业执照等材料，如图 4-15 所示，才能开通这个类目（一般审核需要 3～5 个工作日）。

图 4-14

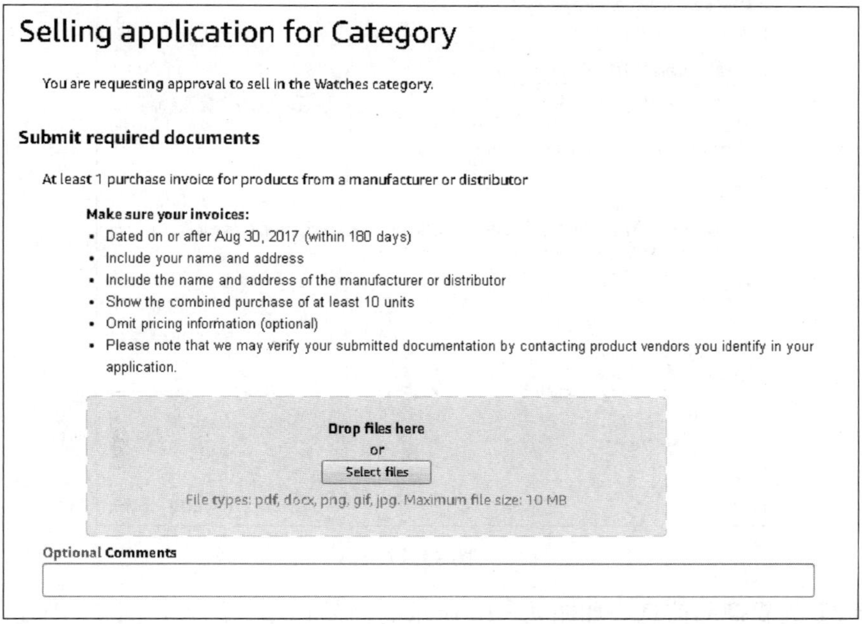

图 4-15

【步骤 3】点击“Agree and Submit”→“Selling Applications”，就可以查实该类目是否已开通，如图 4-16 所示。

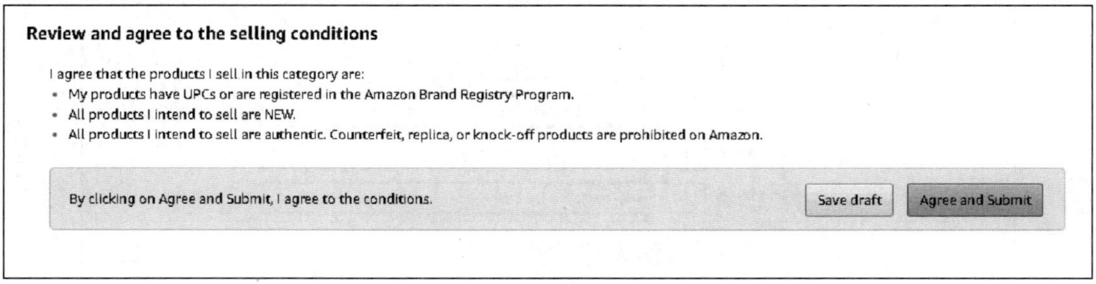

图 4-16

学习子情境二　商品上传

商品上传方法主要有后台自建 Listing 和批量表格自建 Listing。此外，跟卖 Listing 也是一种方法，但可能存在风险，本学习情境将会对此进行讲解。

工作任务 1　后台自建 Listing

后台自建 Listing 操作步骤如下：

【步骤 1】在后台界面点击“库存”→“添加新商品”→“创建新商品信息”，搜索分类，选择要上传的商品类目，如图 4－17 所示。

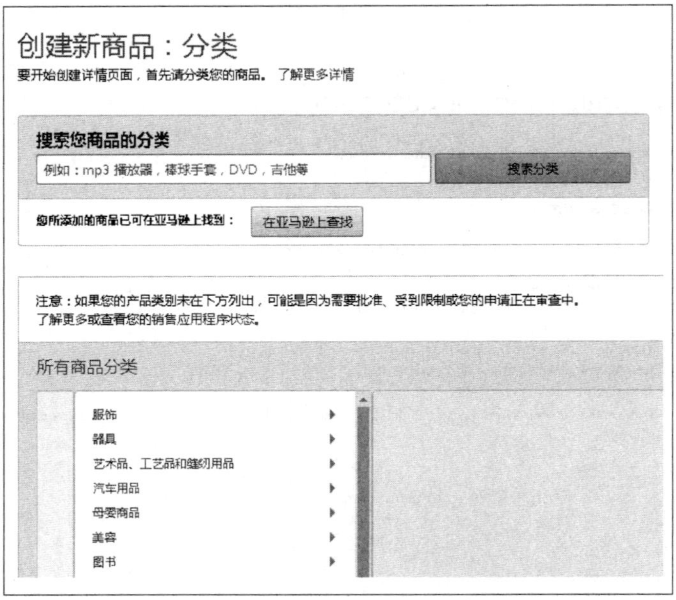

图 4－17

【步骤 2】编辑商品信息，如图 4－18 所示的商品标题、图片，图 4－19 所示的关键词、描述、分节点，图 4－20 所示的属性。带红色“＊”号标志的内容为必填项，填完后保存，就上传成功了。

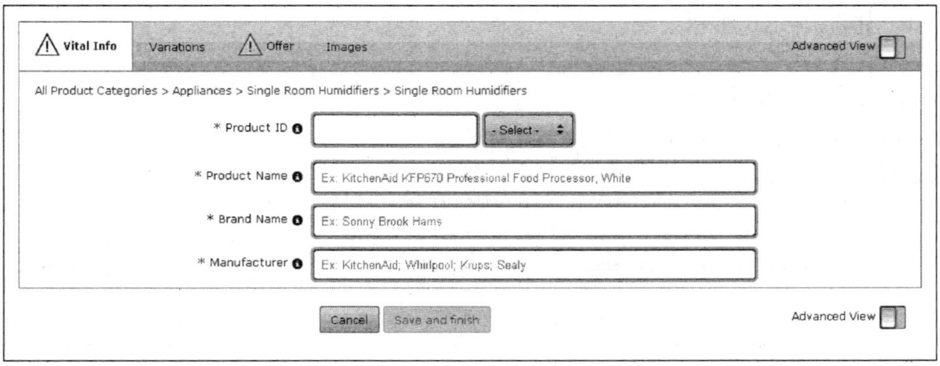

图 4－18

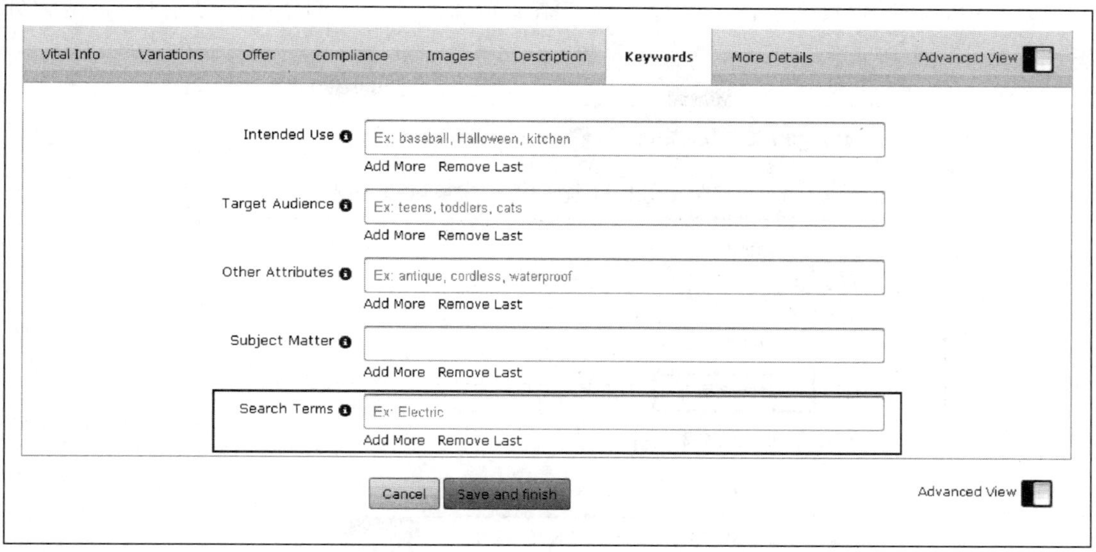

图 4-19

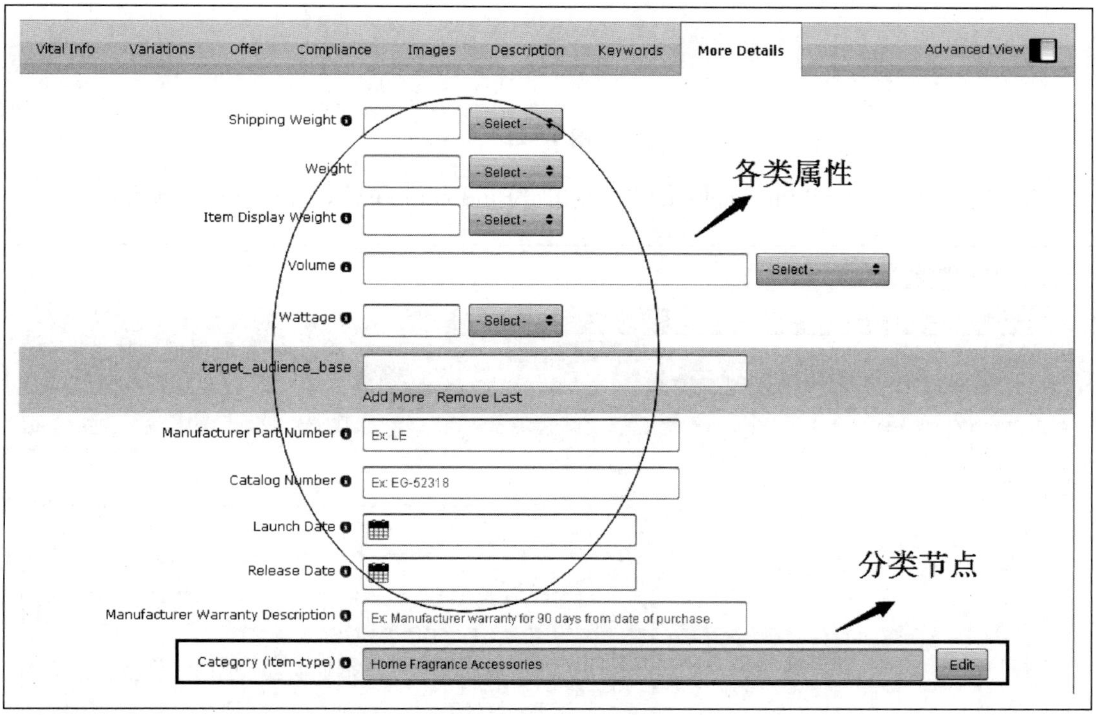

图 4-20

注意：在商品上传过程中可能遇到很多问题，如图片显示不了、上传不成功等，可以先编辑信息，最后放图片。把有警告的地方都填满，信息填得越全，对你的商品链接越有利。

案例演示：以登山包（hiking backpack）为例讲解后台自建 Listing 的操作流程。

第一步，在后台页面点击“库存”→“添加新商品”→“创建新商品信息”，搜索分类，如图 4-21 所示。

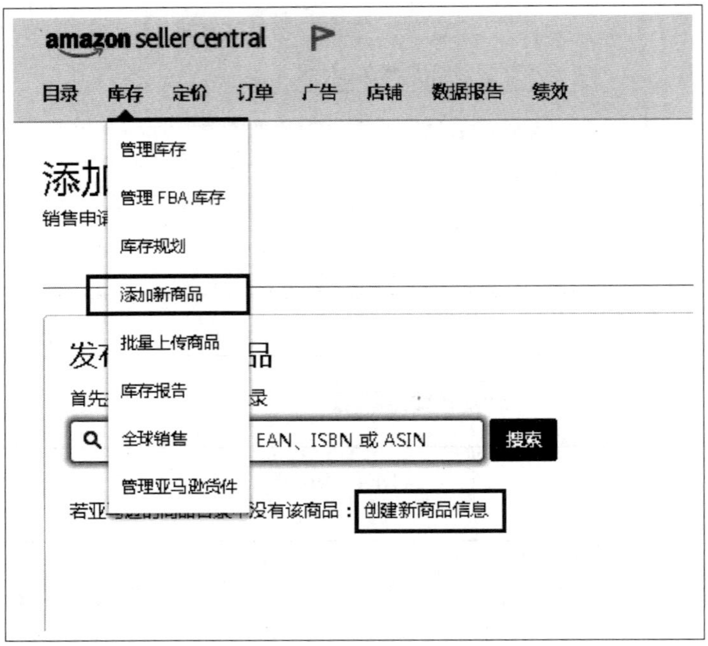

图 4-21

第二步，输入“ hiking backpack”，点击“Find category”，如图 4-22 所示。

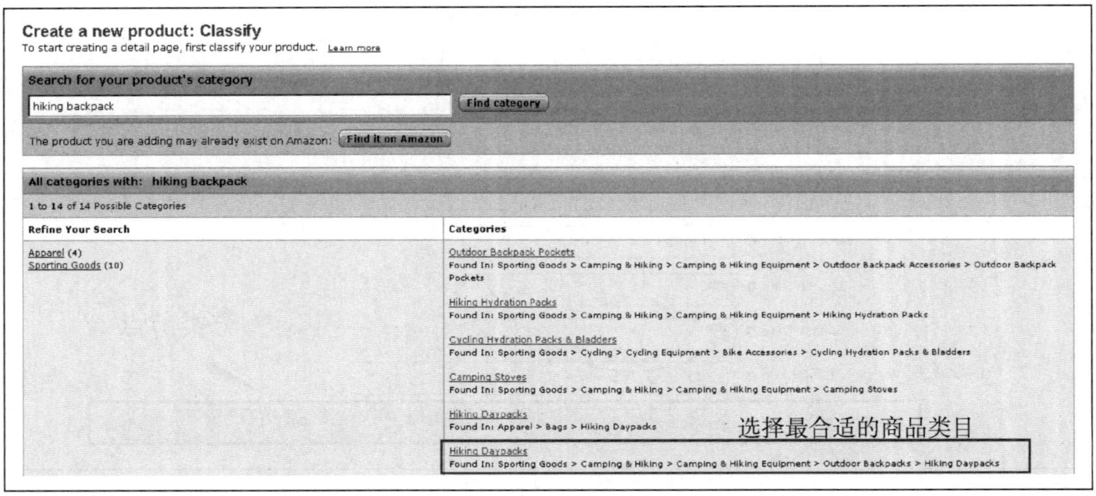

图 4-22

第三步，如图 4-23 至图 4-29 所示，按“Vital Info”“Variations”“Offer”“Images”“Description”“Keywords”“More Details”的顺序依次填写商品相关信息，要求填写完整、准确。

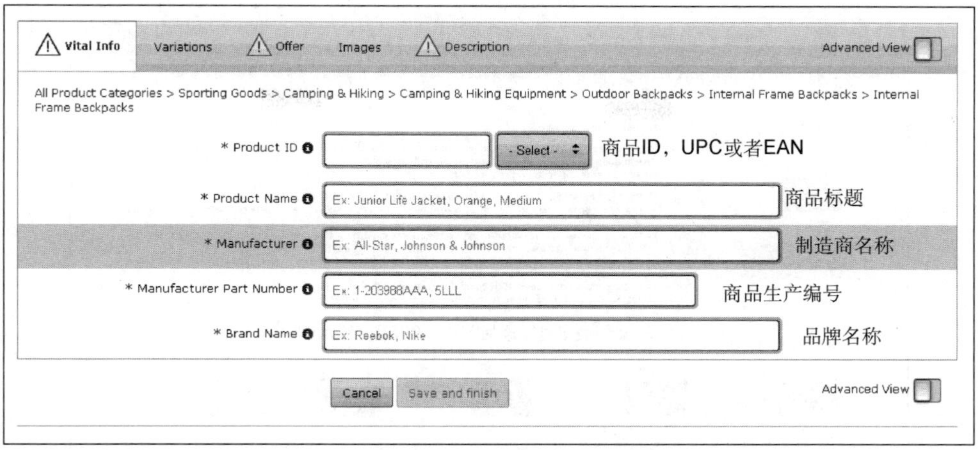

图 4－23

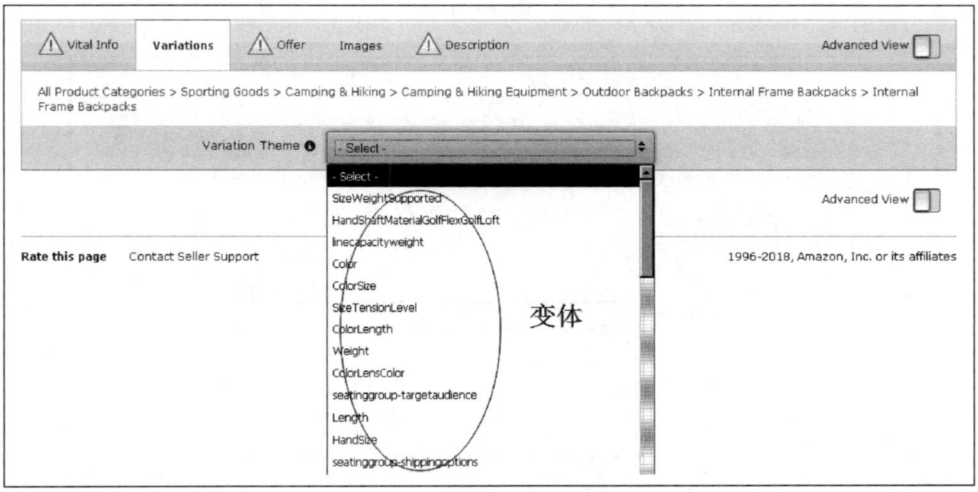

图 4－24

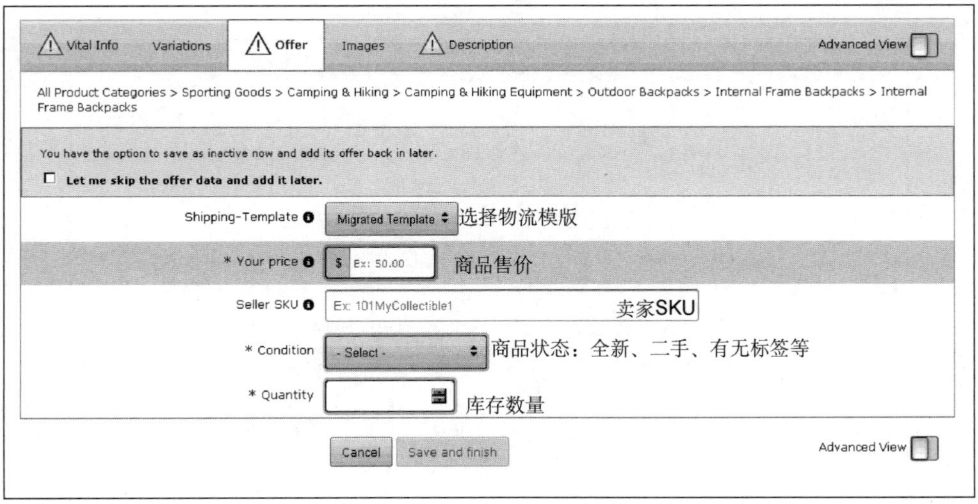

图 4－25

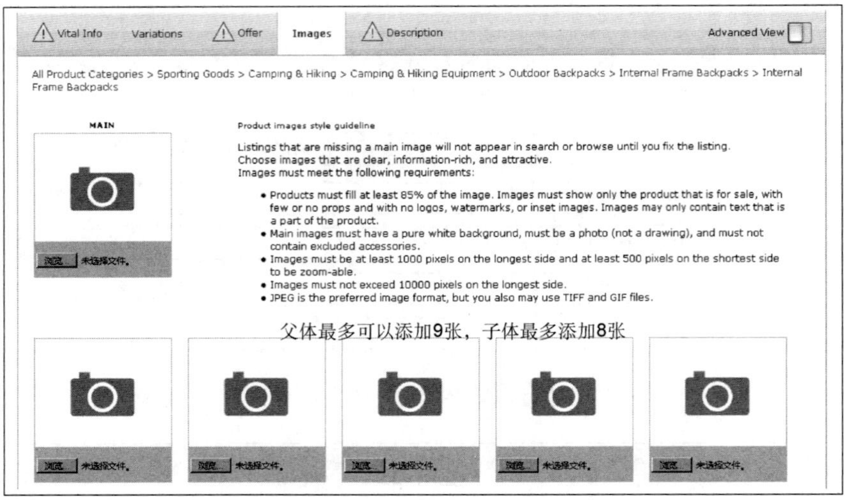

图 4－26

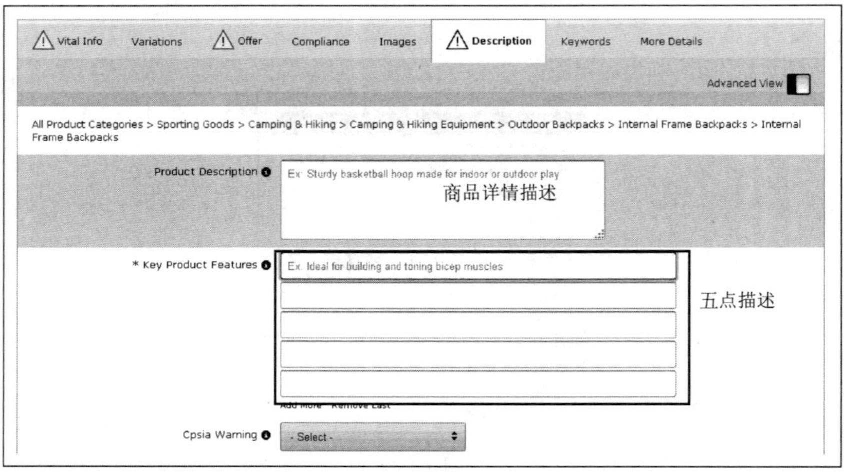

图 4－27

图 4－28

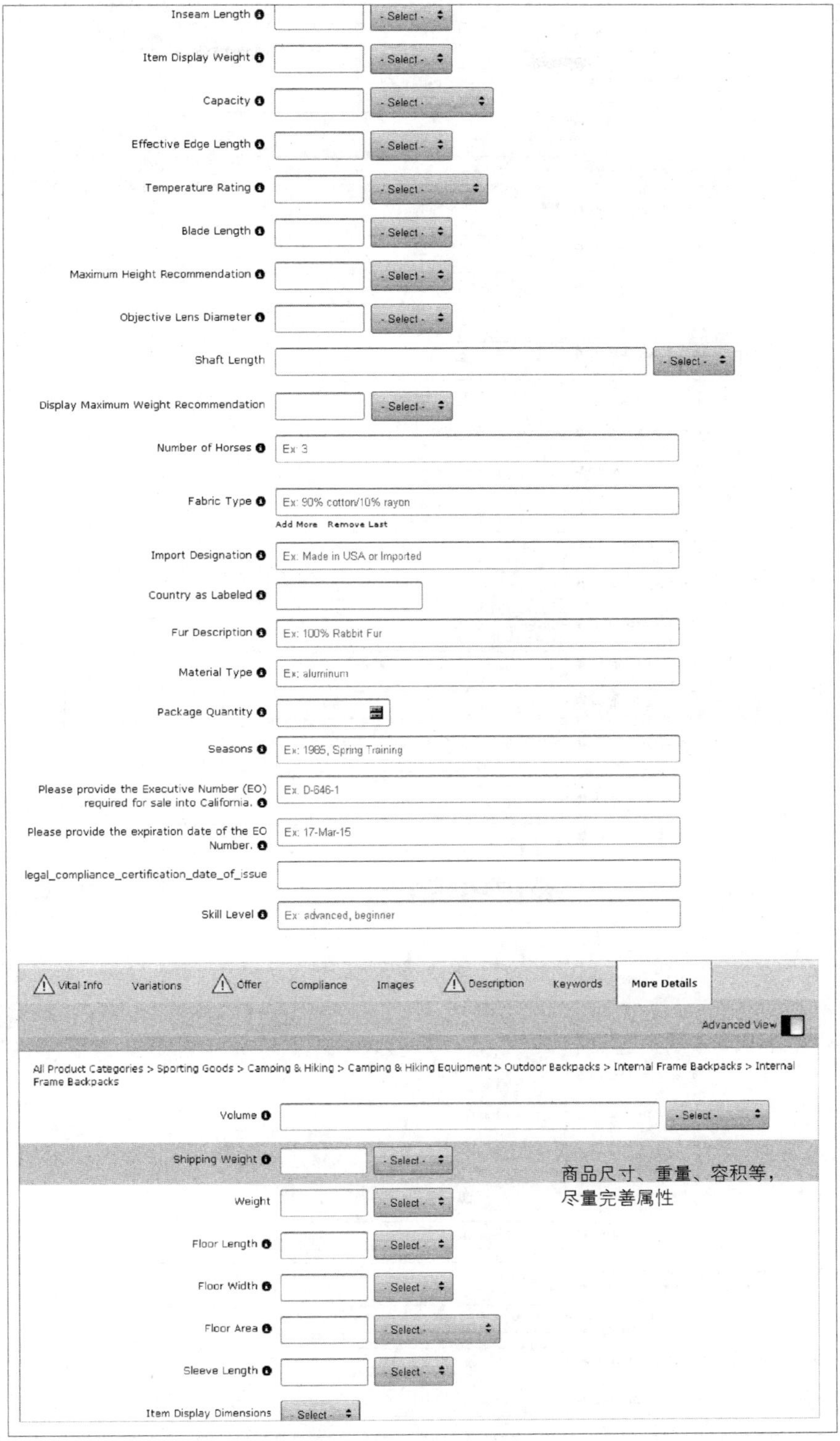
Inseam Length
- Select -
Item Display Weight
Capacity
Effective Edge Length
Temperature Rating
Blade Length
Maximum Height Recommendation
Objective Lens Diameter
Shaft Length
Display Maximum Weight Recommendation
Number of Horses
Ex: 3
Fabric Type
Ex: 90% cotton/10% rayon
Add More　Remove Last
Import Designation
Ex: Made in USA or Imported
Country as Labeled
Fur Description
Ex: 100% Rabbit Fur
Material Type
Ex: aluminum
Package Quantity
Seasons
Ex: 1985, Spring Training
Please provide the Executive Number (EO) required for sale into California.
Ex: D-646-1
Please provide the expiration date of the EO Number.
Ex: 17-Mar-15
legal_compliance_certification_date_of_issue
Skill Level
Ex: advanced, beginner
Vital Info　Variations　Offer　Compliance　Images　Description　Keywords　More Details
Advanced View
All Product Categories > Sporting Goods > Camping & Hiking > Camping & Hiking Equipment > Outdoor Backpacks > Internal Frame Backpacks > Internal Frame Backpacks
Volume
Shipping Weight
商品尺寸、重量、容积等，
尽量完善属性
Weight
Floor Length
Floor Width
Floor Area
Sleeve Length
Item Display Dimensions

图 4－29（1）

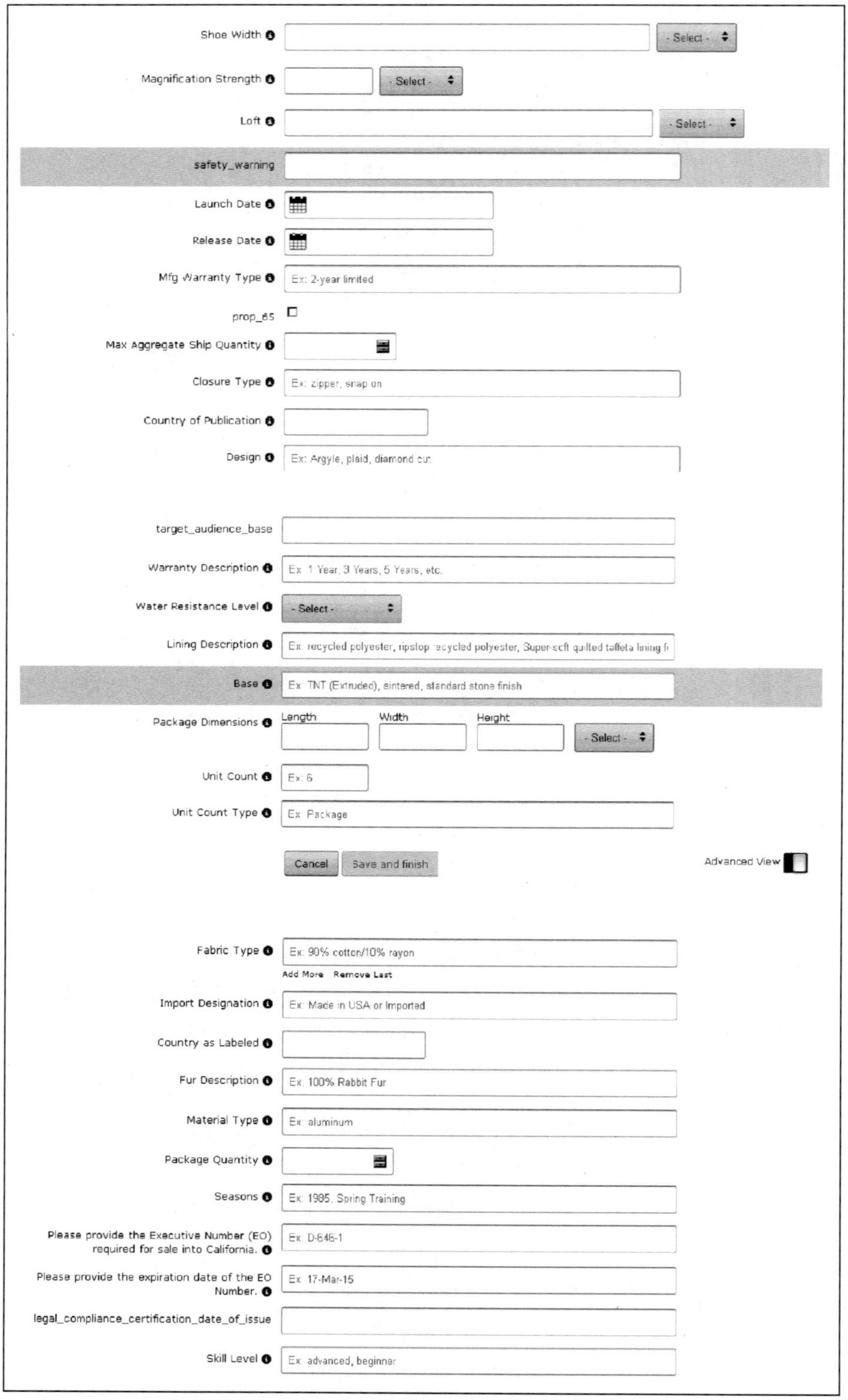
Shoe Width
- Select -
Magnification Strength
- Select -
Loft
- Select -
safety_warning
Launch Date
Release Date
Mfg Warranty Type
Ex: 2-year limited
prop_65
Max Aggregate Ship Quantity
Closure Type
Ex: zipper, snap on
Country of Publication
Design
Ex: Argyle, plaid, diamond cut
target_audience_base
Warranty Description
Ex: 1 Year, 3 Years, 5 Years, etc.
Water Resistance Level
- Select -
Lining Description
Ex: recycled polyester, ripstop recycled polyester, Super-soft quilted taffeta lining
Base
Ex: TNT (Extruded), sintered, standard stone finish
Package Dimensions
Length
Width
Height
- Select -
Unit Count
Ex: 6
Unit Count Type
Ex: Package
Cancel
Save and finish
Advanced View
Fabric Type
Ex: 90% cotton/10% rayon
Add More
Remove Last
Import Designation
Ex: Made in USA or Imported
Country as Labeled
Fur Description
Ex: 100% Rabbit Fur
Material Type
Ex: aluminum
Package Quantity
Seasons
Ex: 1985, Spring Training
Please provide the Executive Number (EO) required for sale into California.
Ex: D-646-1
Please provide the expiration date of the EO Number.
Ex: 17-Mar-15
legal_compliance_certification_date_of_issue
Skill Level
Ex: advanced, beginner

图 4－29（2）

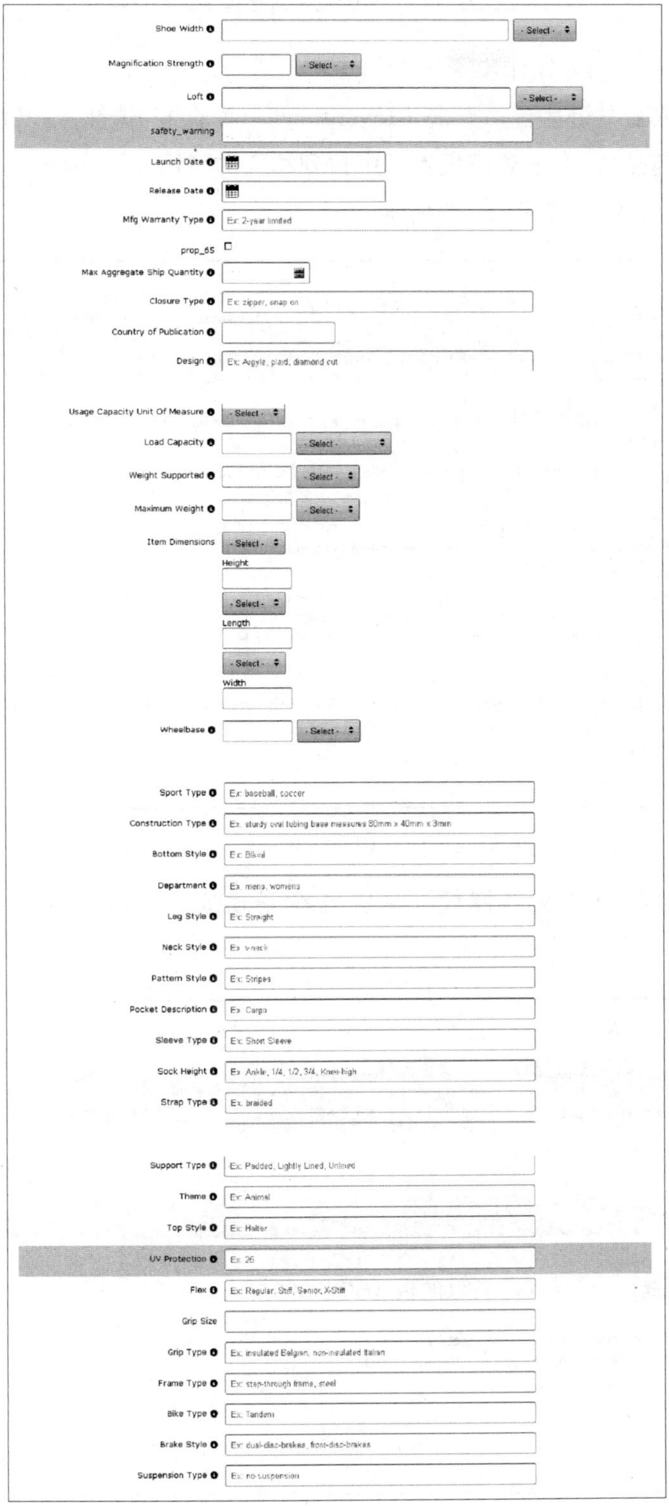
Shoe Width
- Select -
Magnification Strength
Loft
safety_warning
Launch Date
Release Date
Mfg Warranty Type
Ex: 2-year limited
prop_65
Max Aggregate Ship Quantity
Closure Type
Ex: zipper, snap on
Country of Publication
Design
Ex: Argyle, plaid, diamond cut
Usage Capacity Unit Of Measure
Load Capacity
Weight Supported
Maximum Weight
Item Dimensions
Height
Length
Width
Wheelbase
Sport Type
Ex: baseball, soccer
Construction Type
Ex: sturdy oval tubing base measures 80mm x 40mm x 3mm
Bottom Style
Ex: Bikini
Department
Ex: mens, womens
Leg Style
Ex: Straight
Neck Style
Ex: v-neck
Pattern Style
Ex: Stripes
Pocket Description
Ex: Cargo
Sleeve Type
Ex: Short Sleeve
Sock Height
Ex: Ankle, 1/4, 1/2, 3/4, Knee-high
Strap Type
Ex: braided
Support Type
Ex: Padded, Lightly Lined, Unlined
Theme
Ex: Animal
Top Style
Ex: Halter
UV Protection
Ex: 26
Flex
Ex: Regular, Stiff, Senior, X-Stiff
Grip Size
Grip Type
Ex: insulated Belgian, non-insulated Italian
Frame Type
Ex: step-through frame, steel
Bike Type
Ex: Tandem
Brake Style
Ex: dual-disc-brakes, front-disc-brakes
Suspension Type
Ex: no-suspension

图 4－29（3）

工作任务 2　批量表格自建 Listing

批量表格自建 Listing 操作步骤如下：

【步骤 1】 进入亚马逊后台，点击“Inventory”（库存），选择“Add Products via Upload”（批量上传商品），在下载模板界面中找到相应的“File Template”（文件模板），点击对应的类目开始下载，如图 4－30 所示。

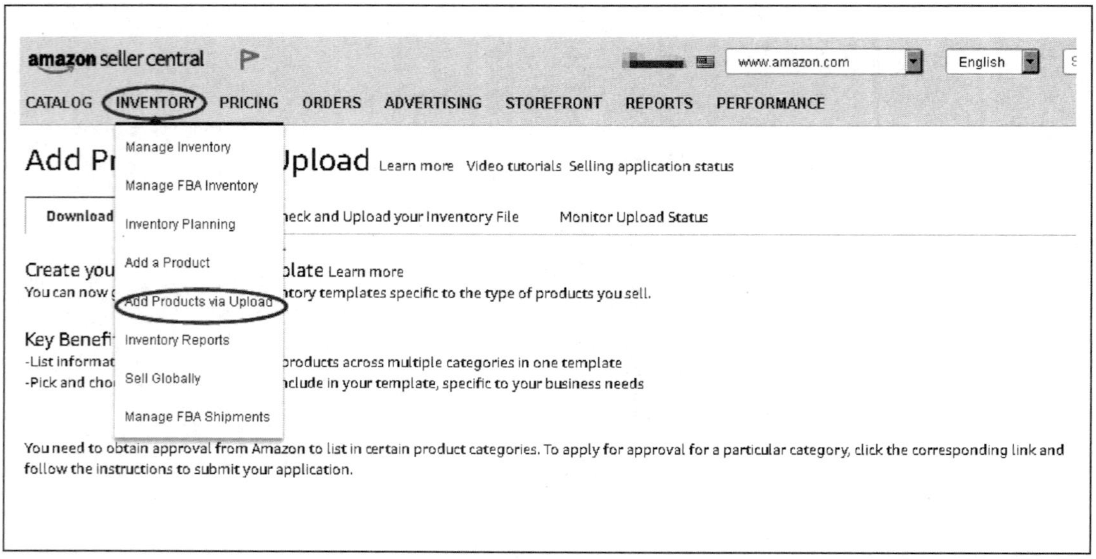

图 4－30

【步骤 2】 下载类目的文件模板（一般推荐下载第二个模板里的文件模板），如图 4－31 所示。

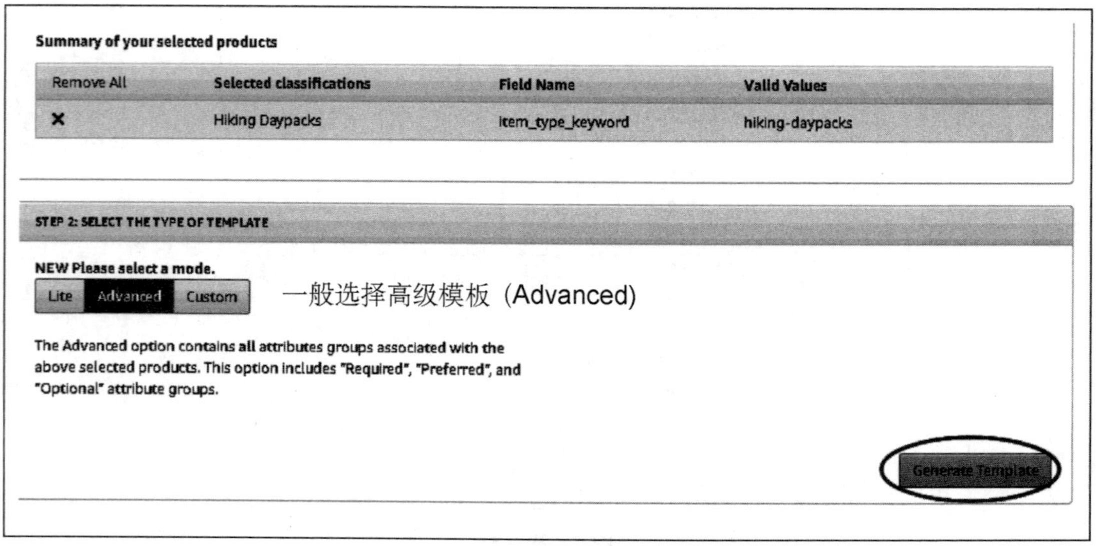

图 4－31

【步骤 3】打开 Excel 表格。

批量上传模板包含很多工作表格，如图 4-32 所示。

（1）Instructions 表格中包括商品简介、其余表格的解释说明及注意事项；

（2）Images 表格为图片要求；

（3）Example 表格为上传商品的举例，仅供参考；

（4）Data Definitions 表格中包括整个批量上传模板各个字段的解释说明，A 列是字段名，B 列是字段解释，C 列是字段正规值，D 列是例子，E 列说明该字段是否为必填项，其中 Required 和 Desired 是必填，其他是选填；

（5）Template 为商品数据编辑表格；

（6）Valid Values 为 Template 表格的下拉菜单值。

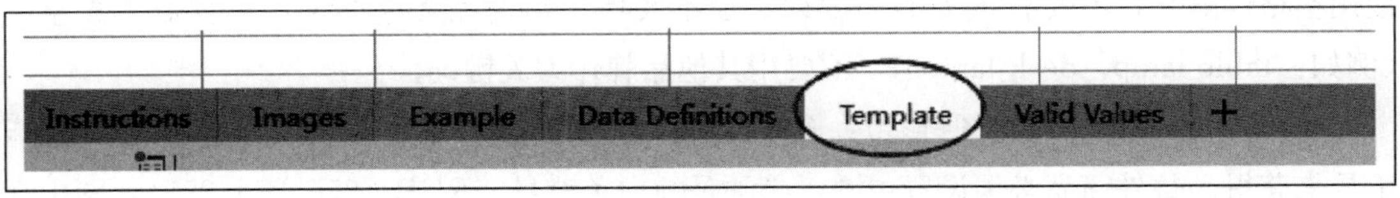

图 4-32

【步骤 4】编辑 Template 需要上传的表格。

Seller SKU（同一个 UPC 或 EAN 只能用于一个 SKU）和 Manufacturer Part Number：卖家在亚马逊上进行销售，为了更好地识别自己的商品，可以让 Seller SKU 和 Manufacturer Part Number 的编号保持一致。

在 Product-id 里输入 UPC 或 EAN，如果已注册国外品牌并且在亚马逊上注册过则可不填，亚马逊会自动分配。在 Product-id-type 里输入 UPC、EAN 或者 GCID（Global Catalog Identifier）（父体的 Product-id 和 Product-id-type 不需要填写）。ASIN（Amazon Standard Identification Number）是亚马逊标准识别号，在亚马逊平台上销售的每个商品都有与之唯一对应的 10 位数的 ASIN。

Brand Name（品牌名称）和 Manufacturer（供应商）：如果商品的经销商和制造商没有注册自有品牌，不应将其作为商品品牌。

Product Name（商品名称）：标题首位必须是品牌，大小写要保持一致；其他的词首字母必须大写（除了介词 of，a，an，and 等），不能有特殊符号（@，!，$）；不能在中文输入法下输入任何内容；字符不能过长，不能有公司信息、促销、物流、运费或与商品无关的信息；不能写其他店铺的品牌；无品牌商品可以写店铺名称，电子类无品牌商品写 Generic。例如：

[Brand] + [Product name] + [Fun] —：MY BRAND Table Lamps Touch Control

[Brand] + [Product name] + [Fun] —：Generic Table Lamps Touch Control

Product Description（商品描述）：填写详情介绍，避免出现语法错误或拼写错误，用

“<br>”符号换行，用“<b>…</b>”符号加粗文字，其中“…”填写需要加粗的字符。

Product Type（商品类目）：商品所属类目。

Item Type Keyword（商品类目关键词）：关键词可以按照商品分类器来查找。

Update/Delete：Delete（删除链接）；Update（全部更新）；Partial Update（部分更新）。如果我们只优化 Listing 图片或者标题，选择 Partial Update。

Key Product Features（商品特性）：描述商品的特征、功能等信息，突出商品的优点和消费者想要了解的信息点，不能填写卖家本身的信息（如营业执照信息）。可以写五点，首字母要大写。

Search Terms（搜索关键词）：可以写商品特征、功能等相关的关键词，词与词之间使用空格键隔开，不要有重复的关键词，也不要填写与商品无关的词，单复数不算重叠（例如：table lamp，desk lamps），不要用其他品牌作为关键词。

Main Image URL（主图链接）：图片链接可以通过 Photobucket、Pushauction 等图床工具来获得。每件商品必须设置主图，必须是纯白色背景（RGB：255,255,255），图中无商标、水印、文字、边框；只能出现一件商品，像素至少 1000×1000，至少占图片的 85%的面积（鞋的主图至少占 80%，左脚倾斜展示）。

Swatch Image URL（样本图链接）：即展示在链接上的第一张图片为原图，建议不填。

Other Image URL（其他辅图链接）：其他辅图上不允许有 logo、文字或水印。

父子变体的关系：如果有不同的码数和颜色，就要做成父子变体的关系放在一个链接里，如图 4－33 所示；如果是单独上传一个商品，没有其他的变体，则无须填写。

Variation			
Parentage	Parent SKU	Relationship Type	Variation Theme
parent_child	parent_sku	relationship_type	variation_theme
Parent			Color
Child	33169	Variation	Color
Child	33169	Variation	Color
Child	33169	Variation	Color

图 4－33

Size 和 Color 需要填写，其他内容可选择性填写，如图 4－34 所示。

【步骤 5】 填写完商品信息，需要确保 UPC 和 SKU 没有重复，Excel 文件不同站点模板互不通用。

【步骤 6】 在“Upload inventory files”下选择“Inventory Files for non-Media Categories”项，并在“Locate your inventory file to upload”中选择已经做好的文件，点击“Upload”开始上传，如图 4－35 所示。

TemplateType=Custo	Version=2017.0725	TemplateSignature=S	The top 3 rows are for Amazon.com use only. Do not modify or delete the top 3 rows.					
Item Type Keyword	Seller SKU	Product ID	Prod	Product T	Brand Name	Product Name	Manufacturer	Manufacturer Part Number
item_type	item_sku	external_product_id	exte	feed_pro	brand_name	item_name	manufacturer	part_number
camping-first-aid-kits	YS02			OutdoorF	HERIGGA	HERIGGA Compact First Aid Kit for Sport Hom	HERIGGA	YS02
camping-first-aid-kits	YS0201	608651975946	UPC	OutdoorF	HERIGGA	HERIGGA Compact First Aid Kit for Sport Hom	HERIGGA	YS0201
camping-first-aid-kits	YS0202	608651975953	UPC	OutdoorF	HERIGGA	HERIGGA Compact First Aid Kit for Sport Hom	HERIGGA	YS0202
camping-first-aid-kits	YS0203	608651975960	UPC	OutdoorF	HERIGGA	HERIGGA Compact First Aid Kit for Sport Hom	HERIGGA	YS0203
camping-first-aid-kits	YS0204	608651975977	UPC	OutdoorF	HERIGGA	HERIGGA Compact First Aid Kit for Sport Hom	HERIGGA	YS0204
camping-first-aid-kits	YS0205	608651975984	UPC	OutdoorF	HERIGGA	HERIGGA Compact First Aid Kit for Sport Hom	HERIGGA	YS0205
camping-first-aid-kits	YS0206	725704354975	UPC	OutdoorF	HERIGGA	HERIGGA Compact First Aid Kit for Sport Hom	HERIGGA	YS0206

图 4-34

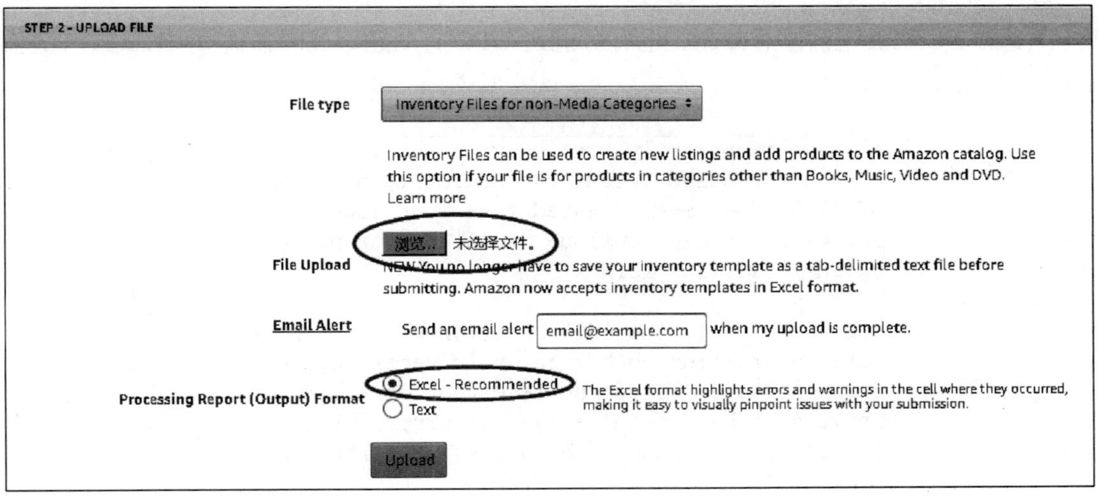

图 4-35

【步骤 7】上传结束后，结果会显示在“Inventory file upload status”中，点击右边的“Refresh”按钮刷新，再点击“View Processing Report”开始下载报告，如图 4-36 所示。然后用 Excel 打开，报告中会提示详细的错误信息，根据提示来更改对应的信息。

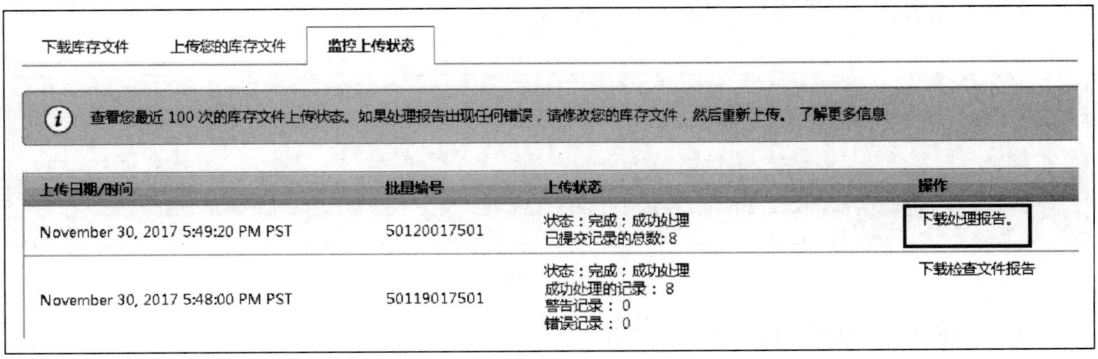

图 4-36

案例解析：以下列举因图片、SKU 或 UPC、节点关键词、主图未填等问题引发的平台错误报告并分析。

（1）图片问题警告提示，如图 4－37 所示。

Warning	A value was not provided for "Main Image URL". Please provide a value for "Main Image URL" so the product has an image. Images appear in search results and on the product detail page, and help customers evaluate products.

图 4－37

（2）SKU 跟其他商品有冲突，也有可能是 UPC 有问题，此时需调整 SKU 或者更换 UPC，如图 4－38 所示。

We have temporarily removed your ability to create new ASINS because an unusually high number of ASINs have been created from your account. However, you can continue to match your products against existing ASINs.

Please refer to the ASIN Creation Policy page for more information on how to avoid receiving this error message. If you believe your creation privileges have been removed in error, please contact Seller Support by using the following link:
https://sellercentral.amazon.com/hz/contact-us.

SKU does not match any ASIN and the product data provided is not eligible for ASIN creation.

图 4－38

（3）节点关键词有问题，如图 4－39 所示。

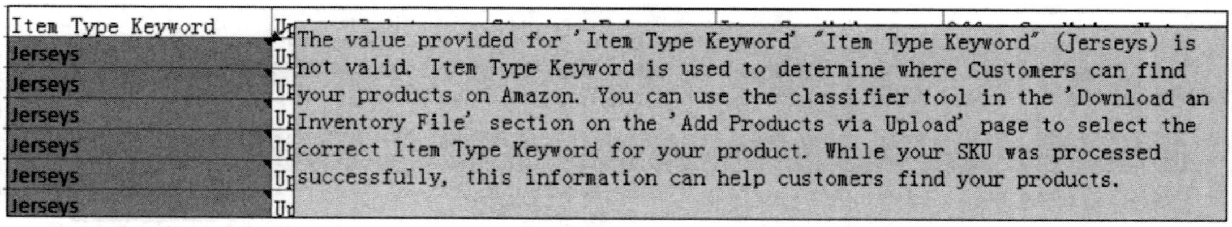

图 4－39

（4）主图未填问题，如图 4－40 所示。

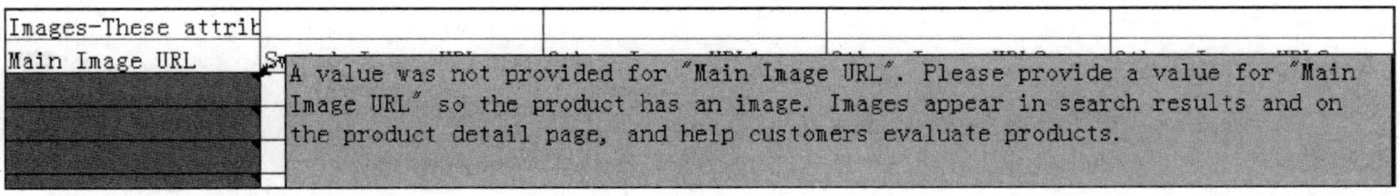

图 4-40

工作任务3　跟卖 Listing

1. 什么是跟卖

针对同行销量好的商品，卖家在销售相同品牌、相同商品、相同包装时，可以不需要建立全新的链接，直接在同行的链接上进行商品销售，即为跟卖。跟卖时只须填写以下信息：SKU、价格、数量、发货时间、商品的新旧程度及发货方式。其他信息是不能更改的，除非后期能获得黄金购物车，以享有编辑更多信息的权限。

2. 跟卖的优劣势及风险

（1）跟卖的优势：

1）不需要去编辑一个全新的链接；

2）对于新店来说，能引进大量的流量，转化率也会提高；

3）可以使用链接上的评价和排名；

4）更容易出单。

（2）跟卖的劣势以及风险：

1）跟卖的商品，可能已有商标备案或者已有相应的专利，跟卖将有可能面临账号受限或者被关闭的风险；

2）跟卖的最直接的风险是前期做跟卖调研时判断不准而造成品牌侵权被品牌持有卖家投诉，造成账号被限或者被封；

3）如果跟卖的商品被卖家修改，跟卖方没有及时调整，会造成发错货的情况；

4）跟卖竞争激烈，价格无底限，利润低，甚至亏本出售的情况都有可能出现；

5）跟卖可能由于某些商品细节、包装细节的出入而造成客户投诉；

6）如果跟卖商品被修改或者被移除，会造成库存积压；

7）最严重的情况是导致关店。

3. 跟卖 Listing 操作流程

先找到需要跟卖商品的 ASIN 码，打开“Inventory”（库存）里面的“Add a Product”（添加新商品），点击“Sell yours”（出售你的），如图 4-41 所示，然后编辑信息，最后保存，如图 4-42 所示。

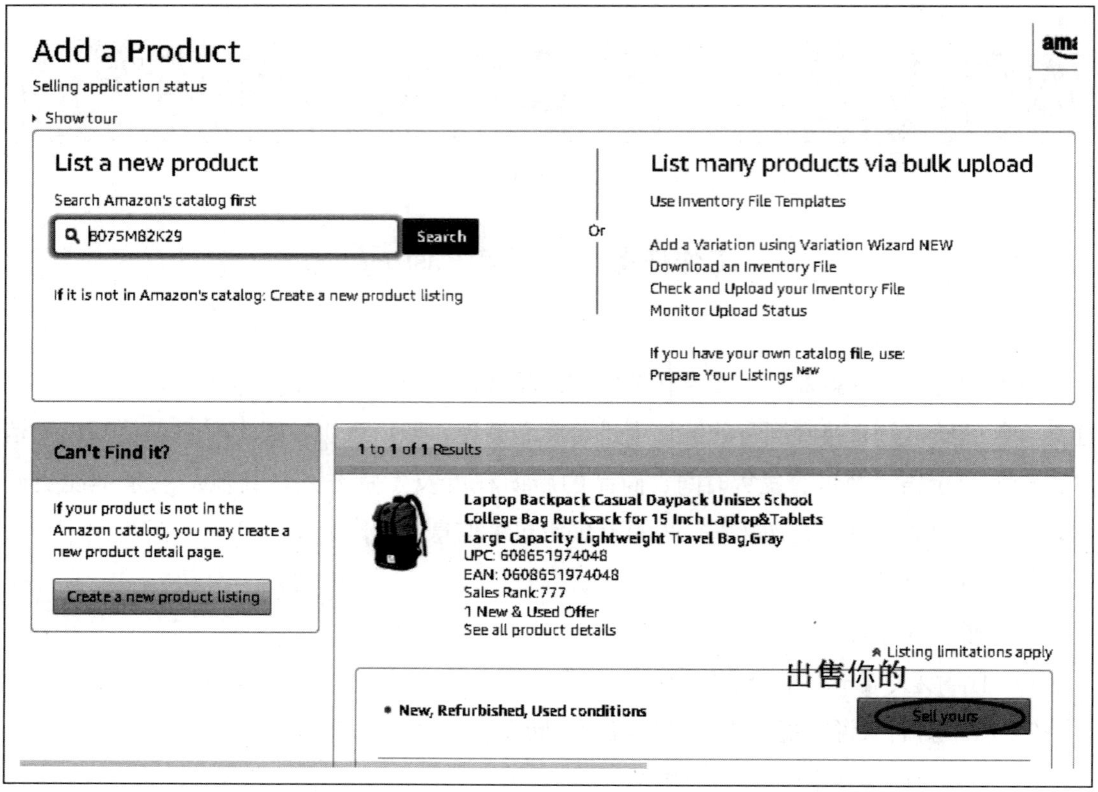

图 4－41

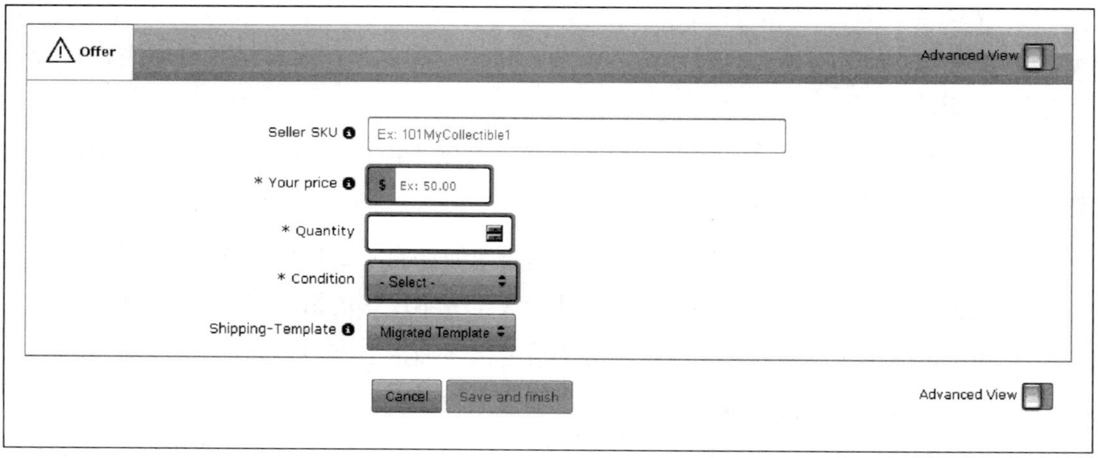

图 4－42

工作任务 4　A＋页面的创建

完成亚马逊品牌注册后，你可以根据以下步骤创建 A＋界面：

【步骤 1】卖家中心→广告→A＋页面，如图 4－43 所示。

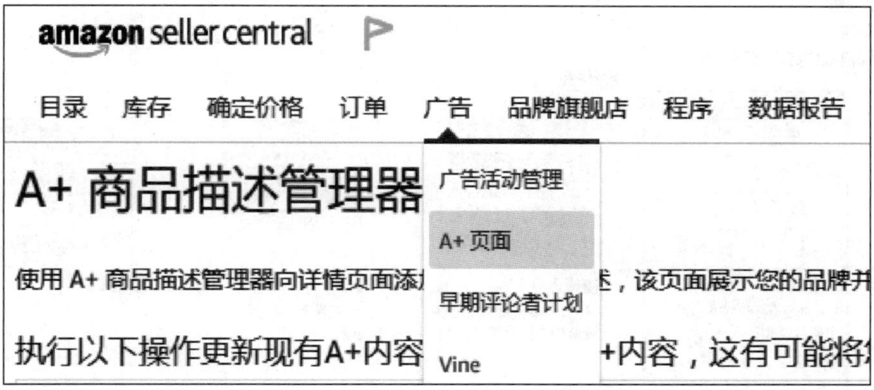

图 4－43

【步骤 2】 确定你创建的商品在申请亚马逊品牌保护的类别发布，没有使用 UPC 或 EAN，而是通过 GCID 创建。输入相关商品的 SKU，如图 4－44 所示。

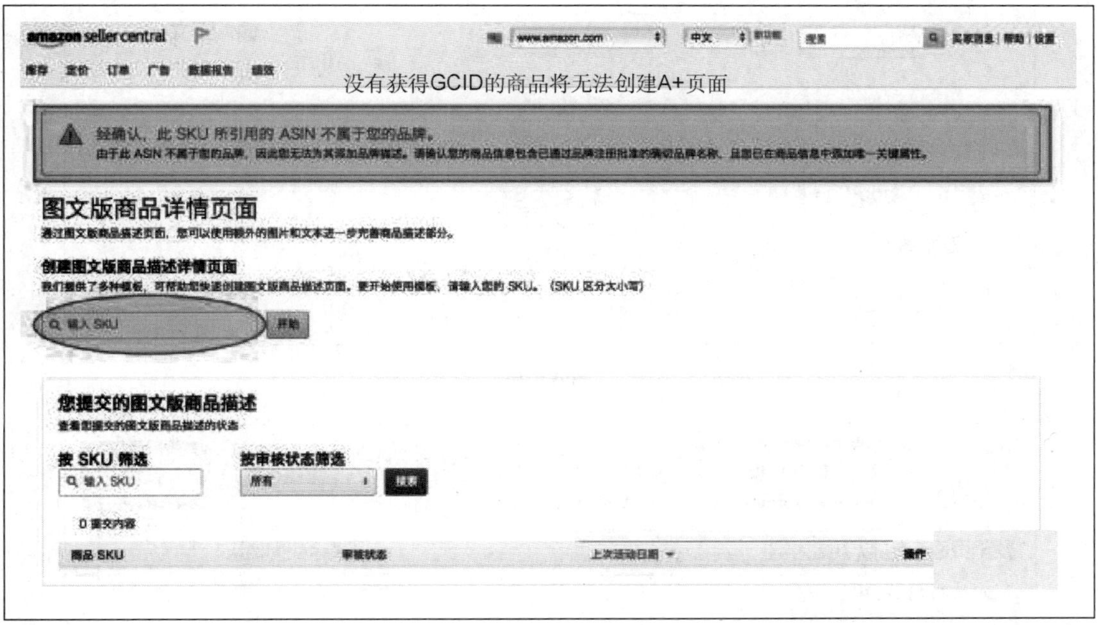

图 4－44

【步骤 3】 选择模板，顶部通栏图片和商品细节图片对于吸引买家注意力和提高转化率非常重要，所以在选择模板时建议大家考虑模板 2、3、4，如图 4－45 所示。

【步骤 4】 添加商品内容（注意文字与图片的搭配效果，不要图片太大、文字太少），如图 4－46 所示。

【步骤 5】 预览 A＋页面，如图 4－47 所示。

【步骤 6】 等待审核，如图 4－48 所示。

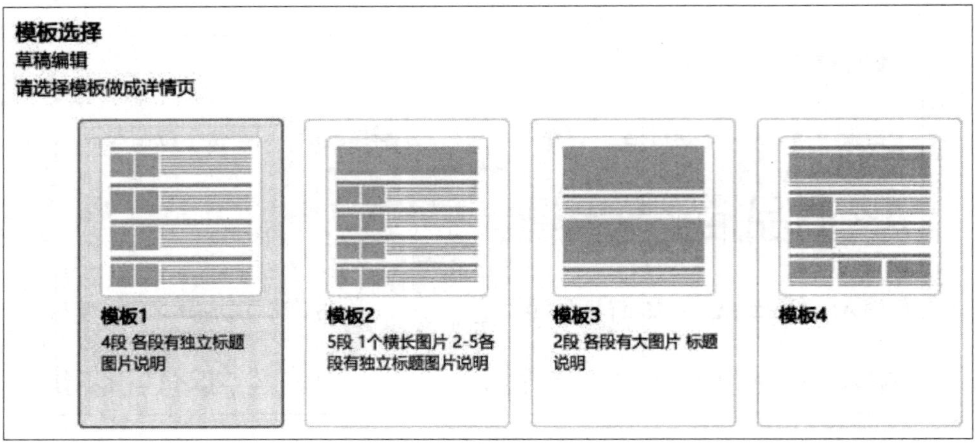

图 4－45

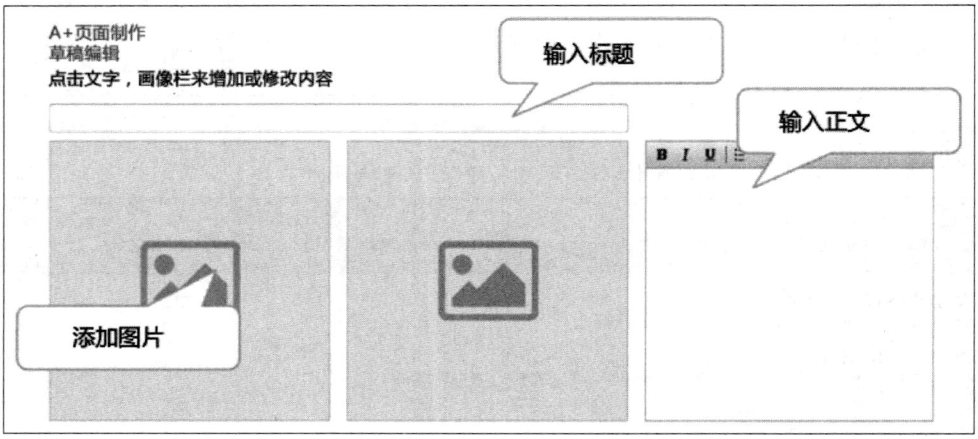

图 4－46

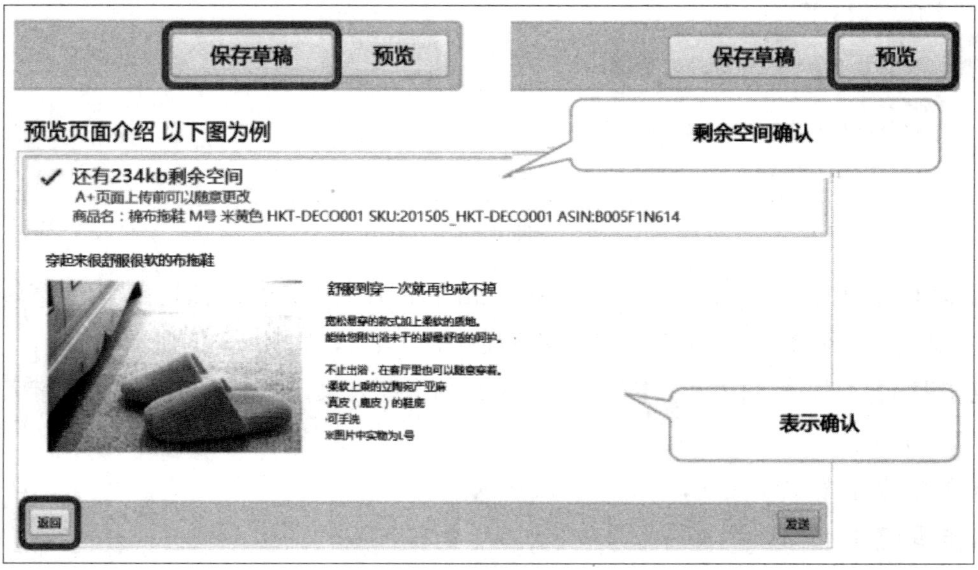

图 4－47

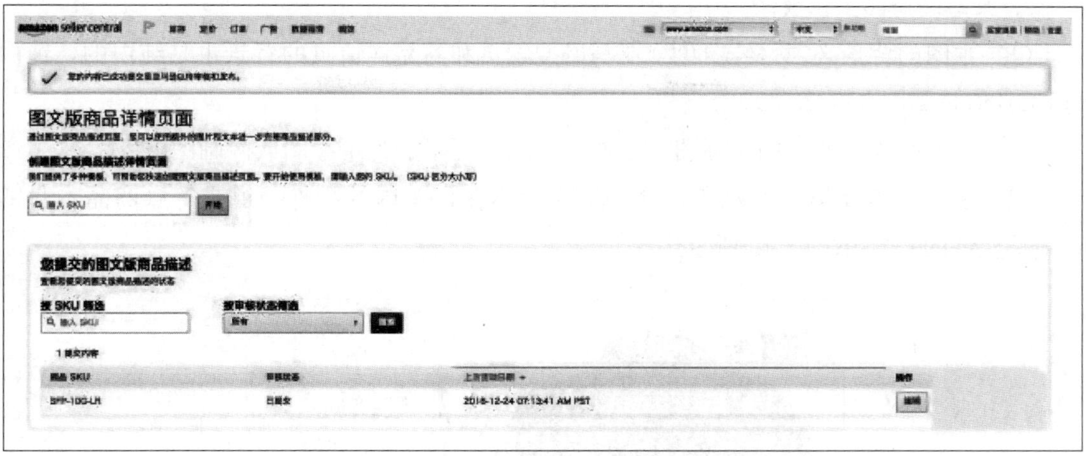

图 4-48

知识链接

通过上面的学习，我们了解了创建商品 Listing 的三种方法，接下来我们将从亚马逊图片要求、商品标题要求、商品五点描述、A+页面、UPC 要求及获取黄金购物车等方面告诉大家如何创建优质的 Listing。

一、亚马逊图片要求

在亚马逊平台，上传的商品图片分为主图和辅图。主图 1 张，辅图 8 张，共 9 张，但在商品界面直接展示的只有 7 张，其余 2 张需要点击图片界面查看。此外，有多个颜色选项的商品，还允许卖家额外上传一张颜色选择图（如果没有额外上传颜色选择图，则默认以主图作为颜色选择图）。考虑到大多数买家不喜欢点击图片查看界面，建议卖家将重要信息展现在主图和 6 张辅图上。

1. 亚马逊商品图片尺寸格式

（1）图片最长边至少为 1 000 像素。当图片的高度或宽度至少为 1 000 像素时，该图片具有缩放功能，买家能放大图片查看商品细节，这个功能具有增加销售量的作用。

（2）图片最短的边长（相对的宽或高）不能低于 500 像素，否则无法上传到亚马逊后台。图片太小，也不方便买家查看商品。

（3）建议主图与辅图尺寸一致，这样会比较美观。

（4）可以使用的图片的格式有 jpeg、tiff、gif，建议使用 jpeg 格式，这种格式的图片在上传时的速度比较快。

（5）当图片的横向和纵向比例是 1∶1.3 时，可以在亚马逊的网站达到最佳的视觉效果。

2. 亚马逊商品主图要求

（1）主图的背景必须是纯白色（亚马逊搜索页和商品详情页的背景也是纯白的，纯白的 RGB 值是 255,255,255）。

（2）主图必须是商品的实际图，不能是插图，更不能是手绘图或漫画图。

（3）主图不能带 logo 和水印，最好不要含不在订单内的配件、道具等（商品本身的 logo 是允许的），如图 4－49 所示。

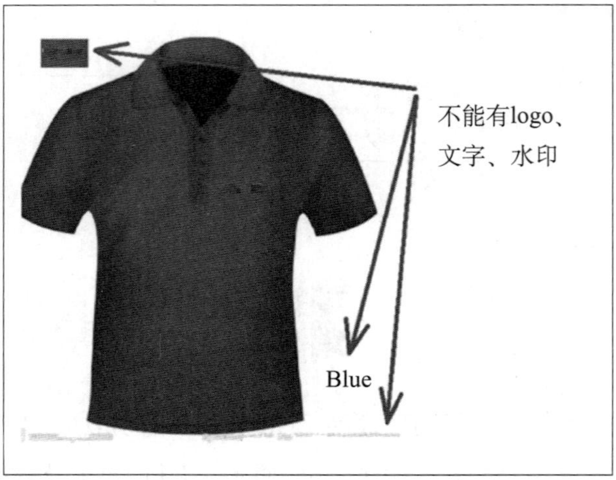

图 4－49

（4）主图中的商品最好占据图片 85%左右的空间。

（5）对于有变体的商品，父子商品都要有主图。

（6）商品必须在图片中清晰可见，需要显示整个商品，不能只有部分或多角度组合图。

（7）有些类目允许有模特（如内衣、袜子），而且只能使用真人模特，不能使用服装店里常用的模型模特。模特必须是正面站立，不能是侧面、背面、多角度组合图、坐姿等，主图模特身上不能有非售物品，如图 4－50 所示。

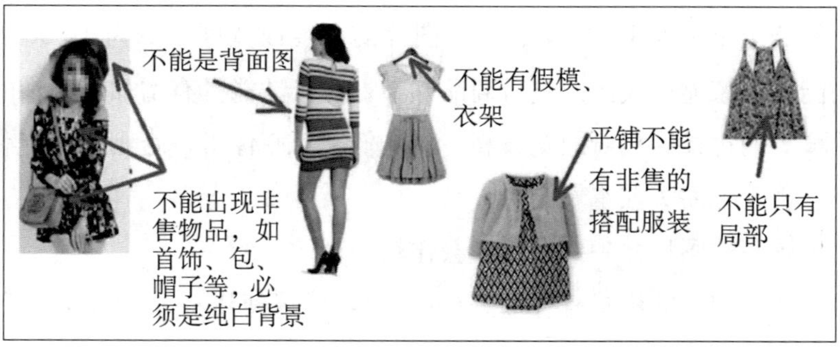

图 4－50

有些类目主图不允许使用模特，如 Bag、Jewelry、Shoes，如图 4－51 所示。

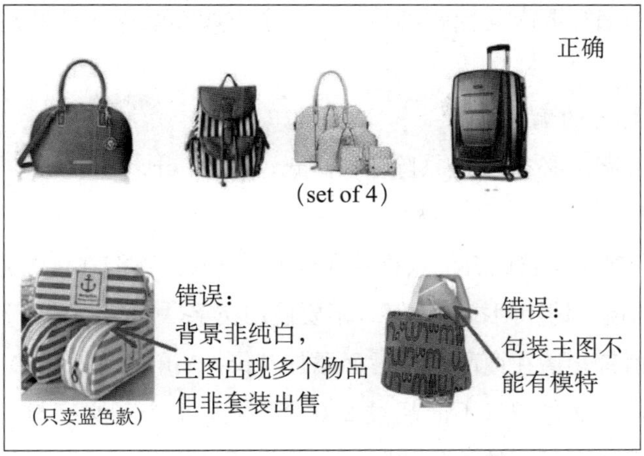

图 4－51

以下商品还要注意某些细节：鞋子的主图必须是单只鞋子的照片，最好是左脚朝左；穿在模特脚上的图片只能出现在辅图上，不能出现在主图上。耳环主图要成对出现；袜子单双卖须放单双主图，成套卖主图上可以出现所有套装中的袜子，但不能有卡纸。

（8）不能包含裸体信息。

（9）小部分家居装饰用品主图不强制一定要用纯白背景，如床上四件套、蚊帐、窗帘、沙发、墙挂画、灯等。这些商品主图可以用非纯白背景的情景图等。

3．亚马逊商品辅图要求

（1）辅图用以展示商品细节、其他面或搭配等。辅图应该对商品做不同侧面的展示、商品使用方式的展示或对在主图中没凸显的特性加以补充。亚马逊商品 Listing 中，卖家最多可以添加 8 张辅图。

（2）辅图最好也采用纯白的背景，但不做强制要求。

（3）辅图不能带 logo 和水印（商品本身的 logo 是允许的）。

（4）商品必须在图片中清晰可见，如果有模特，那么模特不能是坐姿，最好站立，须用真人模特，不能使用服装店里的模型模特。

（5）不能包含裸体信息。

最后，卖家还须注意，对于那些知名商品、卡通、影视形象等（包括 logo、品牌名称、设计、知识产权、版权、肖像权等），未经正规授权，不能私自盗用。同时要注意对原始图片信息的保存，不排除日后会有别的卖家恶意投诉你所使用的图片存在侵权行为。

二、亚马逊商品标题要求

在亚马逊商品上传过程中，卖家需要非常重视标题的书写和优化，这是因为一个优秀的标题是打造亚马逊爆款的重要因素，也是买家搜索到你的商品的直接流量来源。最大化地为商品引流，甚至可以促使买家做出正确、快速的购买行为。一个简单易懂的好标题涵盖关键词，决定了商品信息的展现率和点击率，从而增加流量和订单量。下面，我们分别从平台对商品标题的编写要求与标题编写技巧两个方面逐级深入地阐述优质标题的编写思路与方法。

1. 平台对商品标题的编写要求

（1）每个词的首字母必须大写（除了 a，an，and，or，for，on，the 之类的词），不能全大写或者全小写。

（2）不能有任何特殊字符或者标点符号（!，￥，&…）。不能在中文输入法状态下输入任何内容。如有数字描述，请用阿拉伯数字，不要使用文字，例如：要写 2 而不是 Two。

（3）如含批量销售，请在商品名称后面添加“pack of XX”。

（4）简明扼要，不能过长（不能超过 250 个字符，1 个英文字母、1 个标点或者空格都算作 1 个字符，实在写不下的放到“Search Term”里面）。

（5）标题首位是品牌名，如果是无品牌商品，请将首位的品牌写为你将来要做的品牌。

（6）不要出现过多的商品细节（多型号商品建议不超过 3 个型号），可以在描述或者商品特性中进行补充。

（7）不能有公司、促销、物流、运费或其他任何与商品本身无关的信息，例如“Free shipping”“2 days express delivery”“Best seller”“hot item”“latest design，new fashion”“Money-Back Satisfaction Guarantee”“Customizable please e-mail me your idea or design”“Please go to my website for more colors and more designs”“Please tell me your size”。

根据以上要求，我们列举一些标题案例帮助大家理解。需要注意的是，商品命名一定要避免侵权。

符合要求的优秀标题示例：

①Ultimate Ears Triple. fi 10 Pro Earphones（Gun Metal Blue）

②Generic phone case for Samsung S3（Black，pack of 2）

不符合要求的错误标题示例：

①New Replacement Li-lon Battery for IBM ThinkPad T40 T41 T41p T42 T43 R50 R50e Series Laptops（New 属于促销类的词汇，型号也过多）

②Generic Apple phone case for iPhone 4，iPhone 4s-XXx Battery，For IBM Thinkpad T40 T41 T42 T43 R50（iPhone 4s 属于侵权词汇）

2. 标题编写技巧

除了遵守平台规定的硬性要求以外，要完成一个合格的标题，还应该符合以下要求：

（1）善用关键词，创造高浏览量。在标题的设置中，关键词选择一定要精准。为了涵盖更多的搜索内容，标题中不妨加入相关度较高的宽泛关键词和长尾关键词。例如：Watches 是一个宽泛关键词，Men's Watches 是一个精准关键词，而 Men's Military Watches

(男人军用手表)是一个长尾关键词，随词语范围缩小，有进一步精准的趋势。收集整理这三类关键词，根据实际情况筛选最有效的关键词布局在 Listing 标题中。

(2) 品牌。亚马逊非常注重品牌，很多流量会向品牌卖家倾斜，这样也可直接防止品牌被人跟卖。虽然亚马逊之前一直强调重 Listing、轻店铺(现在也是重 Listing)，但有品牌的卖家可以对自己的店铺进行装修和编辑。

(3) 适用范围(能引导客户正确购买)。相对于 3C 消费电子商品来说，很多商品是有支持设备对象(兼容性)的。通常，支持设备用连接词 for，for 后面就是该商品所支持的相关设备。

(4) 商品特性。标题最后一部分写上商品相关的材质、尺码或颜色信息即可。丰富商品信息，可以提高买家对商品的认知度。

了解了基础技巧，如何使你的标题脱颖而出呢？我们提出以下建议：

①因地制宜。设置关键词要符合当地人的语言习惯，可以参考当地的门户网站，留意并了解他们的习惯用语，同时可以把买家的评论作为参考。

②快、准、狠。关键词是重中之重，通过站内搜索下拉框，研究竞争对手的标题，也可以使用分析工具——Google Adwords 来完成。

③简明扼要。注意突出卖点，让自己的商品与众不同，能站在消费者的角度思考问题。

④突出美感。卖点与关键词相结合，用逗号和括号分隔开，层层相扣，分别从侧面来展示，美感会大大提升。

如果你还是不清楚自己的标题是否需要优化，可以登录国外知名购物网站，借鉴符合外国人搜索习惯的商品标题，也不失为一种好办法。

三、亚马逊商品五点描述

亚马逊 Listing 中的商品五点描述(Bullet Points)的重要性仅次于标题，它的作用是在顾客被你的标题、图片、价格三个因素吸引进来之后，再次对商品加深了解。五点描述是否能够提供足够的信息给顾客，同时激发他们的购买欲望，对于销量的提升也是重要的一环。总之，五点描述的作用就是让顾客了解商品的功能、作用、各种规格，除了在描述过程中详细地说明商品包含的信息，还要考虑顾客的需求和痛点。

亚马逊对五点描述的要求是：每个商品特性不能超过 100 个字符，且不能有特殊字符。这一要求只影响新上架的 Listing，旧的 Listing 的五点描述超过 500 个字符是不会被强制更改的。

不同类的商品，五点描述写法有很大差异。可以写的内容包括商品的尺寸、功能、商品特性、用途、优势、材质、外观、设计结构、附加功能、如何使用等。第一个卖点应该是最能吸引顾客的点，直接与其他商品区分开来，激发顾客的购买欲。最后一个卖点一般写上促使买家放下顾虑、直接购买的句子。没什么可写的时候，可附上保质期、赠品等。

下面分享几个五点描述的写作技巧：

（1）善用标题放不下的关键词。标题字数有限，并不是所有的关键词都能顺利地放进标题里。如果手上有多余的关键词，不要浪费，可以巧妙地运用在五点描述中，让 Listing 获得最好的优化。

（2）五点描述要有可读性。可读性是指对商品要点可以一目了然，因为买家很少花太多时间仔细咀嚼每一个字，大多是随便看看的。根据外国人的习惯，简短且有重点的卖点描述既在视觉上让人感到轻松，也有条理，因此是很受欢迎的。

（3）开头字词使用大写英文更清晰。每一行的开头字词相当于小标题，买家可以经由开头大写字词快速知道每一行叙述的重点是什么，他们可以只关注自己想知道的要点，不需要全部看过，高效地获取重要信息。

（4）强调商品特性带给买家的好处。亚马逊只是简单告诉你，要点要写商品的特性。如果你想要尽可能地发挥五点描述的销售潜力，只写特性肯定不行。我们需要清楚了解怎样一步步优化商品特性以提高商品销售潜力：首先，列出商品的重要特性，这些特性通常包含重要的关键词。其次，思考并描述这些特性为什么重要，能带给买家什么样的好处，能解决什么样的问题。最后，以大写标示每行的重点标题，描述句加以修饰，顺便加一些关键词让五点描述变得更加完美。

四、亚马逊 A＋页面介绍

亚马逊美国站对通过品牌注册的第三方卖家开放了 A＋页面，这项所有卖家期待已久的功能将直接实现亚马逊页面转化率的飙升。要运用好 A＋页面，我们需要对它有足够的了解。

1. 什么是 A＋页面

A＋页面就是图文版商品详情页，卖家可以使用额外的图片和文本进一步完善商品描述部分。换句话说，如果你已经成功通过亚马逊的品牌注册，从现在开始就可以在你的商品描述页添加图片和文字信息了。A＋页面和普通页面效果分别如图 4－52 和图 4－53 所示。

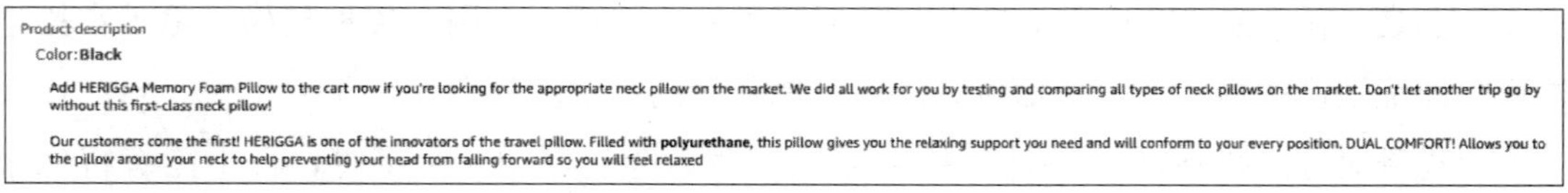

图 4－52

2. A＋页面对卖家的影响

A＋页面看上去简单，而实际上它对亚马逊的页面转化率影响很大。下面我们来看看 A＋页面的影响有哪些，以图 4－53 为例。

（1）亚马逊商品页面上以往没有人注意的商品描述（Product Description）变成展示品牌和商品优势的黄金位置；

（2）充分体现卖家的品牌、商品细节、公司理念等；

（3）A＋页面设置完成后非常美观，实际数据表明，带有A＋页面的商品转化率比普通商品高出40％以上；

（4）你会发现你的竞争对手突然都开始使用A＋页面了；

图4－53

3．获得A＋页面的前提

卖家获得A＋页面的前提是完成亚马逊品牌保护的注册。简单来说，亚马逊品牌保护需要符合以下条件：

（1）美国或其他国家递交商标的回执或证书；

（2）商品本身需要丝印商标，商品包装需要能够看到商品商标（特别注意：后期制作的图片将无法通过品牌注册）；

（3）自己的官网［能够显示你所拥有的商标、商品（也需要看到商标）、联系方式（和亚马逊后台联系方式一样）、完整的网站］；

（4）你自己的品牌名称、商品唯一识别标志（Model No.）；

（5）在亚马逊卖家中心提交的品牌注册的信息，如图 4 - 54 所示。

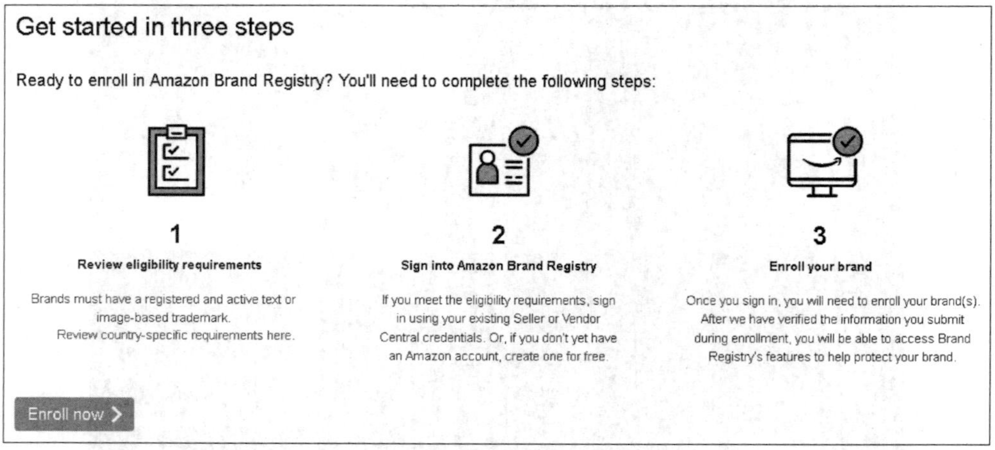

图 4 - 54

4. A＋页面被拒原因

当设置的 A＋页面递交后，亚马逊会在 7 个工作日内进行审核，并决定是否允许发布，但实际上，亚马逊一般在 2 个工作日便可以给出发布结果。然而，亚马逊的 A＋页面并不是很容易通过审核，问题出在哪里呢？我们把亚马逊A＋页面被拒的原因按照“文字表述”和“图像问题”一一列出来，希望大家避免。

（1）文字表述：

①介绍自己是卖家或分销商，并给出公司的联系方式；

②写有排他性文字，如“only sold by authorized resellers”；

③写有价格歧视性文字，如“cheapest on Amazon”；

④写有发货信息，如“free shipping”；

⑤图像中使用水印；

⑥写有煽动性促销语，如“Best Seller”“On Sale”；

⑦写有客户评价或其他广告语；

⑧写有商品保质期或返修条款；

⑨出现违法或违反道德的表述。

（2）图像问题：

①图像分辨率太低；

②图像中没有显示公司 logo 或商品；

③使用重复的图片；

④模仿亚马逊的图片或 logo；

⑤使用第三方图片或公司 logo；

⑥显示公司联系方式或网址；

⑦使用裸露、暴力图片。

五、商品上传中对 UPC 的要求

1. 亚马逊 UPC 及相关商品编码释义

在亚马逊平台，大多数商品只有具有商品编码（EAN、UPC 或 JAN）才能发布。创建和匹配商品页面所需的特定 GTIN（全球贸易项目代码）因商品分类而异，不过最常使用的是 UPC。

UPC（Universal Product Code）是美国统一代码委员会制定的一种商品用条形码，主要用于美国和加拿大地区，由于其应用范围广泛，故又被称为万用条形码。上传商品时使用没有证书的虚假 UPC 风险非常高，如果被投诉，除了下架商品 Listing 外，甚至可能被封账号。

此外，在亚马逊平台操作过程中，还会接触到 EAN、JAN、ASIN、GCID 等各种商品编码，这里一并做简要解释。

EAN（European Article Number）是在 UPC 的基础上确立的商品标识符号。EAN 是国际物品编码协会（GS1）制定的一种商用条形码，全球通用，分配给中国物品编码中心的前缀区间为 690～696，再由中国物品编码中心统一分配企业代码，商品代码则由制造商根据规定自己编制。标准 EAN 编码结构为：国家码（2/3 位）＋厂商码（5/4 位）＋商品码（5 位）＋校检码（1 位）。因为 EAN 是在 UPC 的基础上形成的，所以在技术上，EAN 系统的光电阅读器可以阅读 UPC 系统的条形码，而 UPC 系统的光电阅读器却不能阅读 EAN。

JAN（Japanese Article Number）是日本通用商品编码。JAN 和条形码类似，用以保证商品的质量与来源正当，JAN 主要在亚马逊日本站使用。

GCID（Global Catalog Identifier）即全球目录编码。如果亚马逊卖家在亚马逊平台进行品牌注册，品牌注册后，不再分配 GCID，但仍需购买 UPC 或 EAN。

ASIN（Amazon Standard Identification Number）是亚马逊自己的商品编号，由亚马逊系统自动生成，无须卖家自行添加。ASIN 相当于一个独特的商品 ID，在亚马逊平台上具有唯一性，同一个商品同一个 UPC 在不同站点对应的 ASIN 通常是一致的，即一个 ASIN 对应一个 SKU。在平台前端和卖家店铺后台都可以使用 ASIN 来查询商品。

一般情况下，如果是在亚马逊开店的卖家刊登了商品，ASIN 是平台生成的，所以就算是修改 Listing，ASIN 也不会变化。不过如果卖家创建的 Listing 与其他卖家的 Listing 是同一个商品且描述相似，那么 Listing 可能被合并，ASIN 也会跟着改变。

2. UPC 的获取渠道

目前，市面上获取 UPC 的方式归纳起来有三种：

（1）从亚马逊官方指定的供应商处购买，网址：www. barcodestalk. com。

（2）有一种条形码生成器，可以免费大量生产 UPC 或者 EAN，但是这样生成的条形码是没有证书且有很多是被用过的。申请全球开店时一定不能用，因为如果使用假的 UPC，一经发现亚马逊会取消开店申请资格，而且在申请的时候亚马逊也有可能需要卖家提供购买 UPC 时获得的证书。

（3）申请加入中国商品条形码系统。申请的时候需要营业执照注册号和组织机构代码，根据企业类型的不同费用也不一样。生产企业为人民币 3 000 元/2 年；集团公司为人民币 4 000 元/2 年；进出口公司为人民币 5 000 元/2 年。另外，还须加上条形码胶片研制费和软件费人民币 340 元，整个流程大概需要 2～3 周的时间。续费须在有效期满前的 3 个月内，续费也是 2 年一期，但是费用比申请时少了 1 000 元人民币的加入费。

3. UPC 的添加流程

不管是通过亚马逊后台单个添加新商品，还是通过上传库存文件模板批量发布新商品，都需要填写 UPC 商品编码。下面我们分别从这两种上传方法入手加以说明。

（1）添加新商品。添加新商品工具允许你逐一创建新的商品详情页和待售商品。在“库存”链接下，点击“添加新商品”。如果你搜索某款商品且在亚马逊的目录中找到此商品，系统将会自动为你输入 UPC 或 EAN，且你可继续创建你的待售商品。如果你创建新的商品详情页，则可在完成商品分类后，在“将此商品添至我们的目录”页面输入 UPC 或 EAN。

（2）库存文件模板导入。库存文件模板可让你使用预先设定格式的电子表格输入多个商品的数据，然后向亚马逊上传填写完毕的文件。亚马逊将使你的数据与目录中的现有商品匹配；如果未找到匹配项，则会创建一个新的商品页面。准备库存文件模板时，请在以下两个字段中输入 UPC 数据：

①商品编码：商品的唯一编码，实际为 UPC（12 位数）或 EAN（13 位数）。

②商品编码类型：商品编码字段中输入的唯一编码的类型，UPC 或 EAN。

注意：根据你使用的模板，这些字段的名称可能稍有不同。例如：你的模板可能具有“standard-product-id”或“StandardProductID”字段，而不是“product-id”字段。

六、获取黄金购物车

对于在亚马逊平台上经营的卖家而言，黄金购物车是一个非常熟悉的词汇。据不完全统计，有82%的亚马逊交易是通过黄金购物车实现的，黄金购物车一词自然也是名副其实的。当然，这也意味着拥有黄金购物车的Listing卖出商品的概率要远远高于其他普通Listing，因此占据黄金购物车对卖家来说相当于更多的订单成交可能性。那么，什么是黄金购物车？如何获得黄金购物车？接下来我们一探究竟。

1. 什么是黄金购物车

购物车的英文名是Buy Box，位于每个商品页面的右上方，如图4-55所示。对于有多个买家跟卖的商品，排名第一的Buy Box称为黄金购物车。拥有黄金购物车意味着，当买家点击购买时，默认购买的就是我们的商品。简而言之，黄金购物车能使商品获得最大限度的曝光，是提升卖家业绩的最佳帮手。在亚马逊平台同质化竞争日趋激烈的背景下，拥有黄金购物车，就意味着收获大量的订单。

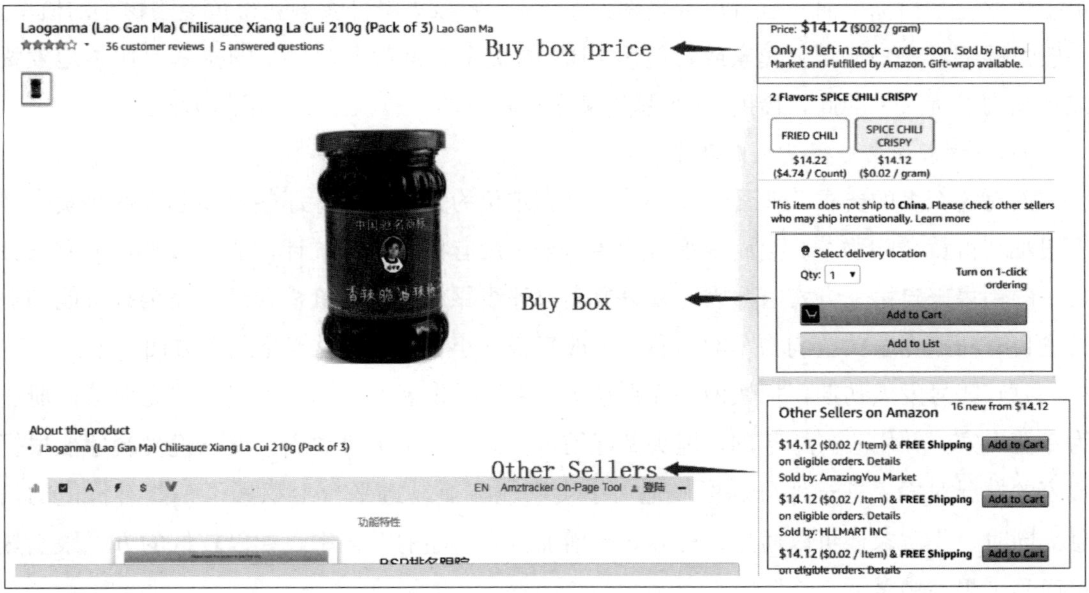

图4-55

鉴于黄金购物车如此重要，亚马逊平台并没有将它固定给某个卖家。为了提高卖家的整体竞争力，更为了给用户带来更好的购物体验，亚马逊把黄金购物车共享给众多卖家。

2. 黄金购物车对卖家的要求

对每个小卖家而言，尽早获得黄金购物车自然大有裨益，但黄金购物车对卖家同样有一系列要求。亚马逊会通过一套考核指标来判断黄金购物车的归属权，考核指标包括是否是专业卖家、是否使用FBA发货、账户表现是否合格、价格是否有竞争力等。一旦其中某项指标发生恶化，黄金购物车的归属权可能就会从一个卖家手中流向下一个符合标准的卖家手中。在这里，我们为大家归纳一下黄金购物车的各项主要要求：

（1）想要获得黄金购物车，你必须是专业卖家。很多为了节省费用而降级为个人卖家的用户是无法获得黄金购物车的。

（2）商品必须是新品，同时价格要有竞争力。很多小卖家为了跟卖其他销量好的商品而将自己的商品状态改为“二手”，这样是无法获得黄金购物车的。

（3）商品价格如果较高，在竞争黄金购物车的时候会处于劣势。

（4）商品必须有库存。由于黄金购物车可能给商品带来巨大的销量，如果库存不足，获得黄金购物车的直接结果就是你的库存瞬间清零，而这会直接导致用户的购物体验快速下降。因此亚马逊的内在规则就是不会把黄金购物车给予一个库存量不多的卖家。

（5）亚马逊对于黄金购物车的考核要求还与卖家的账户表现是否合格有关。目前，黄金购物车要求卖家的亚马逊账号必须运营至少两个月以上，有一定销售记录，且拥有较高的卖家等级，同时从配送方式、运输时间、订单缺陷率、买家的评价分数和数量、卖家的反馈时间等信息来综合判定卖家的账户表现。例如：订单缺陷率包含索赔率、差评率、退单拒付率三个指标，而一旦订单缺陷率大于1%，将极大降低卖家获得黄金购物车的概率。一般情况下，亚马逊自营卖家或者使用FBA的卖家获得黄金购物车的概率要比本地发货或者国内发货大。因此，借助FBA赢得黄金购物车的归属权是个不错的选择。

3. 小卖家如何赢得黄金购物车

面对这么多的要求，亚马逊又将自有商家定位为完美商家，那些从零起步的小卖家似乎很难获得黄金购物车。然而困难虽然多，未尝没有机会，据统计，亚马逊平台上有三分之一的销售来自第三方卖家。因此，只要卖家评级靠前，并且价格合理，完全有可能和亚马逊自有商家竞争黄金购物车的归属。一般来说，小卖家可以从以下几个方面下手：

（1）账号发展初期，加快做好商品销售。在账号发展的初期，小卖家首先应该注册成为专业卖家，并用心打好基础，埋头做好销售。只有有了销售数据，亚马逊平台才能根据卖家的情况对卖家进行评分。慢慢地，小卖家就在亚马逊平台上积累了一些有价值的信息。同时，小卖家还可以通过各种方式来增加自家商品的曝光率，如以较低的方式跟卖热销商品来提高销量。

（2）保证商品品质，用心提升考核指标。除了销量，小卖家还应充分重视各项账号考核指标。在订单缺陷率方面，小卖家要在保证商品品质的同时，及早回复买家的邮件，积极提升买家的购物体验，尽力提高买家的好评率和评价数。在物流方面，小卖家应更多地使用FBA发货，这既能确保物流的效率，也有利于提高平台对卖家账户安全性和可靠性的评分，而且利用FBA发货的曝光率和成交率都要普遍胜于国外本地发货或者国内发货。

（3）发挥价格优势，巧妙使用优化工具。通常而言，价格在黄金购物车的归属权竞争中有着非常重要的影响，尤其是在低端商品中，价格和黄金购物车的联系非常密切。因此，如何发挥价格优势，巧妙使用优化工具，便成为小卖家在竞争黄金购物车环节中的必修课。

①手动调价。手动调价是亚马逊卖家通过后台手动更新价格的办法，主要适用于一些数量极少的高净值商品或者一些由厂商定价的商品。虽然手动调价非常简单，反馈也及时，但工作量不小，效率也低，不适用于所有商品。

②规则调价。规则调价针对同类型竞争对手，即将自有利润低或者竞争力弱的商品设置一个价格来击败市场上的同类型最低价商品。但这种方式只考虑了竞争对手的价格，忽略了其他重要指标，尤其是利润指标。

③工具调价。工具调价是最值得每个小卖家采用的办法。工具调价将每个能够影响黄金购物车的变量都考虑在内，然后为小卖家提供一个最适合的价格。这种方式一方面保证了小卖家能够赢得黄金购物车，另一方面确保了小卖家拥有合理的利润空间。

知识拓展

亚马逊品牌注册解析

1. 为什么要进行品牌注册

(1) 保护品牌，防止跟卖，对商品 Listing 拥有更多的控制权。很多人会跟卖热门的 Listing 以增加自身 Listing 的曝光及流量。当跟卖的卖家级别较高且其黄金购物车占有率比较低的时候，跟卖的卖家就会获得商品编辑权，可以更改商品详情页信息。如果卖家预先进行品牌注册，就可以有效防止跟卖及商品信息被篡改。

(2) 获得更多商品 A+页面编辑权。以前，只有大卖家才可以在详细描述这个模块插入商品图片等信息，其他卖家只能有文字描述。现在，如果品牌注册成功，中小卖家也可以在详细描述里插入商品图片，享有商品 A+页面的编辑权。

2. 品牌注册需要准备的资料

(1) 已注册的品牌（目前仅接受Ⓡ标即有商标注册证书的品牌，不接受品牌注册受理通知书）。

(2) 品牌的官网（展示商品品牌、价格和公司信息的独立网站，不接受第三方购物平台上的店铺链接）。

(3) 带商标的商品图片和外包装图片。

3. 品牌注册的步骤

(1) 登录卖家中心，在搜索栏中输入“Brand Registry”并按回车键，会出现一系列的搜索结果，点击“Brand Registry”链接进入，如图 4－56 所示。

(2) 点击进入“Brand Registry”界面后，点击“Apply for Brand Registry”进入下一步，如图 4－57 所示。

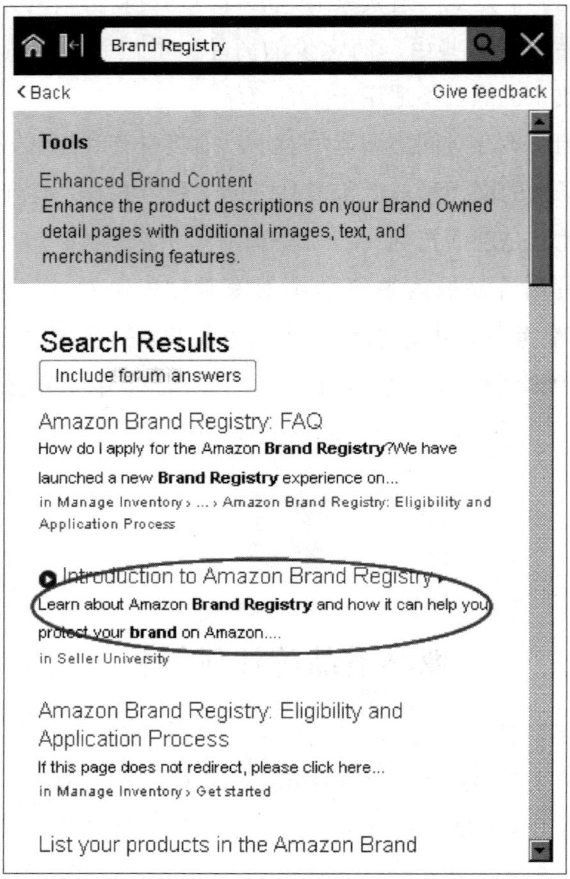

图 4-56

图 4-57

(3) 进入“Amazon Brand Registry Application”界面后，按照所需要求提供材料(品牌名带 logo、商品图片带 logo、商品包装图片、公司网站地址)，如图 4-58 所示。

(4) 点击“Submit”提交申请。提交成功后，亚马逊会提示你已经成功提交。一般亚

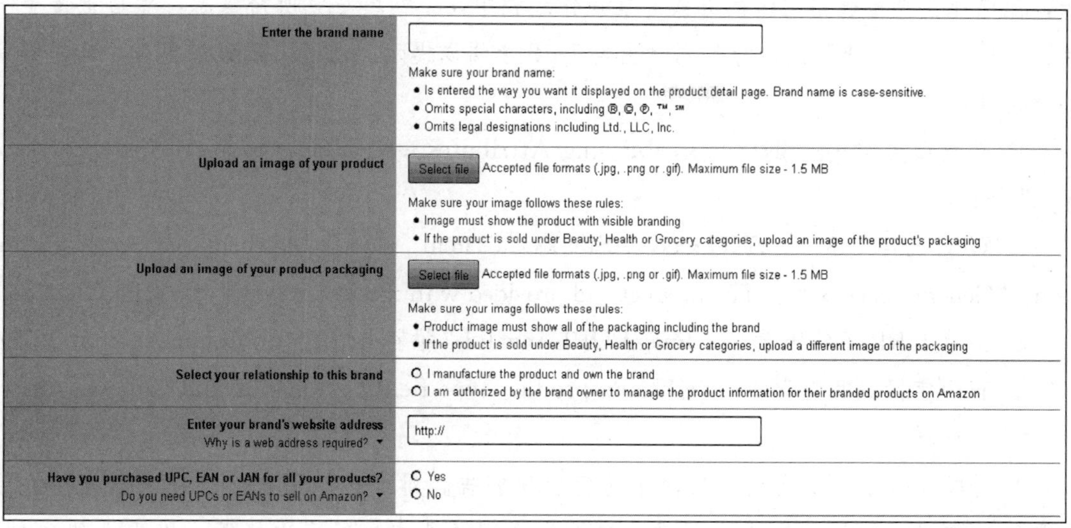

图 4-58

马逊会在1～3个工作日内在后台回复，卖家只需时刻注意并及时跟进即可。

4. 品牌注册注意事项

印有品牌的商品包装图、品牌印在商品上的商品图和品牌网站这三项非常值得注意。

在图片方面，要求图片小于1.5M，拍照时至少准备2～3张不同角度的图片，要求logo、商品均清晰。如果logo是后期PS上的或者背景颜色是在后期处理的，被亚马逊检测出来是不予通过的。

网站用来验证你是否有资格进行品牌验证，如果因为网站资料不符而导致未通过（一般不通过的话，亚马逊会提示不符合的原因），就要检查有没有做到提交这样的网站：以及品牌名为后缀的全英文品牌网站，网站里有展现公司描述、地址、联系电话、联系邮箱及品牌logo等的信息，商品标题以品牌名作为开头，并有购买按钮。

需要特别注意的是，国际商标具有地域保护性。申请注册国内的商标，虽然能够在亚马逊上进行品牌注册，但是不受平台在销售国保护。例如：你用中国商标来注册亚马逊美国站的店，如果有人跟卖你的商品，那么你发起的投诉是无效的；然而，如果有人在美国抢注了你的商标，可以反过来投诉你侵权。所以，在做品牌注册的时候，最好在国内和销售国都注册自己的品牌商标。

经典实例

耐心试错，熟能生巧

某公司员工小刘需要上传一款服装商品，由于服装的颜色和尺码比较多，为了便于上传，他选择了批量表格上传的方式。在操作过程中，小刘填写完所需信息，然后上传至平台，上传了 12 个 SKU，但与此同时出现了 12 个错误提示。通过下载错误报告，其了解到如下错误：

1. 必填项为空——SKU xxx，Missing Attributes...A value is required for the “item-type” field；

2. UPC 已经使用——SKU xxx，ASIN xxx（“item _ name” Merchant：“xxxxxx” /Amazon：“Generic xxxxxx ”，The product _ id provided with xxx corresponds to ASIN XX)；

3. 图片 URL 不能下载——Image URL invalid（推荐 http://photobucket. com/)；

4. 正规字段填写错误——SKU xxx product type field contains invalid value；

…………

小刘根据提示一一更改后再次上传仍出现警告。对于这些警告，小刘采取直接去后台更改的方式，通过后台操作可以清楚地发现问题所在。经多次修正，终于上传成功，小刘对上传的 SKU 进行了进一步的优化操作。对于初次操作的新人，需要足够的耐心去不断试错，只有这样才能确保操作的熟练度与准确度，最终达到节约时间成本的目的。

跟卖的利害权衡

某公司王总对于亚马逊了解甚少，看到别人通过亚马逊赚了很多钱，通过打听得知亚马逊上有一种跟卖的销售方式不需要懂英语和平台也可以销售自己的商品。之后，王总开始尝试跟卖。仅仅三个月时间，商品月销售额就达到了数十万美元。后来，跟卖的人越来越多，王总只能跟别人拼价格。与此同时，王总也发布了自己的新品去带动，但仍未放弃跟卖。大半年过去了，王总的店铺销售额暴涨，商品排名也上升到了大类目排行的前几位，同行被跟卖的 Listing 也被打造成爆款。

看到丰厚的利润，王总想大赚一笔，所以大量铺货到亚马逊。但是刚铺完货，店铺就被投诉导致关停。一夜之间，王总所有的付出化为乌有。跟卖虽可走捷径，但也有风险，须谨慎操作。

能力实训

一、不定项选择题

1. 关于上传商品时使用到的 UPC/EAN，以下理解正确的是。（　　）

A. 同一个 UPC/EAN，可以用于同一个父商品下面的不同 SKU

B. 同一个 UPC/EAN，只能用于一个 SKU

C. 同一个 UPC/EAN，可以用于非同一个父商品下面的不同 SKU

D. 之前上传的商品下架了，可以把下架商品用过的 UPC/EAN 拿来再上传新品

2. 创建父子变体时，下面哪种批量上传的模板里的填写方法是正确的？（　　）

A.

Seller SKU	Product Name	Parentage	Parent SKU	Relationship Type	Variation Theme
item_sku	item_name	parent_child	parent_sku	relationship_type	variation_theme
JAPP1	ANMYE Womens Clothes Fashion	Parent	JAPP1		SizeName
JAPP1-001	ANMYE Womens Clothes Fashion Black M	Child	JAPP1	Variation	SizeName
JAPP1-002	ANMYE Womens Clothes Fashion Black L	Child	JAPP1	Variation	SizeName

B.

Seller SKU	Product Name	Parentage	Parent SKU	Relationship Type	Variation Theme
item_sku	item_name	parent_child	parent_sku	relationship_type	variation_theme
JAPP1	ANMYE Womens Clothes Fashion	Parent			SizeName
JAPP1-001	ANMYE Womens Clothes Fashion Black M	Child	JAPP1	Variation	SizeName
JAPP1-002	ANMYE Womens Clothes Fashion Black L	Child	JAPP1	Variation	SizeName

C.

Seller SKU	Product Name	Parentage	Parent SKU	Relationship Type	Variation Theme
item_sku	item_name	parent_child	parent_sku	relationship_type	variation_theme
JAPP1	ANMYE Womens Clothes Fashion	Parent	JAPP1	Variation	SizeName
JAPP1-001	ANMYE Womens Clothes Fashion Black M	Child	JAPP1	Variation	SizeName
JAPP1-002	ANMYE Womens Clothes Fashion Black L	Child	JAPP1	Variation	SizeName

D.

Seller SKU	Product Name	Parentage	Parent SKU	Relationship Type	Variation Theme
item_sku	item_name	parent_child	parent_sku	relationship_type	variation_theme
JAPP1	ANMYE Womens Clothes Fashion	Parent	JAPP1		SizeName
JAPP1-001	ANMYE Womens Clothes Fashion Black M	Child	JAPP1-001	Variation	SizeName
JAPP1-002	ANMYE Womens Clothes Fashion Black L	Child	JAPP1-002	Variation	SizeName

3. 下面哪个主图是合格的？（　　）

A. 上衣的主图

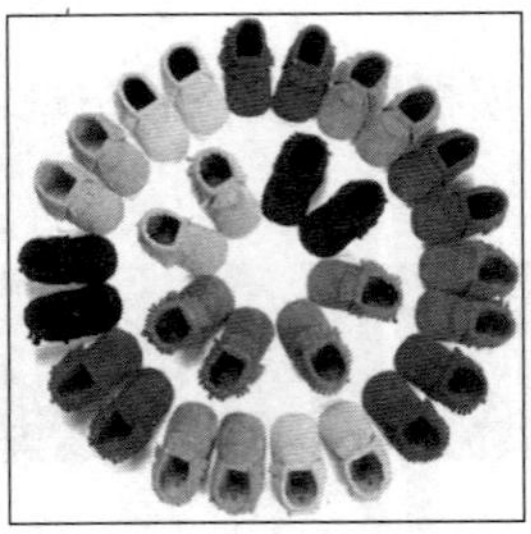
B. 鞋的主图

C. 台灯的主图

D. 鞋的主图

4. 在上传一个 Listing 时，以下标题中正确的是（　　）。

A. YERAN Women's Men's Children's LED shoes Light Fashion Sneaker Free Shipping

B. YERAN Women's Men's Children's LED shoes Light ＄50 Fashion Sneaker

C. YERAN Women's Men's Children's LED shoes Light Fashion Sneaker

D. YERAN Women's Men's Children's LED shoes Light 10% off Fashion Sneaker

5. 以下关于 UPC、SKU、GCID、EAN 的说法，不正确的是（　　）。

A. UPC 卖家可以随意编辑并上传商品

B. SKU 是卖家为了在亚马逊上销售自己编辑的号码

C. 注册了品牌并在亚马逊上注册之后可以直接用 GCID 上传商品

D. EAN 码在 www. barcodestalk. com 官网上购买，供欧洲站点使用

6. 上传商品到美国站点，可以通过后台哪些方法查找商品的分类路径（Item Type）?（　　）

A. 在 Help 界面搜索分类树指南（Browse Tree Guide/BTG）

B. 在“添加新商品”的“浏览你的商品分类”里查找

C. 商品分类器

D. 以上方法都不对

7. 创建新商品 Listing 时，除了必要内容外，其他一些内容也十分重要，需要添加。以下哪些内容也是必须填写的?（　　）

A. 商品描述（Product Description）

B. 搜索关键词（Search Terms）

C. 商品特性（Key Product Features）

D. 主图（Main Image），父商品也要添加

8. 关于在后台单个创建商品（Add a Product），以下说法正确的是（　　）。

A. 创建父商品时，上传的图片是给父商品的图片

B. “保存并完成”（Save and Finish）的按键须等全部带红色“*”号标志的内容填完后，才会显示为可点击状态

C. 在上传 Listing 时，可以随便选择商品的类目，只要能上传成功就可以

D. 子商品的图片需要创建完父子变体后，到“管理库存”（Manage Inventory）界面中，点开每个子商品后面的“编辑”（Edit），逐个添加

9. 用批量上传模板可一次性上传大量商品的 Listing，快速且便捷。以下关于批量上传的说法正确的是（　　）。

A. 批量上传模板中，所有红色“required”的字段为必填字段

B. 填好的批量上传模板须保存为“文本文件（制表符分隔）”格式上传

C. 须到相应后台下载相关品类的批量上传模板标准版 Excel 模板（Flat File，Standard）填写，不同站点模板互不通用

D. 如果上传有报错，须下载“批量上传结果报告”（Processing Report）查看上传错误的原因

10. 关于跟卖，下面说法中错误的是（　　）。

A. 价格、新旧状态相同，可以跟卖

B. 为了带来更多的流量，可以跟卖大品牌

C. 商品名称、型号、材质都相同，包装盒不同，不影响商品使用，可以跟卖

D. 同一个供应商供货，有该品牌商品正规销售权限，可以跟卖

二、简答题

1. 商品分类的方法有哪几种？

2. 商品上传的方法有哪几种？

3. 后台自建 Listing 的步骤是怎样的？

4. 批量表格自建 Listing 的步骤是怎样的？

5. 上传 Listing 主图的要求有哪些？

6. 什么是跟卖？请列举跟卖的优缺点及风险。

三、实操题

运营人员通过亚马逊后台完成商品信息上传。

学习情境五

亚马逊营销推广

知识目标

- 了解亚马逊站内促销方法
- 了解广告的运行思路和开设方法
- 了解秒杀活动的申报要求和方法
- 了解站外营销推广渠道

技能目标

- 掌握亚马逊站内促销的操作设置
- 掌握开设广告的操作技巧
- 掌握申报创建秒杀活动的方法

结构导图

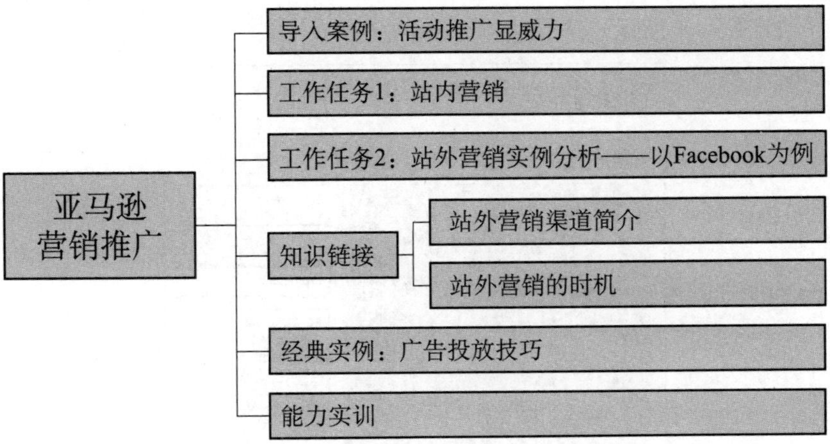

导入案例

活动推广显威力

创业者小王主要经营油画商品的进出口贸易。近年来，传统贸易利润下滑严重，小王也做起了 B2C 的生意，打入美国亚马逊市场。小王的油画风格简约，主要是印刷的连幅的版画，商品特色也不是非常明显，因此新商品上架后很快就被淹没在亚马逊无数的商品当中。通过前台搜索，在前 20 页小王根本找不到自己经营的商品，整整三个月店铺毫无起色。着急的小王四处求教，最终决定报名参加亚马逊的站内秒杀活动。根据秒杀活动的报名要求，小王降低售价，准备好最低要求库存量后申请了秒杀活动。一场秒杀下来，虽然利润不算高，但是订单有了起色，也带来了一些自然流量。小王总算看到了希望，当即决定再报名两场秒杀活动。皇天不负有心人，三场秒杀活动之后，小王的商品排名逐渐上升到亚马逊的前几页，订单自然多了，账号稳步运转起来了。

因此，合理使用营销推广手段能使商品销售达到事半功倍的效果。

工作任务 1　站内营销

目前，亚马逊站内营销主要包括以下四种方式：站内促销活动推广、点击付费广告（CPC）推广、秒杀活动推广、优惠券等。

需要说明的是，参加以上站内营销活动的前提条件是 Listing 中必须有添加到购物车（Add to Cart）按钮。

【方式 1】站内促销活动推广

无论做何种促销活动，必须先建立促销商品列表。促销商品列表即选择需要参与促销活动的商品，可以按照 SKU 列表、ASIN 列表、浏览分类节点编号列表、品牌名称列表或高级商品列表，通常建议使用 SKU 列表或 ASIN 列表。商品名称和促销识别名称可自行编写，名称便于卖家后期识别即可，对参与活动的商品数量无限制，点击提交即生成促销商品列表，如图 5－1 所示。

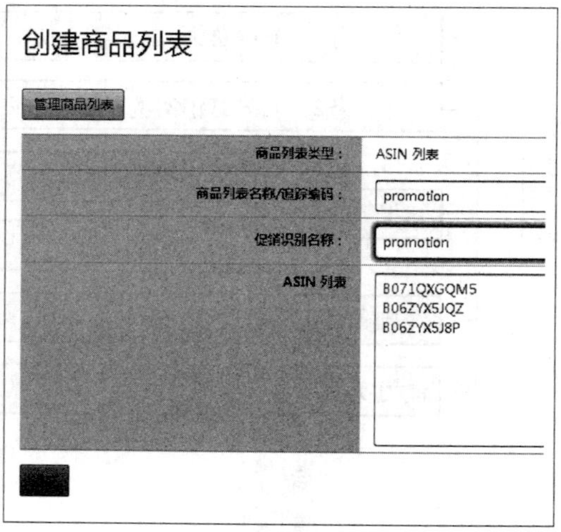

图 5－1

1. 创建促销：免运费（仅限自配送商品）

免运费促销方式，即对所有或部分商品提供免运费服务。需要注意的是，为部分商品设置限时免费送货服务不会影响黄金购物车，但如果为全店铺设置免运费促销，可能影响黄金购物车。设置流程如下：

（1）填写买家需购买的商品数量，至少 1 件，选择已创建的促销列表中的商品，如图 5－2 所示。

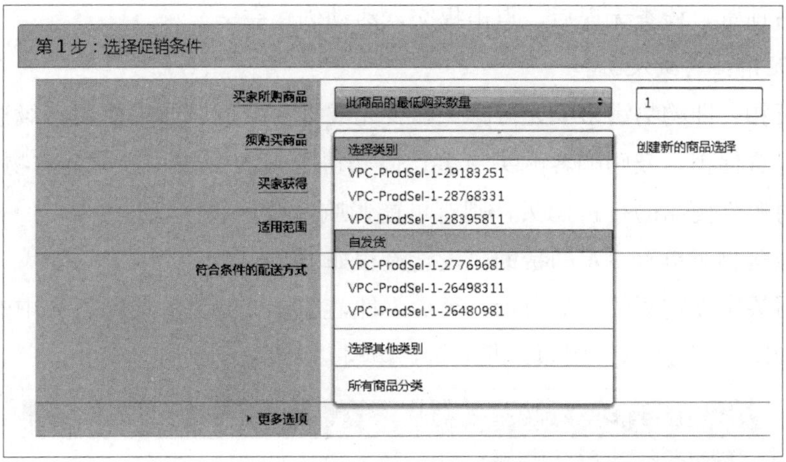

图 5－2

（2）设置促销活动的起止时间，输入促销识别名称，如图 5－3 所示。

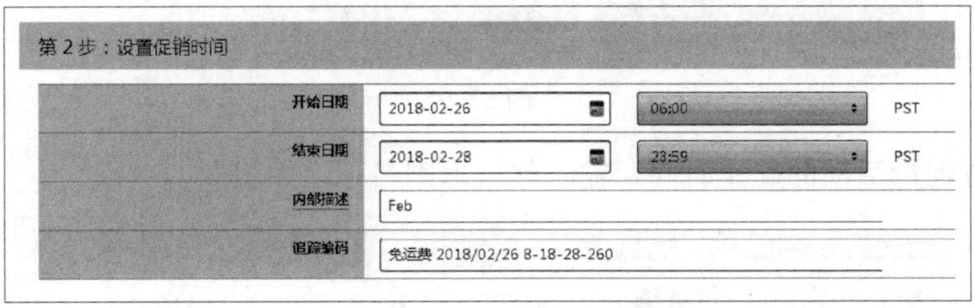

图 5－3

（3）确定本次促销活动是否面向全部买家，是否需要使用优惠券。通常，设置免运费的活动建议不设优惠券。勾选“在商品详情页面显示文本”（文本模板通常使用默认的文本，也可以自由编辑），即公开显示该促销活动，让所有买家都可以看到该商品是免运费的，如图 5－4 所示。

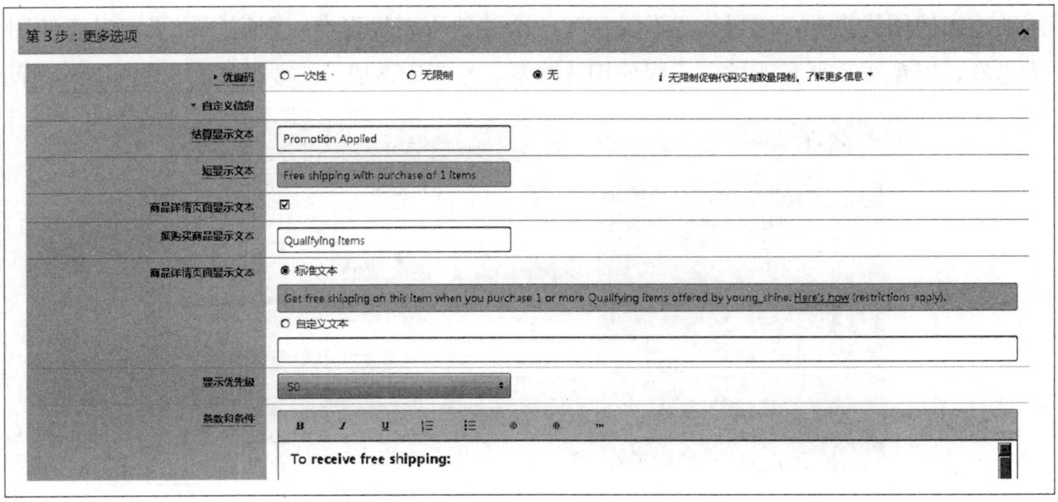

图 5－4

（4）点击预览，检查无误后，点击提交，活动创建完毕。

2. 创建促销：满减及折扣

满减及折扣，即购物满多少元可减免多少元或打多少折。如果使用高级选项，通过分级折扣结构设置促销，鼓励顾客购买更多，以获得更大的折扣，对黄金购物车没有影响；如果要设置对单件商品的打折购买，则有可能影响黄金购物车，这种影响一般是正面的，对于抢占黄金购物车也有一定的帮助。设置流程如下：

（1）填写买家需购买的商品数量，至少1件，选择已创建的促销列表中的商品，填写减免折扣，如图5-5所示。例如：九七折，填写“3”。

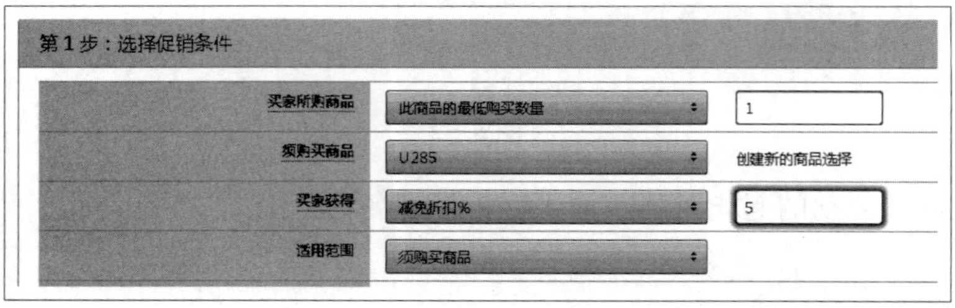

图5-5

（2）设置促销活动的起止时间，输入促销识别名称，如图5-6所示。

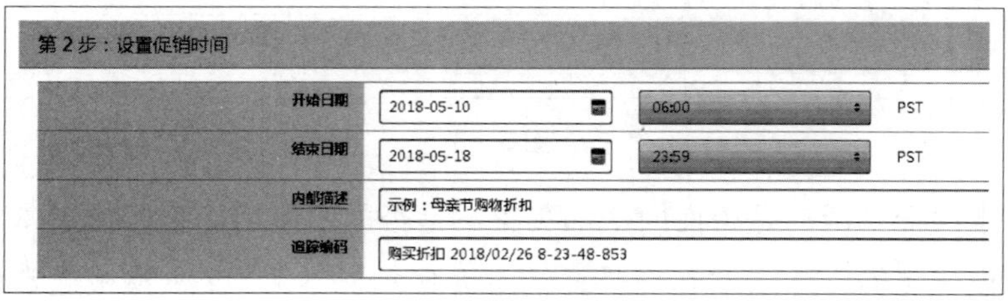

图5-6

（3）确定本次促销活动是否面向全部买家，是否需要使用优惠券。通常，设置满减的促销活动建议使用优惠券，选择优惠券类型为一次性独用型优惠券，限定每位买家只能使用一次优惠券，以免买家恶意竞拍，无限使用优惠券，给卖家造成不必要的损失，如图5-7所示。

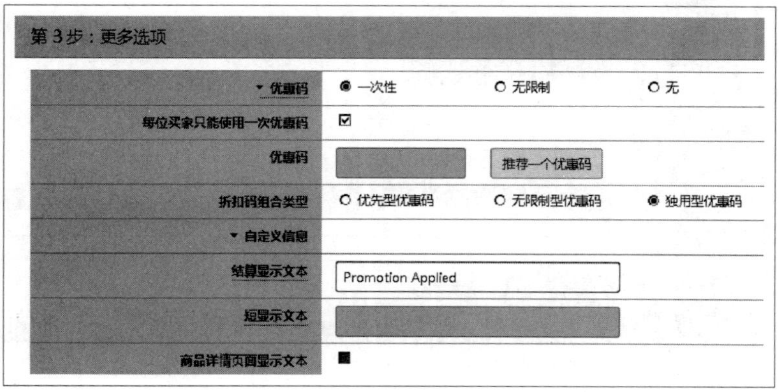

图5-7

（4）点击“预览”，检查无误后，点击“提交”，活动创建完毕。

3. 创建促销：买赠

买赠，即买一赠一（买一赠多）。这种促销优惠既可以用来提升现有商品的销量，也可以推广新品，还可以用来清理库存。设置流程如下：

（1）填写买家需购买的商品数量，至少 1 件，选择已创建的促销列表中的商品，输入将作为赠品的商品的 ASIN，如图 5－8 所示。

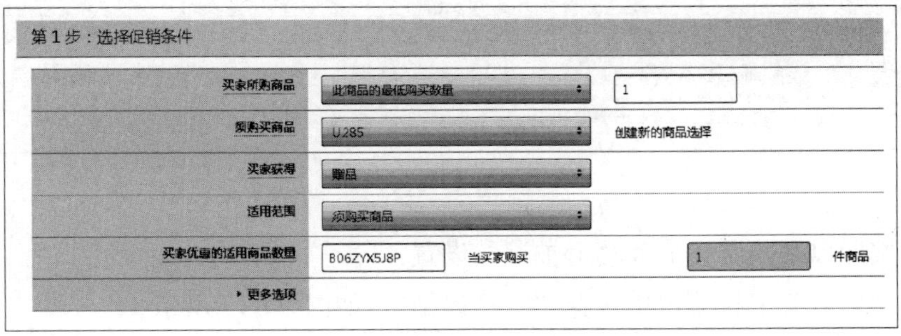

图 5－8

（2）设置促销活动的起止时间，输入促销识别名称，如图 5－9 所示。

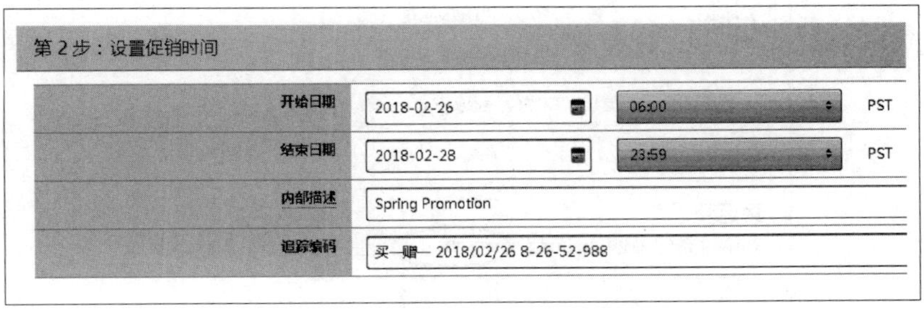

图 5－9

（3）确定本次促销活动是否面向全部买家，是否需要使用优惠券。通常，设置买赠的促销活动建议不使用优惠券，但要公开显示该促销活动，让所有买家都可以看到有赠品赠送，下单都可以获得赠品，如图 5－10 所示。

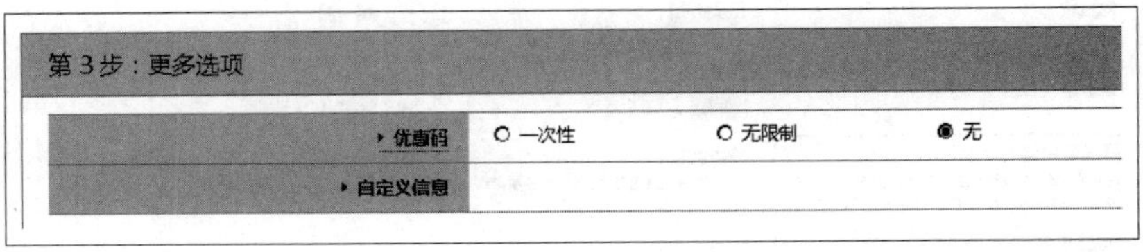

图 5－10

4. 亚马逊抽奖

亚马逊抽奖，即卖家免费提供商品作为抽奖活动的一部分，以增加商品的点击率及在社交媒体上的受关注度，同时带来大量的站外流量。这种促销方式一般与站外营销相互配合，在提高浏览量和销量的同时，还可以起到建立商品和品牌的口碑、提高知名度的效果。设置抽奖之前，要先在亚马逊物流设置中启用抽奖设置，“设置”→“亚马逊物流”→“抽奖设置”→“启用”，如图 5-11 所示。

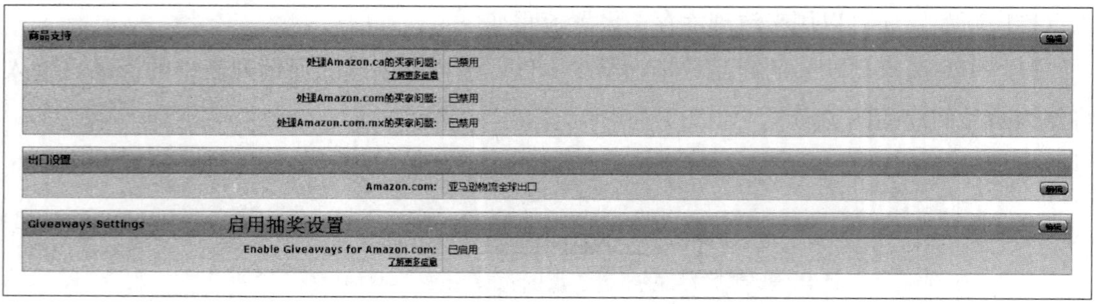

图 5-11

具体请按照以下步骤完成亚马逊抽奖的设置：

（1）从“广告”下拉菜单中选择“管理促销”，如图 5-12 所示。

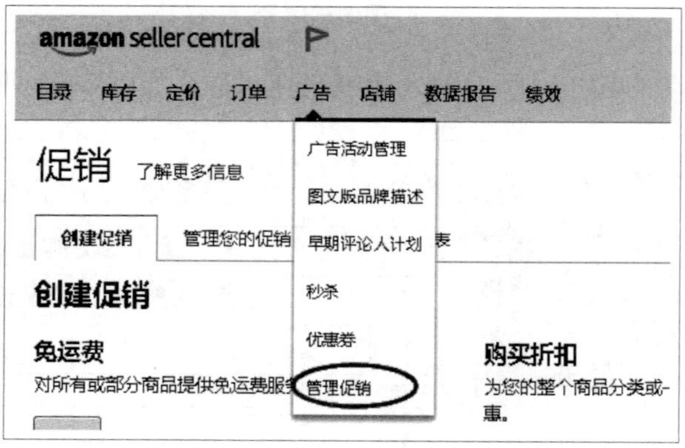

图 5-12

（2）点击“创建促销”，选择“亚马逊抽奖”，如图 5-13 所示。

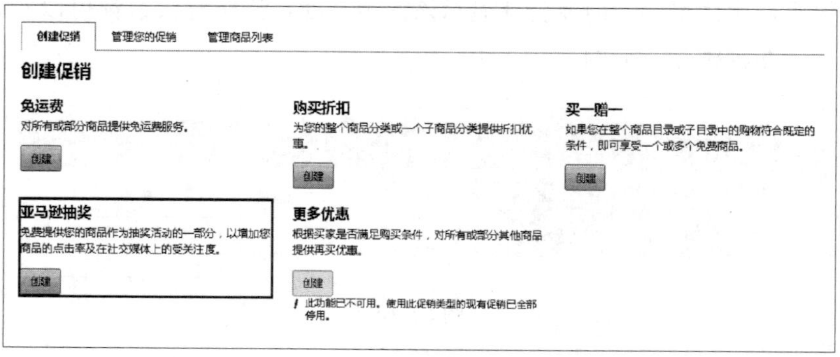

图 5-13

（3）选择你的商品并点击“设置抽奖”。你将进入“设置你的抽奖”界面。

（4）填写必要的活动设置并选择获奖方式，有四种获奖方式，如图 5-14 所示。

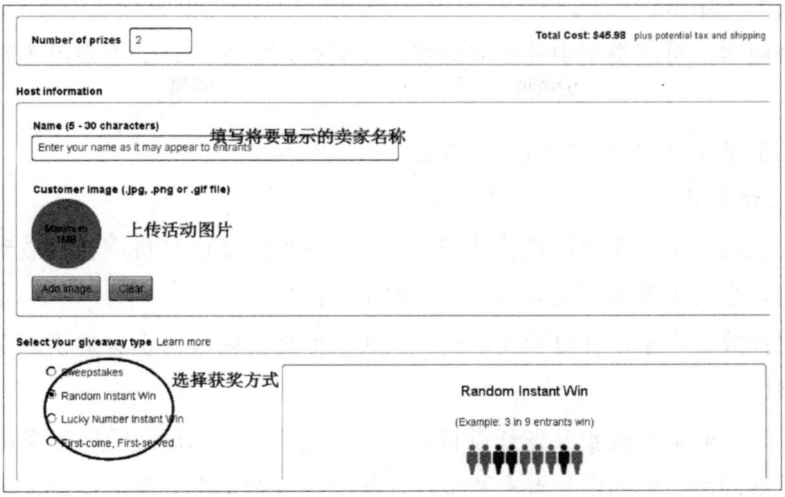

图 5-14

（5）设置要求：在参与抽奖之前，你希望参与者做什么？如图 5-15 所示。

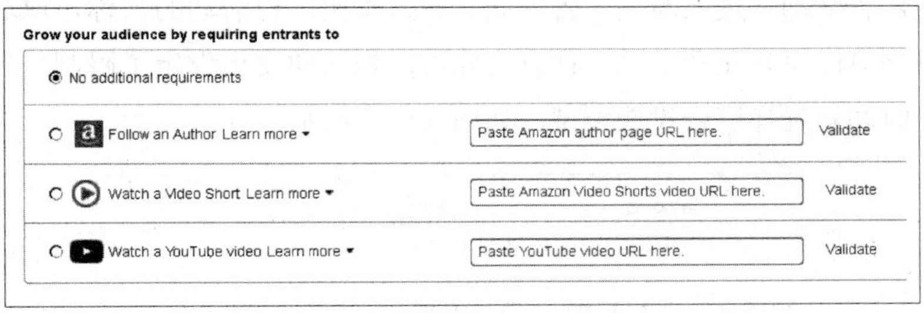

图 5-15

（6）设置完成后，你会收到一封电子邮件，其中包含有关如何选择参与者的指导（如 Twitter、Facebook、电子邮件等）。你也可以选择“公开我的奖品”，这样你的奖品就会在“今日抽奖”等面向亚马逊买家的计划中公开。

【方式 2】点击付费广告（CPC）推广

亚马逊商品点击付费广告（CPC）推广，是一项收费服务，可以帮助卖家在亚马逊平台上进行商品推广销售。卖家选择要推广的商品，为这些商品指定关键词并输入单次点击竞价。当亚马逊上的买家搜索其中一个关键词时，该广告可与搜索结果一起显示。当有买家在亚马逊上单击该广告时（买家将会进入商品详情页），卖家才需要为这项服务付费。

亚马逊点击付费广告推广让卖家可以更好地控制在亚马逊平台上的商品销售。当买家搜索已设置的进行竞价的关键词时，定向广告可提升卖家的商品曝光率。

1. 基本要求

（1）有效的专业卖家账户；

（2）能够发货到美国各地；

（3）有效的信用卡；

（4）一个或多个可用类别中的商品详情，商品必须是新品，二手商品不符合亚马逊商品推广资格；

（5）商品信息符合“购买按钮”的资格。

2. 广告投放类型

（1）自动投放：卖家无须设置关键词，亚马逊根据商品信息将广告投放到所有相关的客户搜索界面，当买家搜索相关商品时，会展示该广告。

（2）手动投放：卖家设置目标关键词，当买家的搜索内容与卖家提供的关键字相匹配时，会展示该广告。

开设广告时，通常建议卖家先开设自动广告。运行 10～15 天后，卖家可以下载一份由客户搜索关键词而产生的广告点击的报告，从中选取转化率较高的关键词后再开设手动投放，这样有助于降低费用，提高转化率，降低广告成本销售比。

3. 点击付费广告开通设置

点击创建广告活动，进入新建广告界面，输入本次广告活动的名称，取名便于后期识别即可。每日预算即每日花费上限，预算为此次广告活动支出设定了限制。另外，还要选择广告的起止时间，选择广告投放类型，如图 5－16 所示。

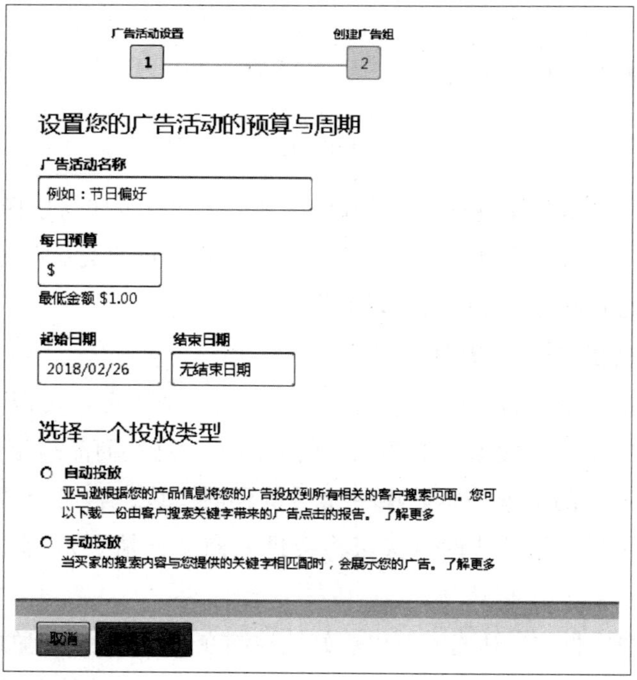

图 5－16

（1）自动广告投放设置：

1）为该组广告命名，选择需要投放广告的商品，可多选，如图 5－17 所示。

图 5 - 17

2）填写默认竞价，即愿意为广告点击所支付的最高价格，至少 0.05 美元，点击“保存”即可，如图 5 - 18 所示。通常 5 分钟后广告即生效。

图 5 - 18

(2) 手动广告投放设置：

1）为该广告组命名，选择需要投放广告的商品，可多选，如图 5 - 19 所示。

2）设置默认竞价，填写关键词，如图 5 - 20 所示。卖家可以使用亚马逊系统的关键词，也可以提供自己的关键词，所有关键词的竞价可以统一，也可以单独设置，然后选择关键词匹配类型，点“保存”即可。

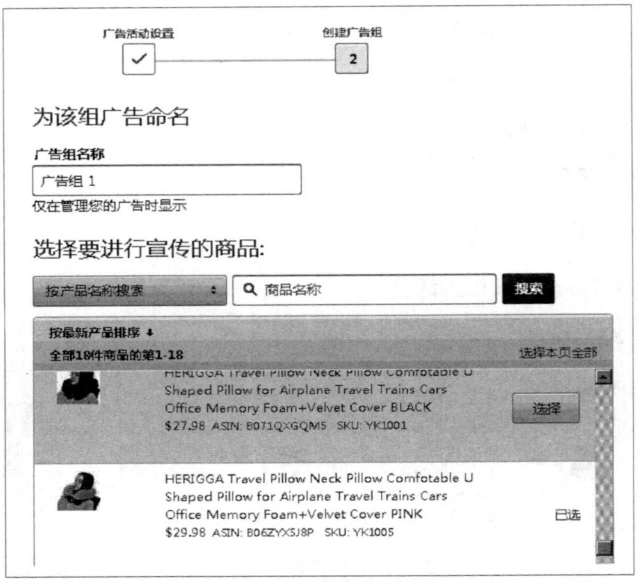

图 5-19

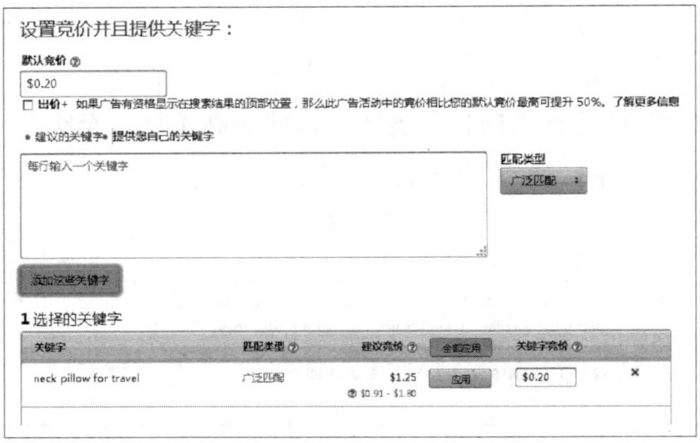

图 5-20

关键词的匹配类型有广泛匹配、词组匹配、精确匹配三种：

第一种：广泛匹配。当搜索关键词与推广关键词同义、近义、相关，或者搜索关键词属于推广关键词的一部分时，广告会展现。这是系统默认的匹配方式。例如：推广关键词 soccer socks，当买家搜索 socks、soccer socks boys、socks soccer 等时，广告都会展现。

优势：广泛匹配是一种既能进行有较高针对性的投放，又能接触广泛受众群体的有效方法，能够为卖家带来更多的潜在用户访问。

劣势：点击访问的针对性不足，转化率不如精确匹配和词组匹配。有可能带来大量点击，花费较多的点击费用。

第二种：词组匹配。当搜索关键词完全包含推广关键词，或者包含推广关键词颠倒或插入后的形式，又或者同义词时，广告才会展现。例如：推广关键词 soccer socks，当买家搜索 men soccer socks 时广告可以展现，但是搜索 socks soccer 时广告不会展现。

优势：与精确匹配相比更为灵活且能获得更多的潜在客户访问，与广泛匹配相比则有更强的针对性且可能有更高的转化率。

劣势：获得的展示次数介于广泛匹配与精确匹配之间，转化率没有精确匹配高。

第三种：精确匹配。当搜索关键词与推广关键词完全一致时，广告才会展现。例如：推广关键词 soccer socks，只有当买家搜索 soccer socks 时广告才会展现。

优势：可获得最具针对性的点击访问，转化率较高。

劣势：会降低广告的展示次数，获得潜在客户的范围较窄。

这三种关键词匹配方式从展示量上比较：广泛匹配>词组匹配>精确匹配；从精确度上进行比较：精确匹配>词组匹配>广泛匹配。卖家在选择匹配类型时，可根据具体情况具体分析。

4. 注意事项

亚马逊不接受卖家要求在“珠宝首饰”和“摄影和摄像”分类中推广商品的新申请，成人用品、二手商品或翻新商品不允许投放推广广告。

【方式 3】秒杀活动推广

为了让消费者获得最佳的购物体验，亚马逊规定只有符合特定标准的商品才有资格申报秒杀活动。因此，卖家有必要了解秒杀活动申报的资格与要求、如何创建秒杀活动及秒杀活动的优势。

1. 资格与要求

亚马逊规定的资格与要求包括但不限于以下条件：

（1）商品星级评定。为了尽可能向消费者推荐最优秀的商品，秒杀活动具有最低评级要求。系统在选择推荐商品时还会考虑商品获得的评论数及商品的总体评级，评级较低的商品通常没有资格参与秒杀。

（2）变体供货能力。为具有多个变体的商品创建秒杀活动时，请在秒杀活动中设置为包含全部变体。通常，如果卖家的商品变体（如尺寸、颜色、款式等）少于要求的比例，则秒杀活动申请将遭到拒绝。在创建秒杀活动过程中，亚马逊会通知卖家是否需要添加更多变体。

（3）商品资格。为了确保卓越的消费者体验，并非所有商品都符合参与秒杀活动的条件。特定分类的商品及具有攻击性或在某些方面不适合的商品不符合秒杀活动条件，没有机会成为秒杀活动推荐商品。例如电子烟、酒类、成人用品、医疗器械和药品、婴儿配方奶粉等。

2. 如何创建秒杀活动

（1）在后台点击“秒杀”，选择“创建活动”。

（2）选择最靠前的秒杀活动推荐商品（秒杀活动推荐的商品是按照销售潜力排序的，一般建议卖家选择最靠前的秒杀推荐商品参加秒杀活动）。

（3）确定秒杀商品后，点击“编辑”。

促销数量：系统会根据建议促销价格推荐的最低商品数量，要求卖家确保在秒杀活动执行前至少 7 天，将相应数量的商品库存准备妥当。届时如果没有充足的库存，亚马逊将取消此次秒杀活动。

促销价格：使用允许的最高促销价格，或降低促销价格以提升秒杀的吸引力（注意：卖家需要确保其价格符合适用的定价法规，包括最低限价）。

促销图片：使用现有的图片。

促销时间表：选择适当的促销时段，亚马逊将在秒杀活动开始的前两周内通知卖家计划开展秒杀活动的日期和时间。秒杀活动通常持续 4～6 小时（由亚马逊决定）。

（4）选择所需的促销参数后，点击“提交”，系统将进行审核。审核状态如下：

已批准：亚马逊已对秒杀活动进行了审查，除确保库存充足外，无须进行任何其他操作。

待批准：秒杀活动正在等待亚马逊批准。该过程通常需要 7 天，但也可能需要更长时间。卖家可以在秒杀控制面板的“正在审核”选项卡中查看预计批准日期。

已拒绝：亚马逊已审核并拒绝了秒杀申请，此次秒杀活动不会进行。卖家无法针对拒绝秒杀申请的决定提出申诉。

3. 秒杀活动的优势

（1）秒杀界面是亚马逊访问量最大的界面之一。此外，参与秒杀活动的商品在搜索结果中还带有标记。

（2）秒杀活动期间和结束后仍能推动买家的搜索和卖家的销售。

（3）秒杀活动是销售当前亚马逊物流库存的极佳办法。

【方式 4】优惠券

亚马逊优惠券（Coupons）是 2017 年 10 月新增的营销模块，在为卖家增添一个流量入口的同时，可以与点击付费广告、促销结合起来使用，还可以结合折扣网站做站外营销，大大提高营销效果。

1. 使用优惠券的要求

（1）评分要求：店铺评分在 3.5 分以上才可以开启这个功能。

（2）商品要求：只有 FBA 发货的商品才能参加优惠券活动。

（3）费用要求：买家每成功使用一次优惠券，除了优惠券本身的金额，亚马逊还会扣除卖家 0.6 美元。

（4）时间要求：优惠券活动生效前至少提前两天设置才能生效，活动时间最长为 90 天。

2. 创建优惠券的流程

（1）进入后台，在“广告”中点击“优惠券”，如图 5－21 所示。

图 5－21

（2）在“Coupons”功能中点击“create a new coupon”，如图 5－22 所示。

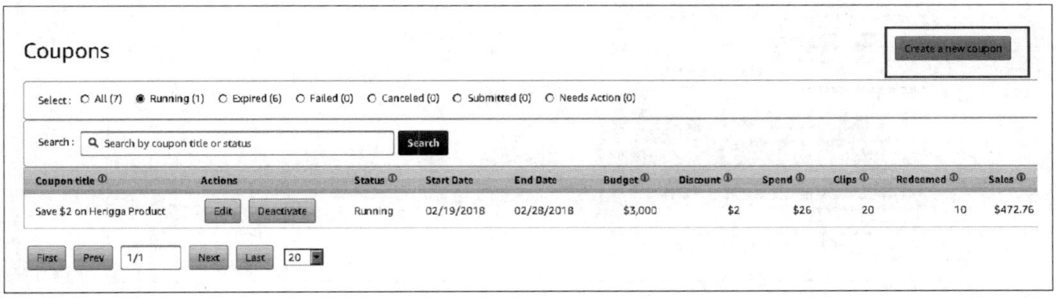

图 5－22

（3）输入想要搜索的商品的 SKU 或 ASIN，如图 5－23 所示。

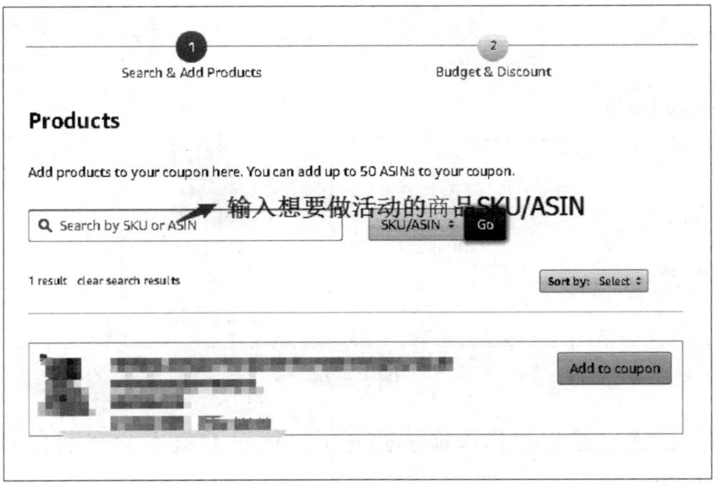

图 5－23

（4）设置折扣（Discount）和预算（Budget），如图 5－24 所示。

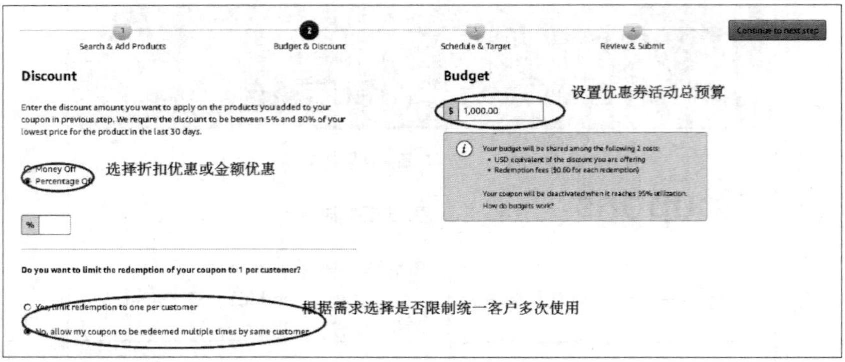

图 5 - 24

（5）设置时间表（Schedule）和目标客户（Target Customers），如图 5 - 25 所示。

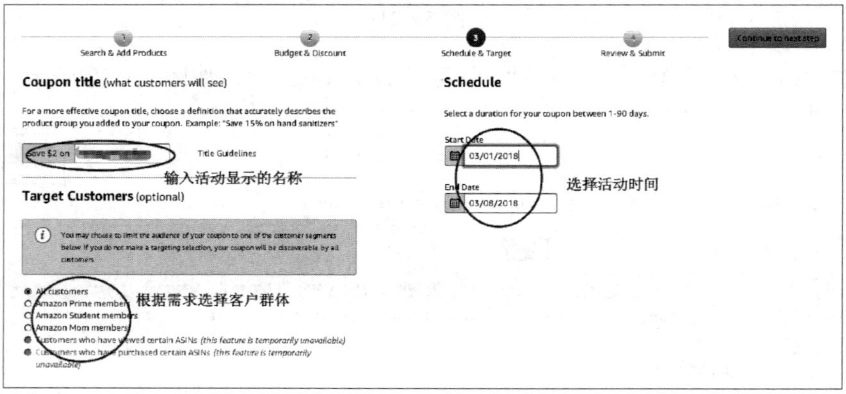

图 5 - 25

（6）完成评论和提交（Review and Submit），如图 5 - 26 所示。

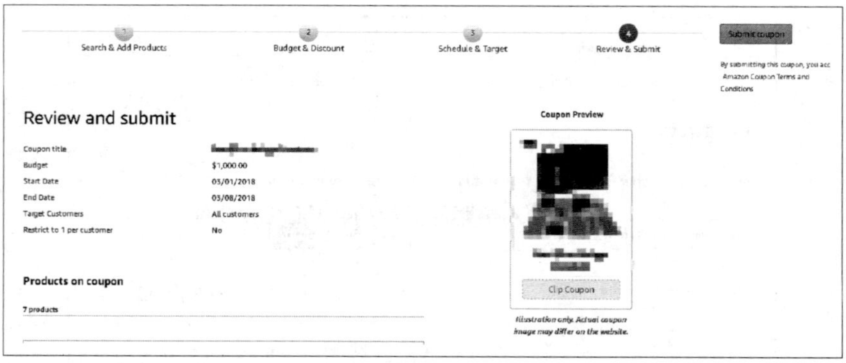

图 5 - 26

需要说明的是：优惠券活动总预算消耗完了，优惠券就不会在前台界面继续显示了。资金消耗的计算公式是：

优惠券消耗金额＝（折扣活动优惠金额＋0.6 美元）×优惠券兑换次数

因此，建议设置优惠券预算资金时，提前考虑预计的兑换次数，设置充足的预算资金或设置较短的活动时间，避免因预算花完导致活动提前下线。

3. 优惠券界面展示效果

买家可以通过两个渠道兑换优惠券，一是亚马逊首页专用入口，二是在商品详情页单独领取。

（1）亚马逊首页专用入口。亚马逊首页专用优惠券入口可以给设置了优惠券的卖家增加流量。操作如下：

第一步，点击“Today's Deals”，如图 5－27 所示。

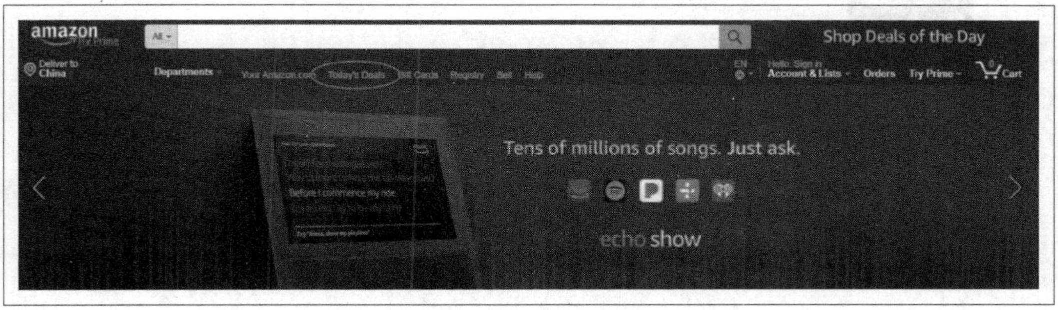

图 5－27

第二步，点击“Coupons”，如图 5－28 所示。

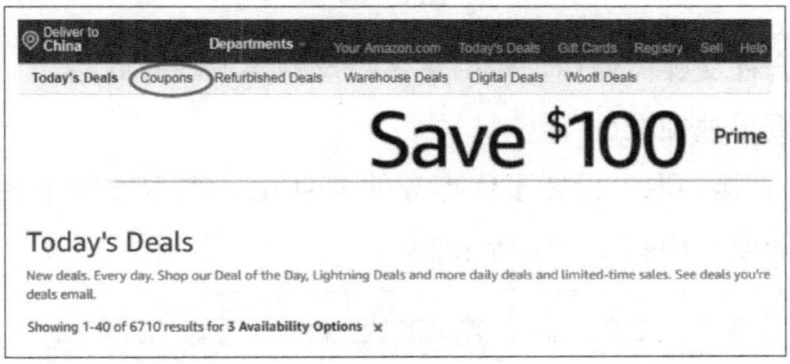

图 5－28

第三步，点击“Clip Coupon”，如图 5－29 所示。

图 5－29

第四步，点击“Share this coupon”，可以站外推广商品，如图 5－30 所示。

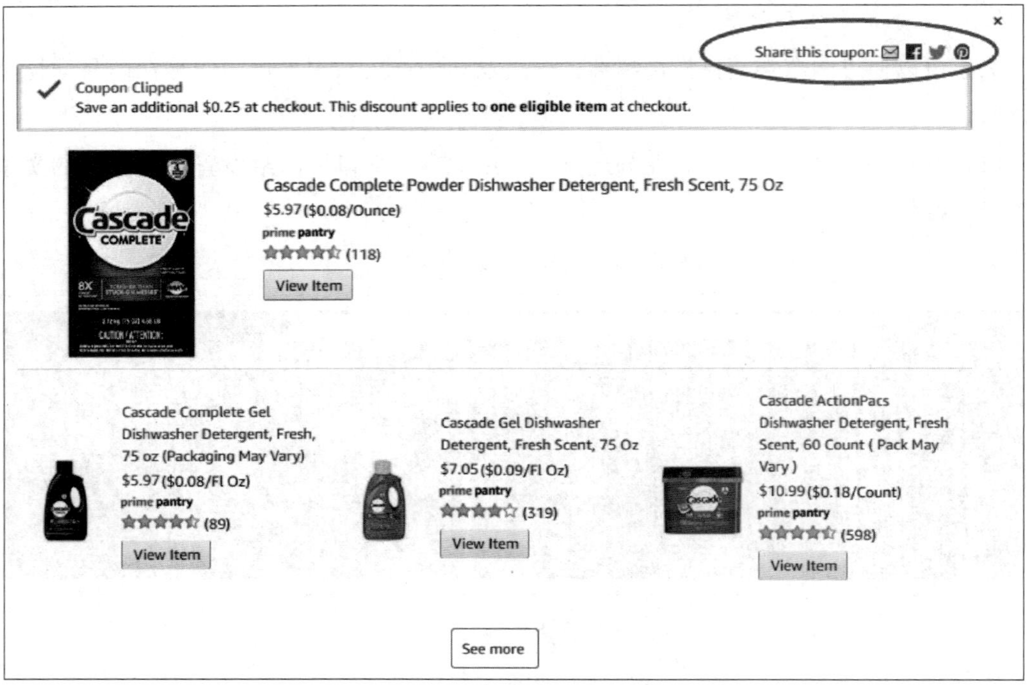

图 5－30

优惠券可以结合社交媒体使用，吸引更多粉丝购买亚马逊商品。

（2）商品详情页单独领取。

1）搜索结果中直接领取。设置了优惠券的 Listing，在搜索结果展示界面，价格下方会直接显示优惠券额度，如图 5－31 所示。

图 5－31

2）浏览商品界面时领取。在买家浏览商品界面时，价格下方同样会显示优惠券额度。买家可以直接兑换优惠券用于下单，如图 5-32 所示。

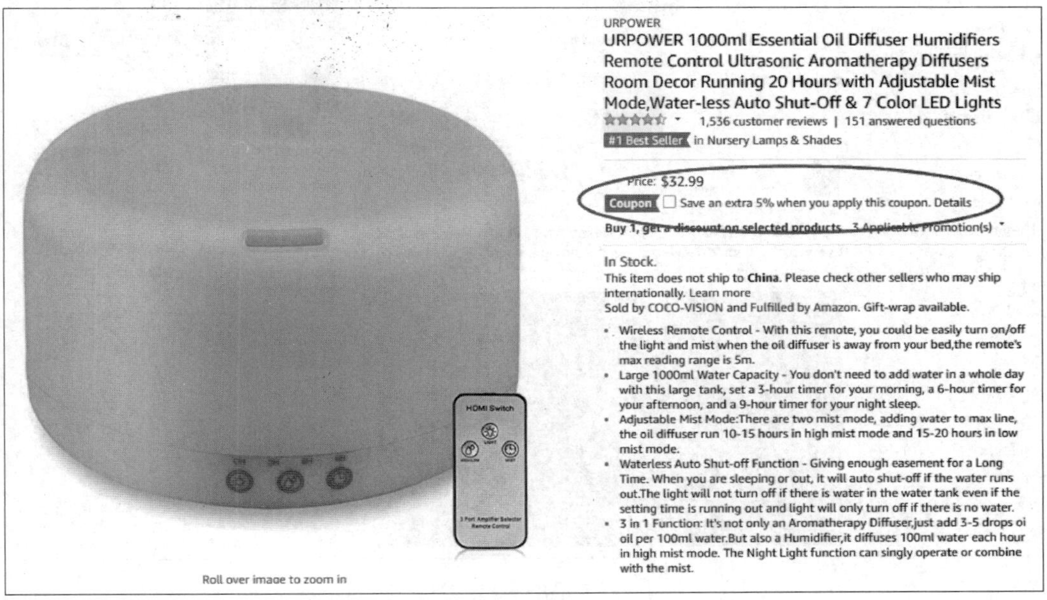

图 5-32

在搜索结果界面和详情页直接显示的优惠券，大大提高了 Listing 的点击率和浏览下单转化率。

工作任务 2　站外营销实例分析——以 Facebook 为例

站外营销渠道多样、平台丰富，且每个平台都有各自的受众群体和营销模式。这里以美国人最喜欢的社交网络 Facebook 为例，详细说明站外营销的基本操作。其他平台的站外营销方式虽然各有差异，但基本原理大同小异，卖家可以借鉴。

【方式 1】Facebook 主页引流

我们这里所说的 Facebook 主页是指公共主页，简称主页，也有人称之为粉丝专页或 Facebook 商业主页。它是企业、品牌和组织用于分享动态并与粉丝交流的界面，可以免费创建。

亚马逊卖家可以按照以下流程建立一个 Facebook 公共主页：

（1）登录 Facebook 账号，点击右上方的倒三角标志，从下拉菜单中选择“创建主页”，如图 5-33 所示。

（2）选择要创建的主页类型，如图 5-34 所示。如果你不清楚你的主页属于哪种类型也没关系，在创建了主页后，你可以随时更改主页的类型。一般建议选择“公司、组织或机构”或“品牌或商品”这两类。

（3）点击你选择的主页类型，从下拉菜单中选择更细分的类型并按照要求填写相关信

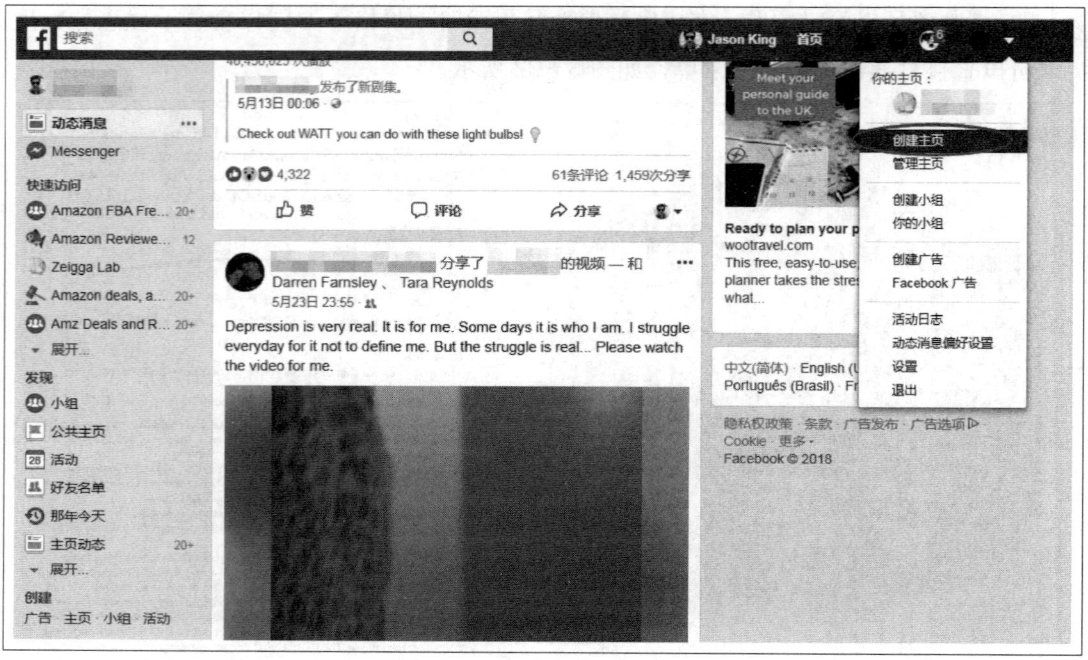

图 5 - 33

息。注意：名称的首字母必须大写。例如，创建“Huan Xin”网络公司的主页，如图 5 - 35 所示。

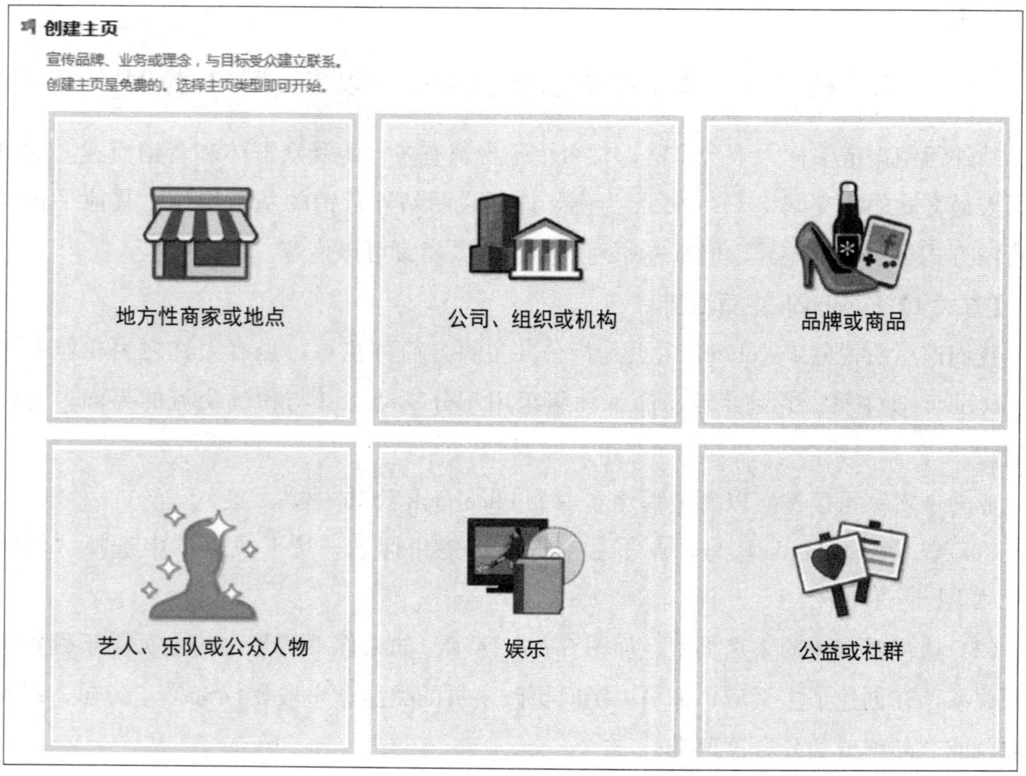

图 5 - 34

图 5-35

（4）填完相关信息后，点击“开始创建”。

（5）弹出窗口提示上传头像和封面照片，这一步可以跳过，因为后期可以随时修改。

到此为止，Facebook 公共主页就创建成功了。创建完成后，可以逐步完善头像、封面照片和具体内容，以达到吸引粉丝的目的，如图 5-36 所示。

为了使主页质量更高，并在后期营销过程中取得更好的效果，在主页建立时及主页建立后的经营过程中，应当注意以下问题：

（1）创建主页的目的是什么？是宣传企业、宣传店铺，还是宣传商品？是想与粉丝互动还是想吸引新的粉丝？先把这些问题考虑清楚，再去创建主页。

图 5-36

（2）在创建主页的时候要先明确有没有合适的内容，内容能否吸引粉丝，因为内容才是王道。内容有多种表现方式，如组合图片、视频等。

（3）增强粉丝的参与感，多发起活动投票等。

（4）帖子发出去之后，如果感觉帖子有要火的迹象，可以适当地做一下推广，吸引流量。

（5）前期如果粉丝很少，可以选择僵尸粉。这一方法不提倡，但也是一个技巧。

（6）在前期没有内容的时候，可以采用“拿来主义”，即找一些有意思的内容转发到自己的主页里。

（7）必须有互动，有粉丝提问的话要及时回复。

（8）最忌讳主页全部是广告，这样粉丝的流失率会大大增加。

（9）做好多渠道引流。主页建立之后必须想方设法增加粉丝量。可以在官方网站加入 Facebook 插件，也可以在商品的包装上面添加扫码关注。

【方式 2】红人营销

红人营销是很多卖家惯用的一种营销方法。红人营销最重要的就是找到红人做合适的营销。具体需要做好以下几点：

（1）如果不知道如何快速找到红人，可以通过 Facebook 语法搜索、工具、网站来查找。

（2）通过粉丝数量、帖子数量、点赞和转发数量及帖子的内容判断红人的质量。

（3）与红人谈判价格和付款方式的时候要开门见山。

（4）合作之后密切关注效果，做好效果跟踪。

（5）利用好转介绍，因为红人也有自己的圈子，如果合作效果不错，可以让红人转到他们的朋友圈。

（6）我们需要注意的一个技巧就是，越负责的红人，营销效果往往越好，要找对粉丝负责的红人。

【方式 3】广告投放

为了增加粉丝和主页浏览量，我们可以按照以下流程创建一个 Facebook 广告：

（1）右上角下拉菜单选择“建立广告”，进入广告管理员后台，如图 5－37 所示。

（2）选择付费形式和广告目标。Facebook 广告管理员让你可以采取竞标的形式投放广告，也可以支付固定价格，以获得最优的触及率，如图 5－38 所示。

（3）建立转换目标。广告组合的第一步就是要建立转换目标，这个目标可以是成为网站会员、浏览界面、加入购物车甚至结账，如图 5－39 所示。这里我们以“启动结账”为转换目标。

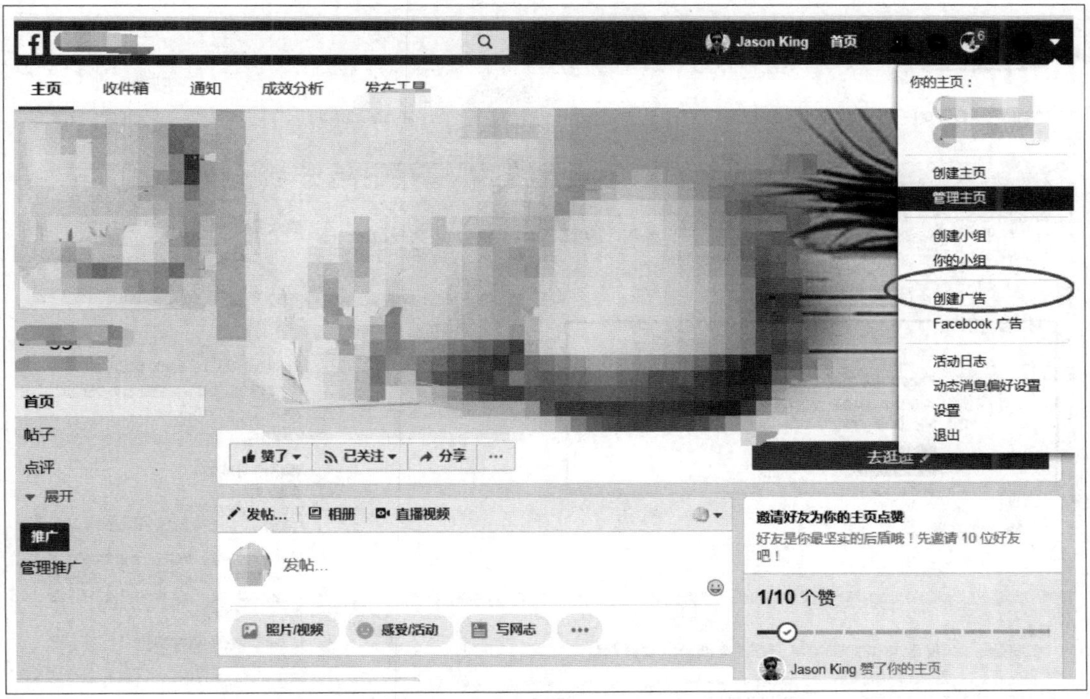

图 5-37

图 5-38

（4）设定广告受众。究竟谁才可以看到你的广告呢？你可以根据地点、年龄、性别、兴趣甚至是行为来设定受众。如果你卖的商品是红酒，那么可以选择一些对红酒有兴趣的用户；如果你只寄送欧洲地区，那么可以把用户位置限制在欧洲。如图 5-40 所示。

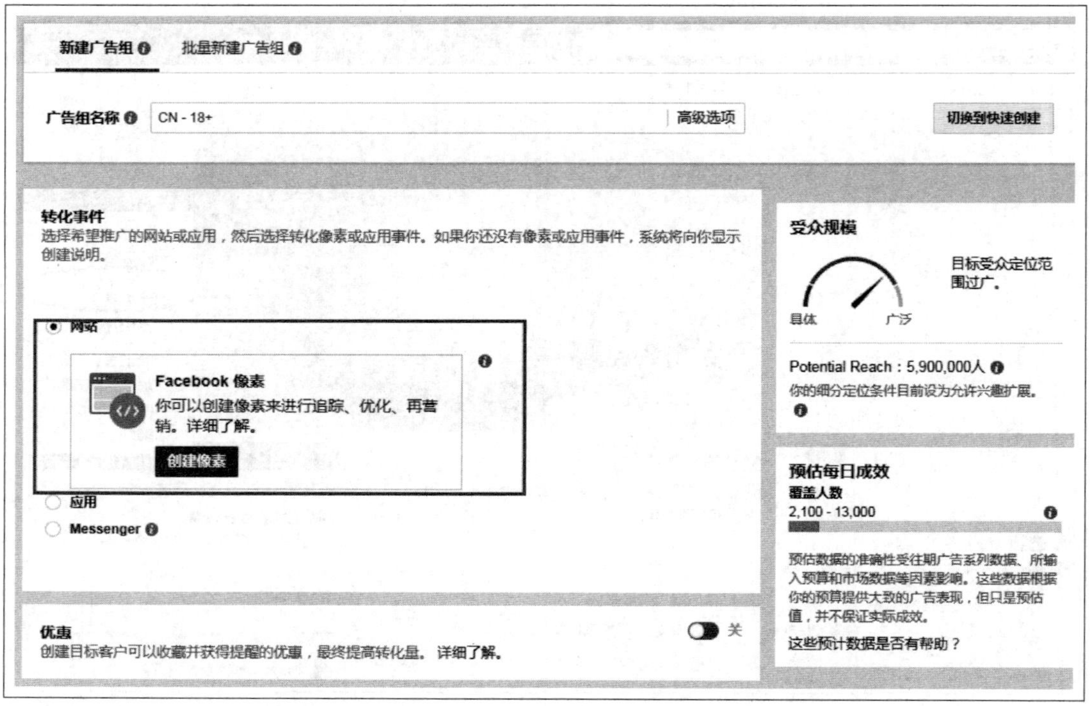

图 5-39

图 5-40

（5）设定广告刊登位置。除了设定刊登位置和装置外，你也可以设定刊登的平台（若你的顾客使用 Instagram，也可尝试在 Instagram 上刊登广告来验证是否有成效），如图 5-41 所示。

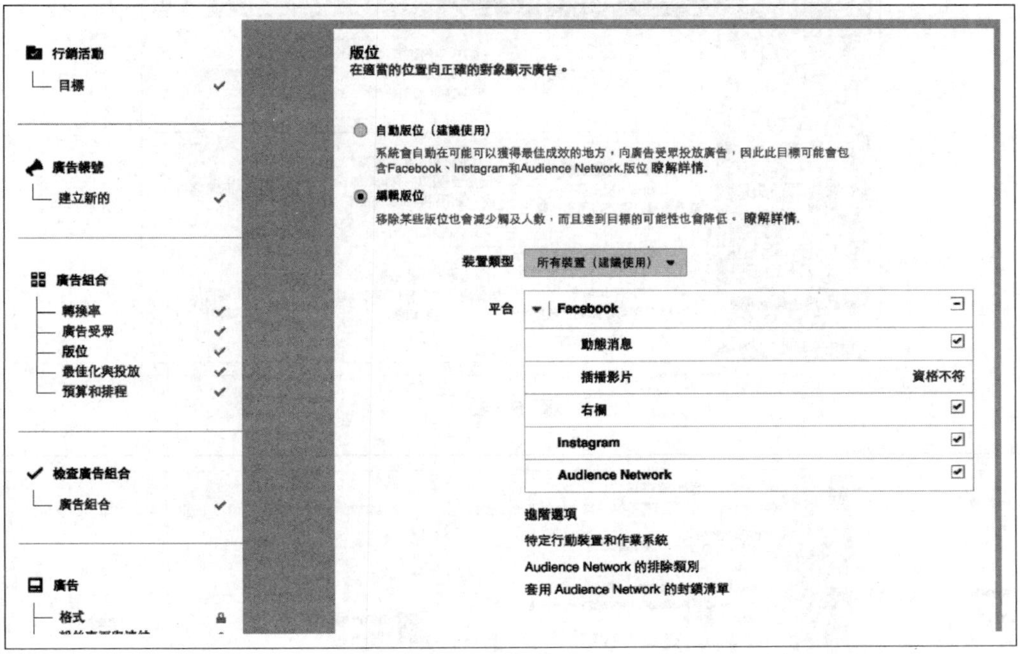

图 5-41

如果不清楚要使用哪个刊登位置，可以参考图 5-42、图 5-43。

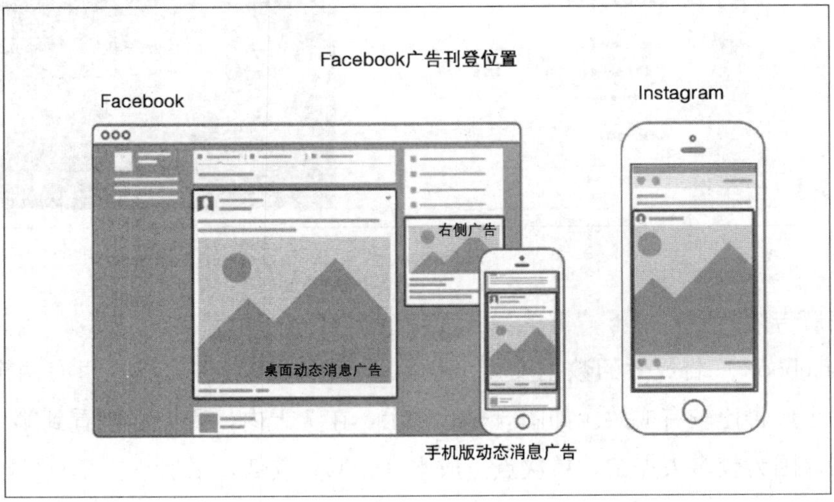

图 5-42

（6）设定广告帖文内容。我们可以建立一个新的广告帖，也可以使用现有的广告帖文。使用现有的帖文可以累积原帖文的赞数、留言和分享。全新的广告帖文弹性较大，最重要的一点是可以针对同一组受众测试两组不同的广告内容（如不同的标题、不同的图片），从中选择成效最高的广告，如图 5-44 所示。

	優點	缺點	最適合的廣告目標
右側廣告	-有利於品牌形象曝光	- CTR 平均較低（約為 0.5%~2%） - CPC 費用較高	品牌形象曝光
桌面動態消息廣告	- CTR 比右側廣告高（約 2%~8%或更高） -容易被轉分享而獲得更多曝光	-CPM 費用相對較高 - 若隨便投放或操作成效不佳，費用會容易拉高許多	銷售產品、收集名單
手機版動態消息廣告	-CTR 平均最高 -CPM 費用可以降到比較低	-容易不小心被誤點 -廣告內容太多有時候可能被腰斬切斷	加行動上網用戶 帶來網站流量

图 5－43

图 5－44

确认完广告内容后，按下“下单”，广告就启动了。

（7）Facebook 广告成效的数据反馈。我们可以通过比较广告组合里有两个广告的数据，分析哪个广告比较有成效。如图 5－45 所示，在 7 天内，我们可以看到第一个广告的成效比较好，因为较多人点击，单次点击成本（CPC）较低，虽然点击率（CTR）大约低了 26%。

此廣告組合中的廣告　＋ 建立廣告　欄位：自訂　明細　匯出

廣告名稱	成效	頻率	覆蓋範圍	CPC（全部）	CTR（連結）	成本	總支出
	42 連結點擊情形	1.30	4,767	$3.72	0.68%	$6.20 每次連結點擊	$260.24
	25 連結點擊情形	1.21	2,257	$4.96	0.92%	$7.73 每次連結點擊	$193.31
2個廣告的成效	67 連結點擊情形	1.43 每個人	6,220 用戶	$4.16 每次點擊	0.75% 每次瀏覽	$6.77 每次連結點擊	$453.55 總支出

图 5－45

成效：有多少用户点击了广告（67 位）。

频率：每个用户接触这个广告的次数（1.43 次）。

覆盖范围：这个广告组合大约接触了 6 220 个用户。

以上案例只是对这些数据的简单分析，具体广告成效还是要考虑产业类别、受众形态、广告内容及预算等，根据实际情况进行分析。

在进行广告投放时还要注意一些技巧：

1）必须明确广告的目的。

2）Facebook 能够精准定位广告受众的年龄、性别、爱好、所在地区、手机型号、操作系统、网络环境等，从而判断其是否是自己想投放的客户。

3）运用好自定义受众功能。

4）重视再营销，因为再营销广告成本低、转化率高。

5）每一条广告都应该是一个完美的艺术品，它的内容、图片和标题要一眼就能吸引受众。

6）Facebook 广告要牢记一点：简洁。

7）做好预算，跟踪广告效果。

下面我们看几组引流效果不错的广告。图 5 - 46 最大的优点就是简洁，直接体现了商品的价格和折扣。图 5 - 47 最大的优点是抓住了用户的心理。图 5 - 48 是用情感诉求来打动消费者。

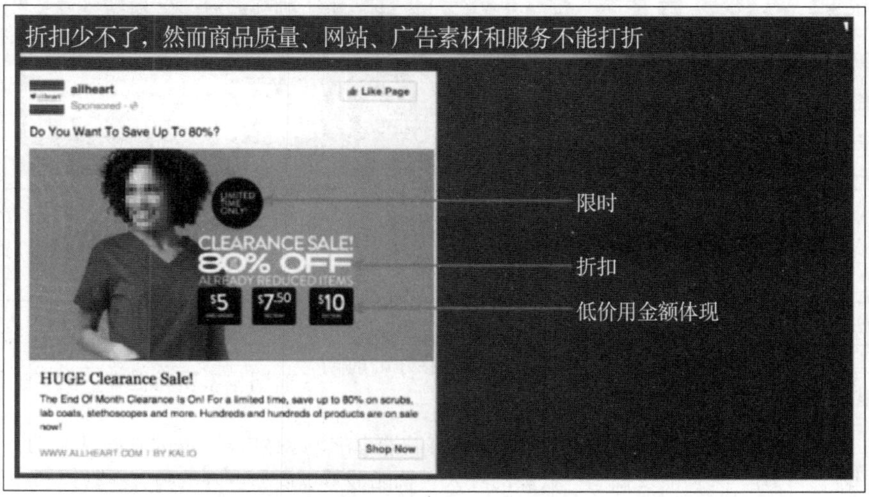

图 5 - 46

此外，还可以结合亚马逊站内营销的买赠活动和优惠券活动，通过赠送礼物或者给予折扣，把顾客变成忠实的粉丝。

下面综合比较一下 Facebook 三种推广方式的优缺点，如表 5 - 1 所示，卖家可以根据这些优缺点，结合自己的商品和需求，自主选择其中一种或几种。

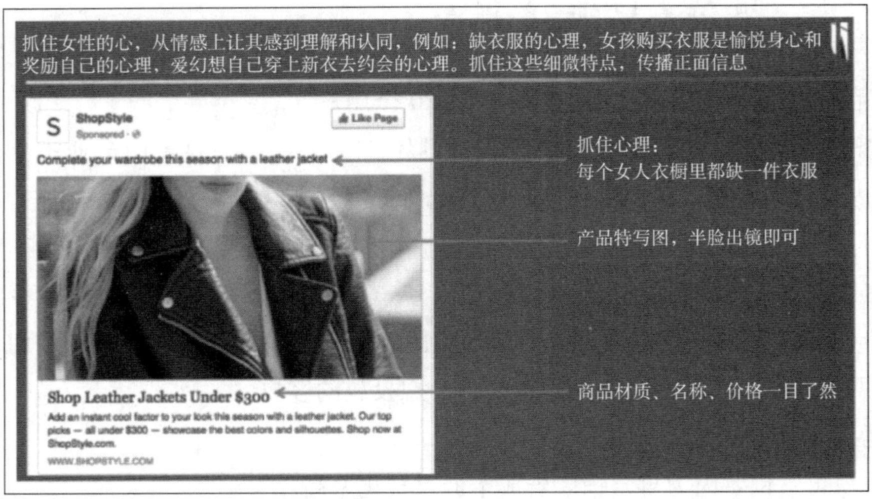

图 5－47

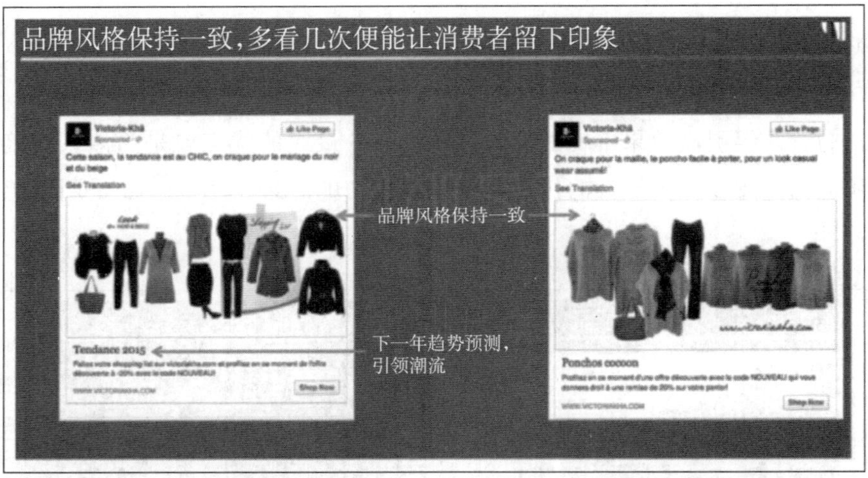

图 5－48

表 5－1　　　　Facebook 三种推广方式的优缺点

推广方式	优点	缺点
Facebook 主页引流	入门简单，成本低，只要内容足够好，前期很容易积累粉丝	前期积累粉丝很难，内容也很难运营
红人营销	成本比较低，转化率高，目标客户群体明确，一旦能发掘一些权威的红人，就能够带来很大的流量	对红人质量的判断比较难，需要比较高的谈判技巧。不易控制在外的红人，容易被骗
广告投放	精准地推送给目标客户群体，广告的素材展示多样化，而且可以根据转化付费，灵活性高。效果最直接，也最快	投放广告需要一定的专业技巧，投放新广告后竞标价格比较高，总的成本比较高

知识链接

一、站外营销渠道简介

站外营销渠道主要分为以下几类：SNS社会化平台、购物分享类平台、图片分享类网站、视频营销类平台、软文营销类平台、问答类平台、博客平台、邮件营销。

1. SNS社会化平台

（1）Facebook。Facebook创建于2004年，由哈佛大学的几位学生创建，目前是世界上排名第一的照片分享站点，同时是世界上最大的社交网络平台，拥有超过20亿注册用户。

由于受相关政策和法律的影响，中国（不含港澳台）用户暂时无法正常登录Facebook，在华的外籍人士和留学生一般通过使用VPN、SSH等代理工具完成Facebook登录。

卖家成功注册Facebook账号后，在使用过程中可以关注以下几点：

1）增加好友。如果卖家做美国的亚马逊，可以加美国地域的好友。

2）定期更新，保持新鲜。定期发布优质内容，保持与粉丝的互动。

3）组建和加入群组。群组是社交网站的核心，经常在群内发帖，和群组内的人互动。

4）建立主页。初期，主页上很少有人互动，可以先给朋友发消息，得到他们的喜爱和分享。

5）利用Facebook的商店。Facebook有很多插件，其中就有可以创建自己店铺的插件。当Facebook账号有了一定数量的好友后，就可以定期推出促销活动，吸引购买。

6）Facebook付费广告。市场上对Facebook付费广告褒贬不一，具体可依据实际需求选择。

（2）Twitter。Twitter是一个广受欢迎的社交网络及微博服务网站，允许用户将自己的最新动态和想法以移动短信的形式发布，也可绑定即时通信软件。所有的Twitter消息都被限制在140个字符之内。

注册账号之后，想在最短时间内关注更多的人，可以通过如下途径操作：

1）可以使用免费Twitter Adder工具，一次可以关注20个好友。

2）可以借助名人效应。在Twitter名人发帖的第一时间回复，点开看的人会比较多，长期排在前排，粉丝会增加。

3）利用Twitter的搜索功能。目前，Twitter内部搜索结果是按照时间排序的，只要是最新的，相关关键词就排在前面。围绕一个关键词不停地更新，就可以排在Twitter搜索的前面。

4）在Twitter上发起活动，吸引Twitter用户。

（3）Tumblr。Tumblr的形式介于微博和博客之间，既注重表达，又注重社交，而且注重个性化设置，是一个新兴的社交平台，逐渐受到年轻人的欢迎，是企业进行社会化营销的又一个新兴阵地。

2. 购物分享类平台

https://www.groupon.com/
http://www.retailmenot.com/
http://www.zulily.com/
http://www.coupons.com/
http://www.shopathome.com/
http://www.slickdeals.net/
http://www.livingsocial.com/
http://www.woot.com/
http://www.ebates.com/
http://www.fatwallet.com/
http://www.gilt.com/
http://www.dealspl.us/
http://www.bradsdeals.com/
http://www.savings.com/
http://www.dealcatcher.com/
http://www.puddingbuy.com/
http://www.kinja.com/
http://www.techbargains.com/

3. 图片分享类网站

(1) Pinterest。Pinterest 的基本功能如下：

1) Pin。将在网页上的图片或视频加上书签分享到 Pinterest。

2) Pinboard。图片的集合，是一种特定的分类专题。

3) Repin。转载，被转载次数越多，帖子越靠前。

4) Like。点赞。

5) Comment。评论。

(2) Slideshare。Slideshare 是世界上最大的 PPT 共享传播网站。使用 Slideshare 可以为亚马逊引流。

1) 将亚马逊商品图片、描述、卖点、客户体验等内容做成 PPT。PPT 内的商品关键词要添加上亚马逊商品页面的链接，在作者介绍中也可以留下亚马逊商品的主要链接。

2) 注册 Slideshare 账号，设置作者简介中的链接，发布 PPT。PPT 的标题和标签一定要包含亚马逊商品的关键词。

4. 视频营销类平台

视频营销类平台主要有 youtube.com、yourepeat.com、metacafe.com 等。

自制视频或请网络红人做视频需要注意以下事项：

(1) 视频要化长为短、言简意赅。

(2) 不宜直接做成广告，除非创意很好。

(3) 内容留有悬念，制作和商品相关的视频，可插入亚马逊店铺名称，或者在标题描述中插入该商品的链接。

(4) Youtube 的视频标题可以修改无数次，可以每天刷新一个抢眼的名字。

5. 软文营销类平台

以下列软文营销类平台有 squidoo.com、infobarrel.com、hubpages.com 等。一般邀

请专业写手写相关软文，打软文广告。

6. 问答类平台

问答类平台有 help. com、answers. yahoo. com 等。以问答形式做推广，需要的周期比较长，类似国内的百度知道，需要提升自己的问答账号的等级。只有达到一定等级的账号，才能在答案中插入链接。

7. 博客平台

博客平台有 Blog、WordPress、MySpace 等，也可以用来推广。建立博客主页，定期有目的地写博文，推广商品的长尾关键词，进而引来搜索引擎的流量。但是这需要长期实践，周期也比较长。

8. 电子邮件营销

电子邮件营销（EDM）是指通过邮件列表生成器和邮件群发器做邮件性质的营销。

销量＝邮件数量×发送人数×转化率×客单量

总之，卖家要结合自己店铺的商品及店铺所处的阶段，综合考虑每种营销方式的效果，选择适合自己的站外营销渠道。

二、站外营销的时机

不论是 Facebook 还是其他站外引流渠道，虽然能为我们的 Listing 带来海量的流量，但不能够保证流量的有效转化。同时，大量站外流量的进入对我们的库存管理、服务体系等也会带来挑战。因此，把握站外引流的最佳时机，发挥站外流量的最佳效果，就显得格外重要。

那么，什么样的商品、怎样的时机适合做站外营销呢？

（1）站内流量做到较高水平。以同品类的 Best Sellers 商品流量作为参考，但不必达到 Best Sellers 商品的流量水平。

（2）商品 Listing 的转化率高于主要竞争对手。

（3）商品的综合评分较高，基本无售后问题。

总之，要不断关注站外营销的效果，最直接的反馈就是转化率数据，保证站外流量有效转化为订单。

经典实例

广告投放技巧

小李运营亚马逊店铺已三个月有余，主要经营各类袜子。由于平时订单量一般，小李决定开设 CPC 广告做推广。由于前期没有经验，对关键词也没有准确把握，小李启用了自动广告投放，出价也比较保守，只有 0.05 美元，每日投放上限为 10 美元。广告运行了两天，竟然没有一次点击。究其原因是出价过低，广告排名太靠后，买家根本浏览不到。于是，小李将竞价提升至0.6美元。运行了一个星期后，点击数明显上升，广告费也支出不少，但是订单量却未见增长。小李很苦恼，向专业人士请教。在专业人士的指导下，小李下载了广告报告，发现许多买家搜索的关键词虽然与袜子相关，但搜索的目标商品并非袜子。由于小李之前启用的是自动广告，只要有相关性，广告就会展示，广告展示的即使不是买家想要的商品，买家也会因为好奇而点击，小李因此花费了许多冤枉钱。同时，小李发现报告里买家搜索的关键词中有些单词是他之前没有想到的，于是他将这些关键词记录下来，添加到Listing的后台关键词里。后来，小李又将买家高频搜索的关键词添加了手动广告。慢慢地，广告有了起色，订单量也逐渐增加了。

手动广告和自动广告并没有绝对的好坏，卖家需要根据自身的情况，选择适合自己的推广方式。自动广告的花费在一定程度上可能比手动广告多，但是投广告只是手段而非目的，自动广告能够得到更贴切的买家关键词，对卖家初步接触广告有较大的指导作用。

能力实训

一、不定项选择题

1. 以下哪类商品不允许开设广告？（　　）

A. 刀具　　B. 油画　　C. 项链　　D. 连体服

2. 促销的很多内容均可在创建后修改，但是以下哪些内容不能修改？（　　）

A. 促销类型　　B. 资格条件　　C. 买家利益　　D. 开始日期

E. 商品选择列表的名称　　F. “需要折扣码”设置

3. 是否可以在计划结束日期之前终止促销活动？（　　）

A. 可以　　B. 不可以

4. 以下哪种状态不属于管理促销中的状态？（　　）

A. 正在进行　　B. 等待中　　C. 已停用　　D. 暂停

5. 以下哪项操作不是站内推广？（　　）

A. 广告　　B. 买一赠一　　C. 优惠券　　D. 增加子商品

二、简答题

1. 秒杀活动的优势有哪些？

2. 如何让促销受欢迎？促销一般会受哪些因素的影响？

3. 什么是自动广告？什么是手动广告？说说二者的运用技巧。

三、实操题

运营人员对店铺商品进行站内营销活动设置与站外引流操作。

学习情境六

亚马逊客服体系详解

知识目标

- 了解和掌握日常邮件回复的主要内容和形式
- 了解店铺卖家绩效指标的概念及指标要求
- 了解订单处理流程

技能目标

- 掌握如何高效地回复买家信息
- 掌握如何维护客户满意度指标
- 掌握处理差评的流程和方法

结构导图

- 亚马逊客服体系详解
  - 导入案例：客户服务无小事
  - 工作任务1：买家邮件回复
  - 工作任务2：自发货订单处理
  - 工作任务3：多渠道配送订单处理
  - 工作任务4：亚马逊移除订单操作
  - 知识链接
    - 邮件分类与常见情形回复模板
    - 订单处理的注意事项
    - 客户满意度指标解析与维护
    - 亚马逊信用评价解析
    - 移除合规差评实例讲解
  - 经典实例：小李的正当维权
  - 能力实训

导入案例

客户服务无小事

2017 年 10 月，运营人员小王在操作店铺的过程中，发现后台绩效模块中有一个买家发起的 Chargeback（服务信用卡拒付）。根据亚马逊平台规则，信用卡拒付属于卖家绩效中订单缺陷率的考核标准，而且订单缺陷率在考核时间段内不能超过 1%，所以遇到这种情况要及时解决。小王发现问题之后立即查询相应的订单，但这个订单已经发货了，如果不及时处理，一旦超过亚马逊平台规定的卖家申诉的时效（7 天），小王不仅会财货两空，店铺绩效也会受影响。于是，小王发邮件联系买家，积极地与买家沟通，但不幸的是，一直未收到买家的回复。于是，在申诉时效到期之前，小王向亚马逊平台提出申诉。在提交了一系列证据资料后，小王最终申诉成功，买家的拒付请求不成立。通过申诉，小王不仅挽回了损失，而且维护了账号的安全。

本案例中，小王认真、及时地去处理和维护店铺的绩效指标，从而保证了店铺的长期良性、健康发展。之前，我们讲过亚马逊平台为确保用户良好的购物体验而“重买家，轻卖家”的经营理念，本学习情境将进一步站在买家的角度，解读亚马逊平台对卖家的要求与规范，做好买家权益保障。

工作任务 1　买家邮件回复

客服贯穿亚马逊运营工作的始终，相当于店铺的医生，负责诊断店铺的健康状况，解决各种疑难杂症，维护店铺的健康发展。关于日常客服工作，首先接触的就是买家消息的回复。消息回复贯穿售前和售后环节，卖家主要通过邮件的形式和买家沟通。

在这里，我们先简单讲述回复买家邮件的一般步骤，在后面的知识链接中会进一步讲解邮件的分类与回复买家邮件的常见模板。

【步骤 1】及时查看买家邮件

亚马逊邮件必须在 24 小时内回复，否则有可能被买家投诉，最终导致店铺关闭。所以，卖家需要每天登录店铺界面，看是否有邮件需要回复。值得注意的是，各个账号之间为了防止关联，每个电脑只能登录对应的账号，不能在同一台电脑上同时登录两个账号，否则会被亚马逊检测到并按违规处理。卖家可以在卖家中心首页的“绩效”→“买家消息”界面点击查看买家邮件，如图 6-1 所示。

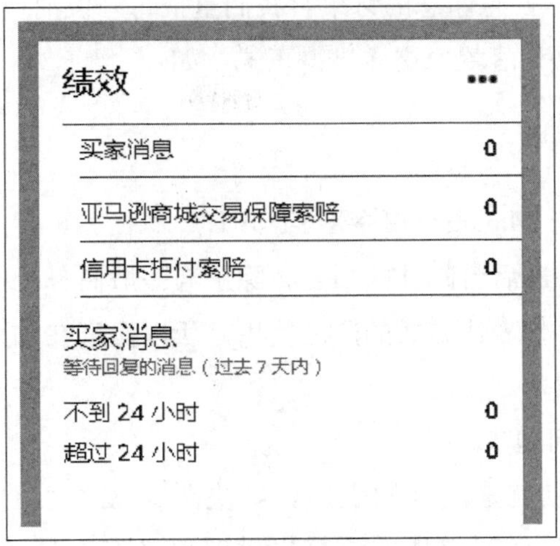

图 6－1

【步骤 2】分析买家邮件内容

卖家可以看到买家邮件的详细内容。卖家需要有针对性地分析买家邮件的内容和诉求，提炼出邮件核心内容，即买家想要通过邮件交流解决的问题，如询问商品的价格、商品的相关信息及最近的优惠活动等。图 6－2 所示邮件内容主要是关于售后的问题，要求补发一个新品。

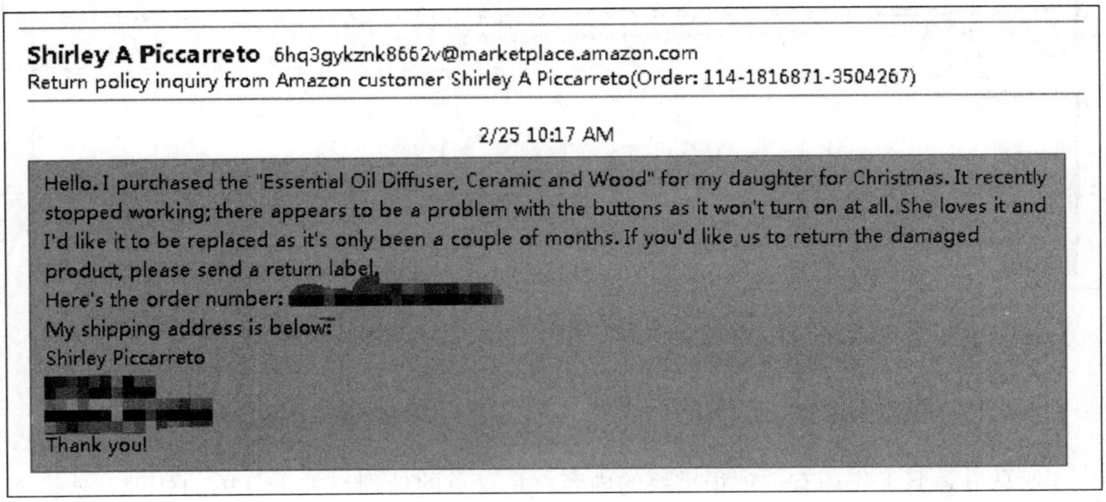

Shirley A Piccarreto 6hq3gykznk8662v@marketplace.amazon.com
Return policy inquiry from Amazon customer Shirley A Piccarreto(Order: 114-1816871-3504267)

2/25 10:17 AM

Hello. I purchased the "Essential Oil Diffuser, Ceramic and Wood" for my daughter for Christmas. It recently stopped working; there appears to be a problem with the buttons as it won't turn on at all. She loves it and I'd like it to be replaced as it's only been a couple of months. If you'd like us to return the damaged product, please send a return label.
Here's the order number: [redacted]
My shipping address is below:
Shirley Piccarreto
[redacted]
Thank you!

图 6－2

【步骤 3】注意邮件格式和问候语的应用

在回复买家邮件时，可以按照一般商务函电的格式要求，在表达核心信息之外，加上一些问候语、礼节性用语，这样既可以使邮件内容完整连贯，又可以提升买家体验。

开头可以使用以下格式：

Dear XXX，thank you for your order and we do attach importance to every consumer's experience.（尊敬的 XXX，感谢您的订单，我们重视每一位消费者的体验。）

结尾可以加入问候语和落款，这样显得正式，如：

Best Regards.

Sincerely XXX，

Customer Experience Manager of XX STORE

需要说明的是，亚马逊后台邮件的回复，除了与一般商务函电有共同点以外，也有其特殊性，主要表现在口语化表达方式的广泛使用。所以卖家在加入这些礼节性用语时，应尽可能简明扼要、避免累赘。

【步骤 4】解决核心问题

回复邮件的核心要点就是内容的表达，解决买家最关心的问题，最终提升买家体验。因此，用地道、简洁而又得体的语言提供解决方案，是回复邮件的核心要点。如图 6－3 所示，针对上文买家邮件提出的售后问题和补寄要求，卖家告知买家已经补寄了一款新品和新款预计的投送日期。最后点击“发送”，就完成了这封售后邮件的回复。

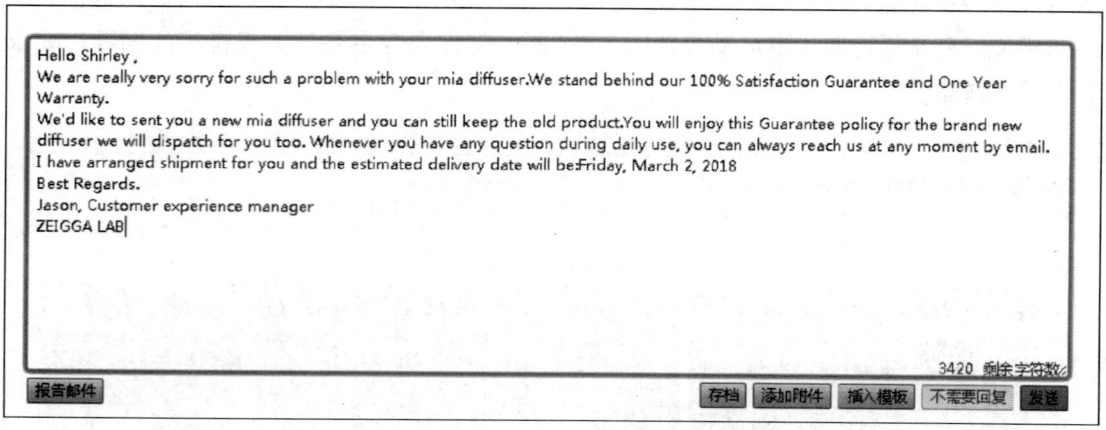

图 6－3

工作任务 2　自发货订单处理

亚马逊客服工作还有一项很重要的内容就是订单的处理。关于订单的处理，这里面的问题和细节较多。目前，很多卖家采用 FBA 发货。对于 FBA 的订单，卖家无须做任何操作，亚马逊会负责商品的分拣、打包、配送。这里简单讲一下自发货订单的处理流程。

【步骤 1】查看和筛选订单

点击“订单”→“管理订单”，可以看到所有的订单信息。我们可以在左上角的框里通过订单状态筛选未发货订单，如图 6－4 所示。

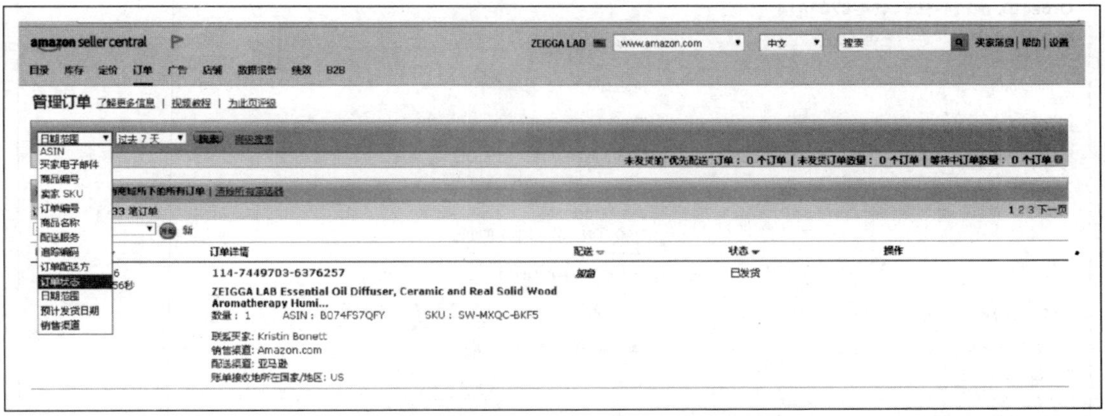

图 6－4

如果通过前面的筛选不能快速找到订单，那么可以点击“高级订单搜索”，根据订单发货的日期、订单的状态、配送信息、订单交易的站点来选择订单，如图 6－5 所示。

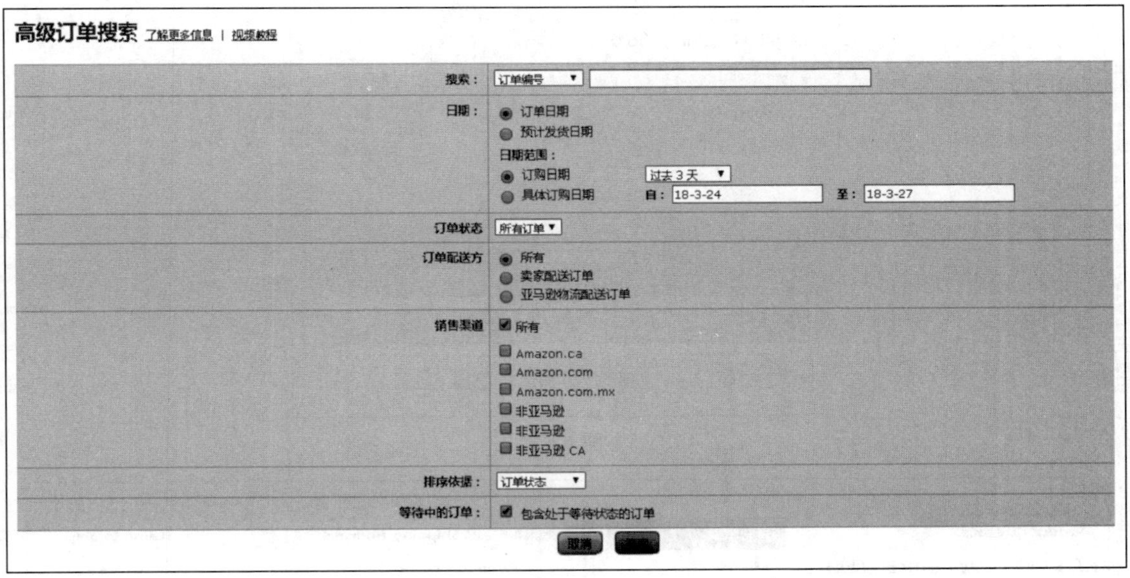

图 6－5

【步骤 2】查看未发货订单信息

在筛选出的未发货订单中，我们可以查看订单详细信息。整理订单配送信息，用于生成发货标签，如图 6－6 所示。

【步骤 3】对订单进行发货操作

根据上一步的订单配送信息，线下生成发货标签，完成打包发货且货交承运商以后，可以在后台订单界面点击“Confirm shipment”（确认发货），如图 6－7 所示。

点开“Carrier”可以选择各种快递（如 UPS、FedEx 等），填写“Tracking ID”（运单号），最后点击“Confirm shipment”，就完成了亚马逊订单发货，如图 6－8、图 6－9 所示。

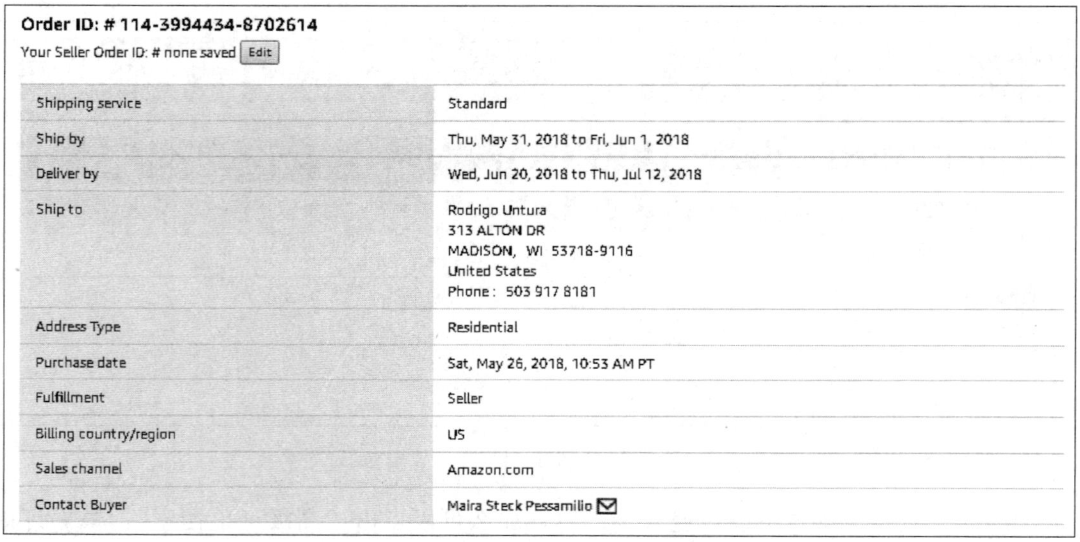
Order ID: # 114-3994434-8702614
Your Seller Order ID: # none saved
Edit
Shipping service
Standard
Ship by
Thu, May 31, 2018 to Fri, Jun 1, 2018
Deliver by
Wed, Jun 20, 2018 to Thu, Jul 12, 2018
Ship to
Rodrigo Untura
313 ALTON DR
MADISON, WI 53718-9116
United States
Phone: 503 917 8181
Address Type
Residential
Purchase date
Sat, May 26, 2018, 10:53 AM PT
Fulfillment
Seller
Billing country/region
US
Sales channel
Amazon.com
Contact Buyer
Maira Steck Pessamilio

图 6－6

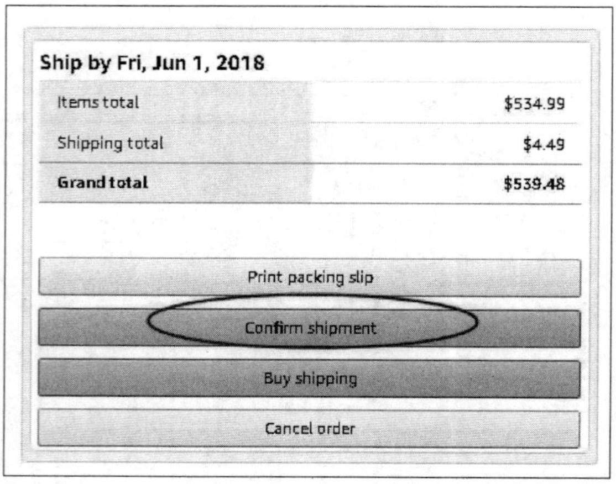
Ship by Fri, Jun 1, 2018
Items total
$534.99
Shipping total
$4.49
Grand total
$539.48
Print packing slip
Confirm shipment
Buy shipping
Cancel order

图 6－7

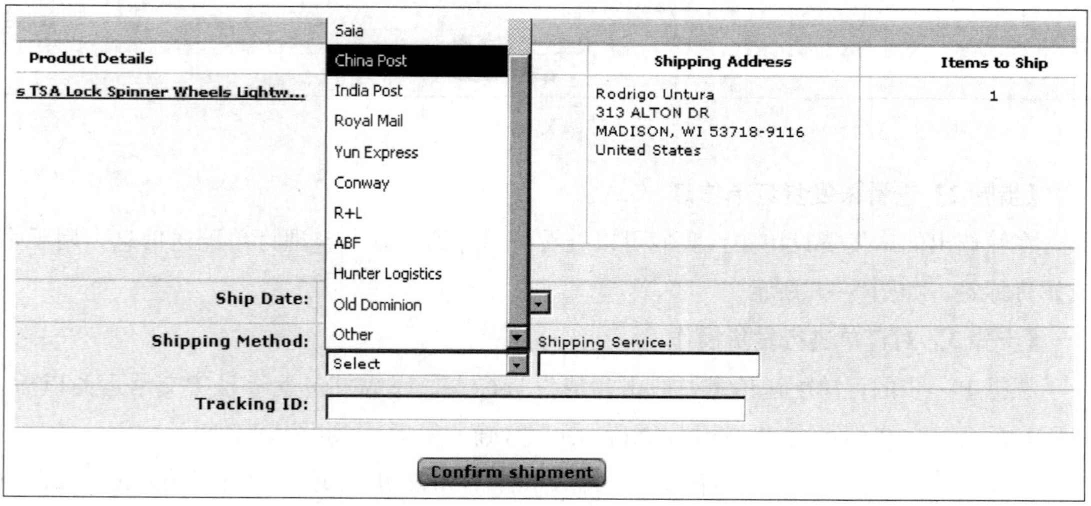
Product Details
s TSA Lock Spinner Wheels Lightw...
Saia
China Post
India Post
Royal Mail
Yun Express
Conway
R+L
ABF
Hunter Logistics
Old Dominion
Other
Select
Shipping Address
Rodrigo Untura
313 ALTON DR
MADISON, WI 53718-9116
United States
Items to Ship
1
Ship Date:
Shipping Method:
Shipping Service:
Tracking ID:
Confirm shipment

图 6－8

图 6－9

工作任务 3　多渠道配送订单处理

亚马逊 FBA 配送的货件不需要卖家操作，但在某些特定的情况下，仍然需要卖家通过 FBA 系统操作并下达发货指令，FBA 仓库根据卖家提交的信息打包发货，并收取相应的订单处理费。这些情况包括但不限于以下两种：情况一，第三方平台的订单通过亚马逊 FBA 发货时，需要创建多渠道配送订单；情况二，由于售后等原因需要给买家额外发送货件时，可以使用多渠道配送。

创建多渠道配送订单的操作步骤如下：

【步骤 1】 进入后台“管理库存”界面，勾选要创建多渠道配送订单的商品，开始创建多渠道配送订单，如图 6－10 所示。

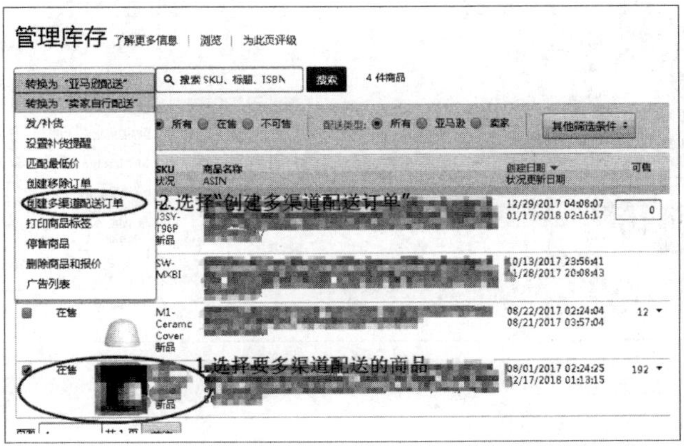

图 6－10

【步骤 2】 填写要创建的多渠道配送订单的具体信息，如图 6－11、图 6－12 所示。

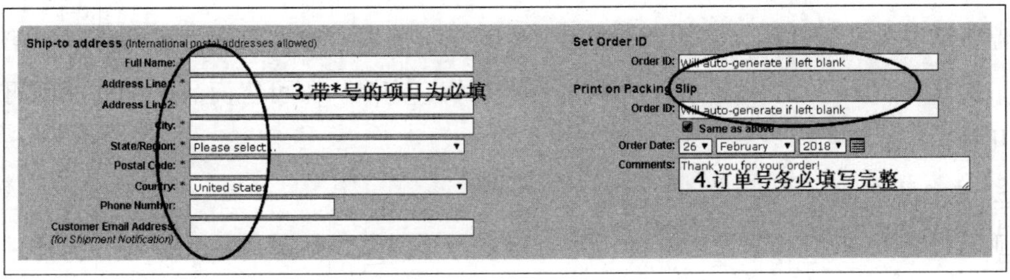

图 6－11

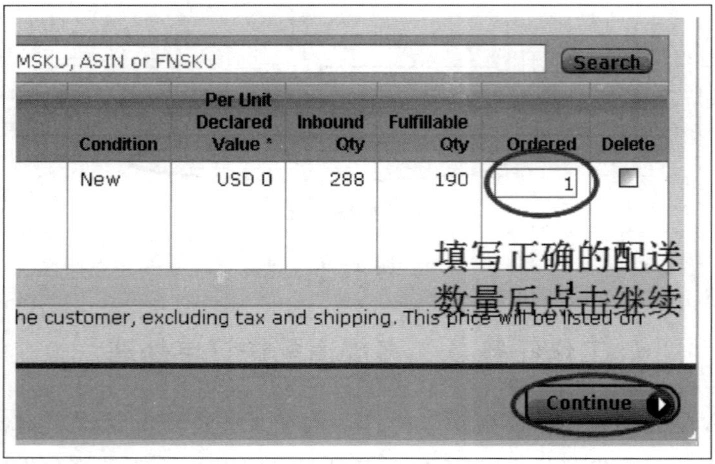

图 6 - 12

【步骤 3】 进入"Review & Place Order"（检查并下单）界面，最后点击"下单"按钮，多渠道配送订单就创建成功了，如图 6 - 13 所示。

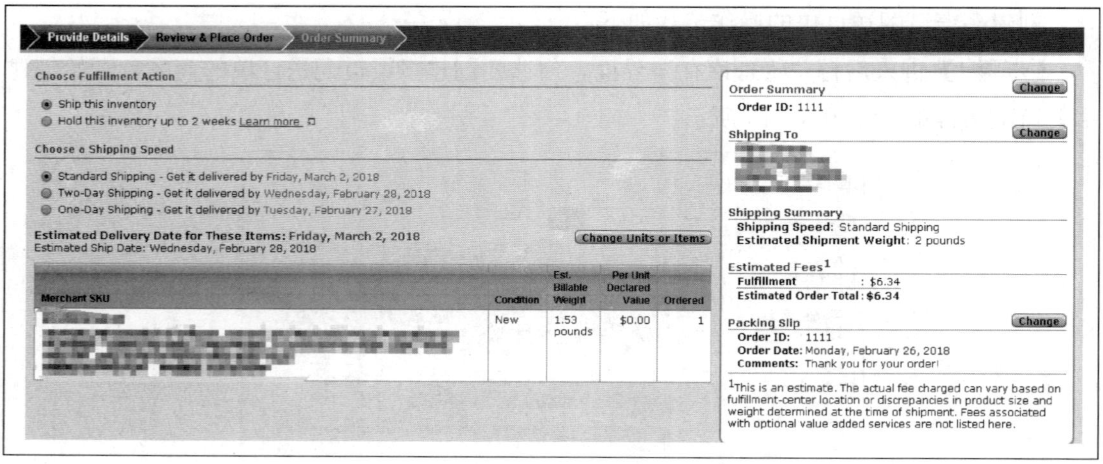

图 6 - 13

工作任务 4　亚马逊移除订单操作

首先来看看什么情况下需要创建移除订单。第一种情况：商品滞销产生长期仓储费、商品停售或其他卖家原因，需要将现有 FBA 库存配送到自建或第三方的海外仓。第二种情况：卖家的 FBA 库存中有 unfulfillable（不可售）商品。不可售商品产生的原因可能有以下几种：

1. 运输中的损坏

亚马逊 FBA 收到卖家发出的货物后会检查每个商品。如果商品的标签有损坏，导致扫描不出具体的信息，那就不能销售；如果商品的包装破损，也可能不能出售；如果包装里面的商品破损，同样不能出售。

2. 亚马逊造成的损坏

分为两种情况：第一种情况是“Warehouse Damage”，即亚马逊在接收 FBA 货物入仓的过程中发生的损坏；第二种情况是“Carrier Damage”，即 FBA 出单（亚马逊自己发货），结果买家收到的商品的外观或者包装上有明显的损坏，买家联系亚马逊，要求退货，这是亚马逊在运输环节造成的损坏。这两种情况亚马逊都会给卖家赔偿。

3. 客户造成的损坏

买家收到货后要求退货（不是商品性能的原因要求退货），但是在退回来的过程中，商品发生了损坏。

4. 商品自身有问题

FBA 的商品发出去后，买家收到货，但因为商品的性能和使用方面有问题而感到不满意，联系亚马逊退货。

如果卖家没有在不可售库存产生后 30 天内及时创建移除订单，不会对账号产生影响，但 FBA 会自行处理这些库存，所有的处理费用将由卖家承担，并且期间还会产生额外的仓储费用。卖家可以根据不可售商品的类别、价值、损坏程度来综合评估，选择对不可售商品的处理方式。

移除订单的创建步骤如下：

【步骤 1】 进入后台“管理库存”界面，勾选要创建移除订单的商品，开始创建移除订单（create removal order），如图 6－14 所示。

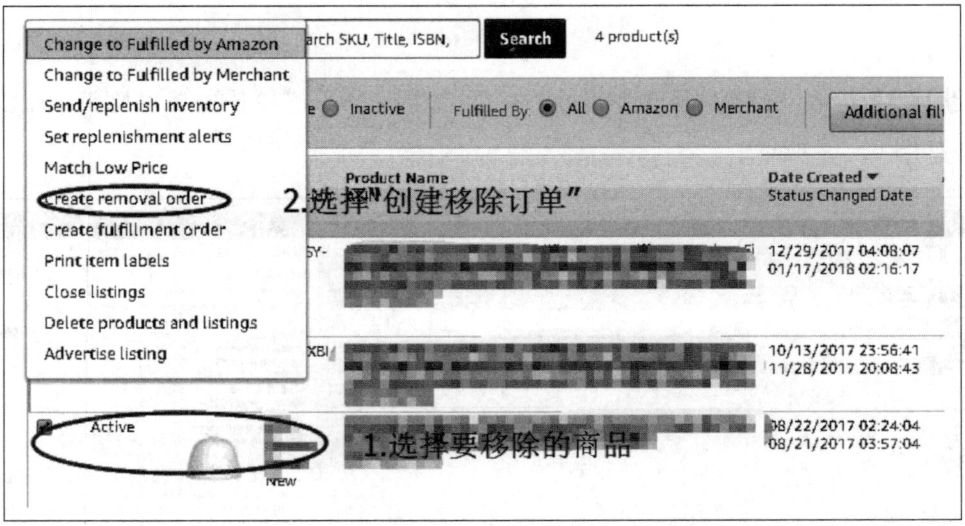

图 6－14

【步骤 2】 填写要移除订单的具体信息。在这一步，可以选择的移除方法包括配送到地址（ship-to-address）、弃置（Dispose）两种。需要说明的是，只有选择“配送到地址”才需要填写配送地址，如果选择“弃置”，亚马逊会直接销毁不可售的库存。

如图 6－15、图 6－16 所示。

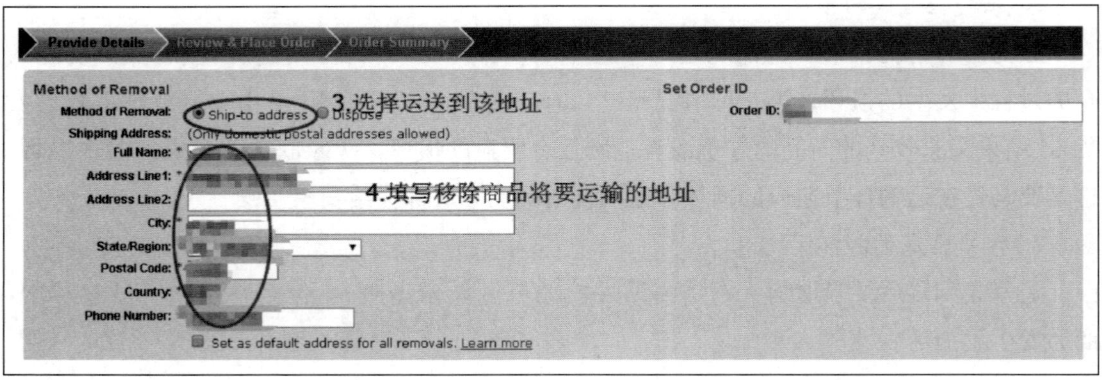

图 6－15

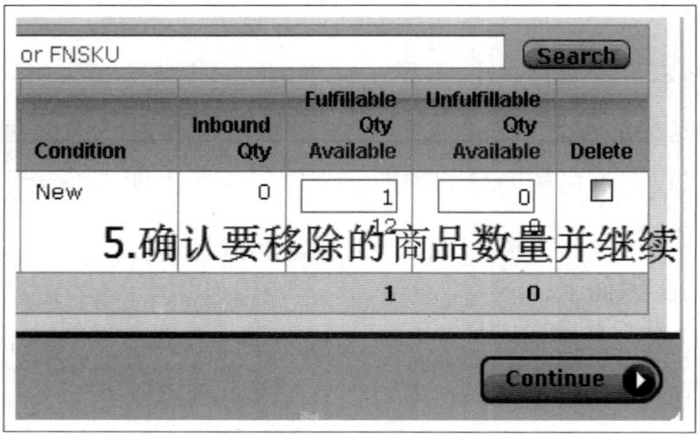

图 6－16

【步骤 3】 进入“检查并下单”界面，点击“Place Order”（下单），移除订单就创建完成了，如图 6－17 所示。

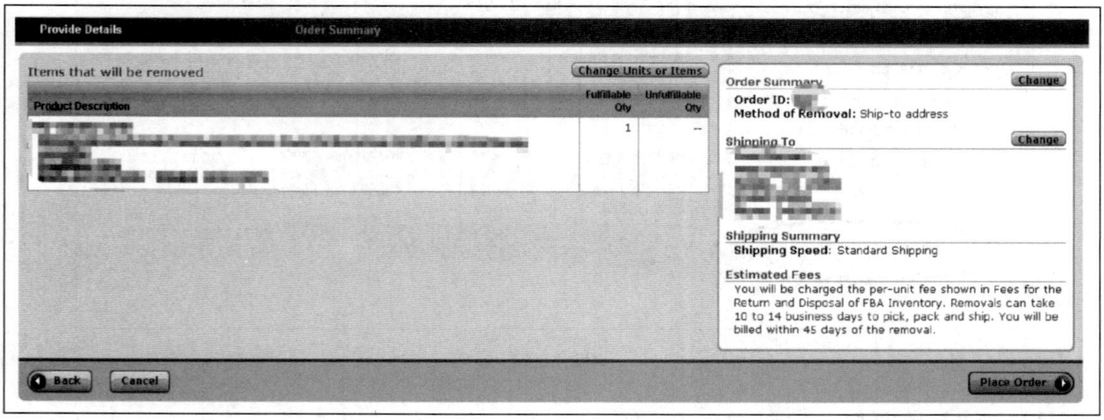

图 6－17

知识链接

一、邮件分类与常见情形回复模板

1. 邮件分类

卖家经常遇到的问题及邮件类型主要分为以下几种：

（1）售前。买家询问商品的价格及相关信息，以及店铺近期是否有优惠活动。关于这类买家消息，卖家必须根据店铺的商品信息及实际情况给予及时的回复，以利于订单的及时促成和转化。

（2）售后。主要分为订单信息的确认、物流信息、退货等买家下订单后出现的一些状况的及时沟通与解决，避免发生由此而产生的亚马逊交易保障索赔及差评。

（3）跟卖。跟卖是指在别人的 Listing 上挂接自己的商品链接，如果你的商品跟别人的一模一样，同一个制造商，并且有相应的经销资格，这种跟卖是允许的。对于跟卖的人来说，最直接的效果就是订单量增加、流量上升。跟卖的卖家不用自己创建页面、编辑资料和处理图片，想卖就卖，不想卖就下架，省事省力省心。但是对于被跟卖的人来说，这是一件很头疼的事情，因为跟卖的人会抢走原卖家的流量甚至购物车，影响原卖家的订单。所以，在日常客服工作中一定要时时关注自己的 Listing 是否被跟卖，一旦发现被跟卖，就要及时给对方发警告邮件。防跟卖的最好办法是创立自己的品牌并且将品牌在亚马逊上注册，这样商品就会受到亚马逊的保护。

2. 常见情形回复模板

情形 1：客户询问商品的价格、相关信息及最近的优惠活动。

Customer：

I want to know size of the shoes and do you have any promotion activities for the shoes? Please reply to my e-mail.

Customer Service：

Thank you for your e-mail and I would like to answer your question. After checking our item images，we find that we have size 34，size 35 and till to size 38. You could read the detail of the item information on our store and choose the suitable size as you wish.

Recently，we have promotion activities such as 5% discounts if you are the new customer. Once you decide to buy it，please place the order. Thank you for your supporting.

情形 2：客户订购多种商品，卖家发邮件确认商品订单。

Dear customer，

Thank you so much for your great support on us.

We have received your order of “XXXXXX” .

We will work on your order asap, we just want to confirm the amount of the compass, did you order 10 pcs?

If nothing is wrong, we will ship them asap.

Best Regards.

Seller's name

情形 3：客户因订购的商品大小不合适而退货。

Dear customer,

Thank you so much for your great support on us.

So sorry for the inconvenience that the swimming suit did not fit you.

Will it be possible to give others as a gift? Or how about we make you a partial refund as a way to make up for this?

Just suggestion, if you insist on returning it back, we will go to the further step.

Waiting for your reply.

Best Regards.

Seller's name

情形 4：卖家发错地址。

Dear customer,

Thank you so much for your great support on us.

What a big mistake we made!

Sorry, but will you still want the items? If yes, we will resend you immediately; if not, we will make you the full refund.

Waiting for your reply and hope your kind understanding.

Best Regards.

Seller's name

情形 5：回复买家货物送达时间。

Dear customer,

Thank you so much for your great support on us.

Usually it takes about 7-12 days for the item to reach you.

Any question, feel free to contact us and we will reach you at the soonest.

Best Regards.

Seller's name

情形 6：卖家发货后希望客户写反馈意见。

Dear customer,

Thank you very much for your order!

We have shipped the goods and it will arrive at your side soon. Hope you like it! And we are looking forward to your feedback.

Have a nice day!

Best Regards.

Seller's name

情形 7：亚马逊漏发货、没有发货或未及时更新物流信息。

Dear customer,

Thank you so much for your great support and sorry for keeping you waiting.

We checked the tracking information and found there is no update information as you said.

We will contact the post office to find out the problem.

We wonder whether you still want the item, if yes, inform us the size and we will resend you asap, if not, we will make you the refund.

Waiting for your reply.

Any inconvenience hope your kind understanding.

Best regards.

Seller's name

情形 8：客户询问货物的物流单号或者有没有发货。

Dear Customer,

Thank you for contacting us regarding your inquiry.

Orders are shipped within two days after they are placed. Usually, we are able to ship orders the next day. Weekend orders are shipped on the following Monday. Please allow 3-9 business days after shipment for delivery. You will receive a shipping confirmation e-mail from Amazon when the shipping information has been uploaded.

Your patience and understanding are greatly appreciated. If you have any other questions or concerns, feel free to contact us.

Best regards.

Seller's name

情形 9：买家以不想要为由要求退货，卖家接受退款请求。

Dear customer,

Thank you for contacting us regarding your inquiry.

Your return request has been approved. You will be receiving a return shipping label and RMA instructions via Amazon. Please be advised that the return shipping cost is the responsibility of the buyer. The initial shipping cost cannot be refunded and a 25% restocking fee may be applied if the merchandise is used or damaged visually.

Also, please make sure that the correct merchandise is being shipped us. We are a seller by the name of (seller's name) on Amazon and we will only accept returns of our merchandise. If merchandise purchased from a different seller is shipped to us, we will need to ship the merchandise back to you and we will also ask you for the shipping cost incurred.

We appreciate your cooperation.

Best regards.

Seller's name

情形 10：买家已经下单，货已经发出，但在网上未查到物流信息，买家发邮件来查询货物情况。

Dear customer,

Sorry for disturbing you, we tracked your shipping. The shipping information may not update so prompt, could you please keep your patience and wait for a few more days? We will keep tracking for you, any news we will inform you asap.

Your understanding will be highly appreciated.

Best regards.

Seller's name

情形 11：买家没有收到货，发邮件询问情况。

Dear customer,

Sorry for disturbing you, we tracked your shipping. The package is now on the way to your place (it is now reaching your local post office).

International shipping information may not update so prompt, usually it takes around 7-15 days for shipping. Could you please keep your patience and wait for a few more days? We will keep tracking for you, any news we will inform you asap.

Your understanding will be highly appreciated.

Best regards.

Seller's name

情形 12：跟卖警告邮件。

Hello,

We have noticed that you are not authorized to sell this card knife and you have listed this particular item (ASIN: B00GICPZT0) which is sold exclusively by the brand authorized sellers. Please refer to our attachment.

Please send the confirmation to us after you remove the product as issued from your listing.

If you do not comply with these demands，we will have no choice but to claim with Amazon. com seller performance department，which will seriously impact your Amazon selling privileges.

Please handle and reply us as soon as possible，otherwise we will complain to amazon.

对于买家的邮件，卖家一定要及时处理，因为这是亚马逊考核卖家店铺的一个重要指标。此外，在邮件的书写方面，格式要规范，表达的态度要诚恳，尽可能合理地解决买家的问题。买家对于卖家处理结果的满意度也是衡量卖家店铺绩效的一个重要指标。而且，卖家在回复和处理这些问题的同时，也要对商品及服务及时做出调整和优化，因为亚马逊本身就是一个重商品和服务的平台。

对于售前和售后的问题，很多都是关于商品本身和物流方面的问题。如果关于商品本身的质量、尺码、颜色等相关信息反馈比较多的话，卖家就要及时优化和完善商品描述、属性等，并在发货之后及时给买家留言，提供物流单号给买家，这样就会解决买家的后顾之忧，同时减轻后期处理买家咨询工作的负担。

二、订单处理的注意事项

1. 关于发货期限

系统默认发货是两天，这个发货时间可以在后台设置，如果超过设定的发货时间，将会影响及时发货率。同时，必须在订单日期 30 天内向亚马逊确认订单发货。否则，亚马逊将自动取消订单，而且即使卖家已配送订单，也不会获得付款。在第 30 日截止日期前一周，卖家可以在“管理订单”中看到一条警告“请在××××之前确认发货，以避免订单被取消”，接着会收到电子邮件通知。

2. 关于退货

以下是关于退货的几个常见问题及处理方法：

(1) 如果在尚未发货（或没有点击“确认发货”）时买家提出取消订单，怎么办？

处理方法：联系买家，询问导致其想退货的具体原因。如果买家明确表示要求退货，一般给予退货处理。

(2) 如果买家只是以邮件形式要求取消订单，并未取消订单，怎么办？

处理方法：联系买家，咨询其想取消订单的原因。如果买家执意取消或者没有回复，并且开了取消订单的申请，就在订单处理界面点击“取消订单”按钮，取消原因选择买家取消就可以了，这样不会影响卖家绩效。

(3) 如果已经点击确认发货，但是商品还没有寄出去，买家提出退货申请，怎么办？

处理方法：联系买家，询问导致其想要退货的具体原因。如果买家愿意先看货，可以先给买家寄货（但可能最终还是会发生退货）。如果买家执意退货，直接在订单管理界面给买家退款。

（4）如果已经点击确认发货，商品已经寄出去，买家提出退货申请，怎么办？

处理方法：联系买家，询问其退货的具体原因。如果买家执意退货，就让买家拒收，然后在订单管理界面给买家退货。一般是等货寄回国内后再退款，但为了避免差评和亚马逊交易保障索赔，建议尽早退款。退货后退款给客户一般需要 3～5 个工作日，最终时间以亚马逊转款时间为准。

三、客户满意度指标解析与维护

客户满意度是衡量亚马逊卖家绩效最为重要的指标之一，通过“卖家指标”界面能够更深入了解卖家在客户满意度方面的表现。“卖家指标”界面包含以下绩效指标，这些指标是根据配送渠道（卖家自行配送和亚马逊配送）计算和显示的。

1. 订单缺陷率

订单缺陷率（Order Defect Rate，ODR）是指收到负面反馈、亚马逊商城交易保障索赔或服务信用卡拒付的订单所占的百分比。通过它，卖家能够衡量店铺整体绩效，如图 6 - 18 所示。

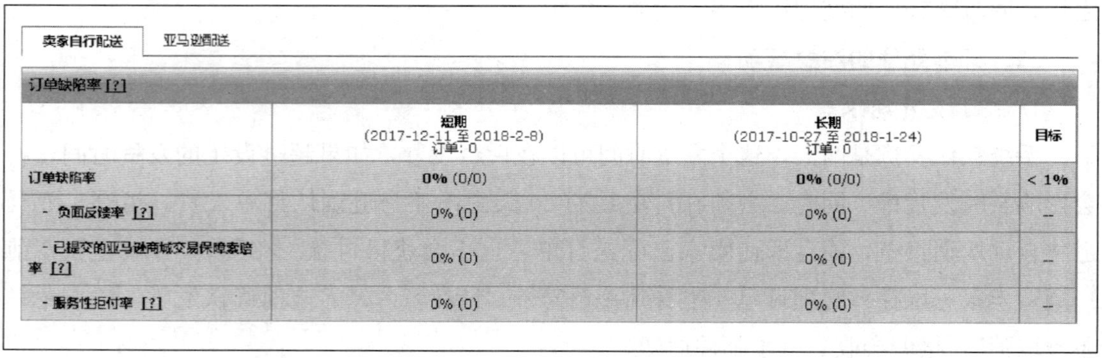
卖家自行配送　亚马逊配送

订单缺陷率 [?]

	短期 (2017-12-11 至 2018-2-8) 订单: 0	长期 (2017-10-27 至 2018-1-24) 订单: 0	目标
订单缺陷率	**0%** (0/0)	**0%** (0/0)	< 1%
- 负面反馈率 [?]	0% (0)	0% (0)	--
- 已提交的亚马逊商城交易保障索赔率 [?]	0% (0)	0% (0)	--
- 服务性拒付率 [?]	0% (0)	0% (0)	--

图 6 - 18

2. 取消率

取消率是卖家在确认订单前取消的订单数量占订单总数的比重。其计算公式如下：

取消率 ＝（已取消订单数量）/（订单总数）

该指标不包括买家自行取消的订单。当买家下单时，卖家需要确保有货且能够发货，这一点非常重要。针对买家提出的配送前取消订单请求，可能需要卖家对库存进行更改。卖家应想办法将配送前取消率维持在 2.5％以下，如图 6 - 19 所示。

3. 迟发率

迟发率是在预计配送日期之后确认的订单数量占订单总数的比重。

在预计配送日期之前确认订单发货非常重要，这样能使买家在线看到已发货订单的状态。延迟确认发货的订单可能导致索赔、负面反馈或与买家联系次数的增加，并对买家体验产生负面影响。卖家应想办法将迟发率维持在 4％以下，如图 6 - 19 所示。

最近卖家指标数据			
	7 天 (2018-2-17 至 2018-2-23) 订单: 0	30 天 (2018-1-25 至 2018-2-23) 订单: 0	目标
取消率 [?]	0% (0)	0% (0)	< 2.5%
迟发率 [?]	0% (0)	0% (0)	< 4%
退款率 [?]	0% (0)	0% (0)	--

图 6-19

4. 买家与卖家联系指标

买家与卖家联系指标用于衡量卖家在 24 小时内回复买家发起的消息的百分比，如图 6-20 所示。

5. 有效追踪率

有效追踪率是指提供有效追踪信息的包裹数占确认已发货的包裹总数的比重，如图 6-21 所示。仅当追踪编码具有至少一次承运人扫描记录时，才被视为有效。

买家与卖家联系指标				
	7 天 (2018-2-17 至 2018-2-23)	30 天 (2018-1-25 至 2018-2-23)	90 天 (2017-11-26 至 2018-2-23)	目标
客户服务不满意率 (Beta) [?] 请求报告 下载历史报告	0% (0)	0% (0)	0% (0)	< 25%
	7 天 (2018-2-20 至 2018-2-26)	30 天 (2018-1-28 至 2018-2-26)	90 天 (2017-11-29 至 2018-2-26)	目标
24 小时之内回复次数 [?]	100% (2)	86% (12)	93% (27)	> 90%
延迟回复 [?]	0% (0)	14% (2)	7% (2)	≤ 10%
超过 24 小时没有回复 [?]	0	0	0	--
24 小时之外回复次数 [?]	0	2	2	--
平均回复时间 [?]	9 小时 15 分钟	8 小时 59 分钟	6 小时 49 分钟	--
您在过去 7 天有 0 条消息没有回复。				

图 6-20

有效追踪率 （仅限卖家自配送订单）了解更多信息			
	7 天	30 天	目标
准时送达 [?]	不适用	不适用	> 97%
请求报告 下载历史报告			

图 6-21

对于配送的所有包裹，要求至少 95%的包裹提供有效的追踪编码。

6. 退货不满意率

退货不满意率是未在 48 小时内获得答复、错误拒绝或者收到买家负面反馈的有效退货请求所占的百分比。此指标用于衡量买家对退货处理方式的满意度，如图 6 - 22 所示。

退货不满意率 (Beta) 了解更多信息

	7 天 (2018-2-17 至 2018-2-23)	30 天 (2018-1-25 至 2018-2-23)	60 天 (2017-12-26 至 2018-2-23)	目标
退货不满意率 [?]	不适用	不适用	不适用	< 10%
- 负面退货反馈率 [?]	不适用	不适用	不适用	--
- 延迟回复率 [?]	不适用	不适用	不适用	--
- 无效拒绝率 [?]	不适用	不适用	不适用	--

请求报告 下载历史报告

图 6 - 22

7. 客户服务不满意率

客户服务不满意率用于衡量买家对卖家提供的买家消息回复的满意度。当卖家通过买家与卖家消息服务回复买家时，亚马逊会在买家回复下方提供一份调查："这是否解决了你的问题?"买家可以选择"是"或"否"。客户服务不满意率指的是"否"回答数除以回复总数所得的百分比。

8. 准时送达率

准时送达率是指买家在预计配送日期之前收到包裹所占的比重。此数值基于已确认的追踪信息。

9. 违反政策

亚马逊政策是卖家最需要注意的内容。一般来讲，如果在亚马逊上卖假货或者跟卖被竞争对手投诉，"投诉成立"这一指标就会受影响。投诉一旦达到一定的量，亚马逊会直接移除卖家的销售权限，因为亚马逊特别重视对知识产权的保护。

了解了以上几项指标之后，卖家要时刻关注。当账号出现黄色警告的时候，要及时优化和控制这些指标。当出现红色标志的时候，表示卖家的绩效未达到亚马逊的要求。如果卖家继续保持这种绩效水平，可能导致销售权限被停用或取消。

四、亚马逊信用评价解析

1. 商品评论

（1）商品评论介绍。评论（Review）是亚马逊用户对商品做出的评价。评论分为 5 个星级：1、2 星为差评，3 星为中评，4、5 星为好评。评论的形式多样，可以留下文字、图片、视频。评论只针对商品本身，与服务水平和发货时效等无关，任何亚马逊的用户（曾经在亚马逊平台上至少有过一次购买经历的用户）都可以对自己感兴趣的 Listing 发表评论。评论的好坏并不会直接影响卖家店铺绩效，但可以直接影响该条 Listing 的曝光和排名。如图 6 - 23 所示的图片评论、图 6 - 24 所示的视频评论、图 6 - 25 所示的文字评论。

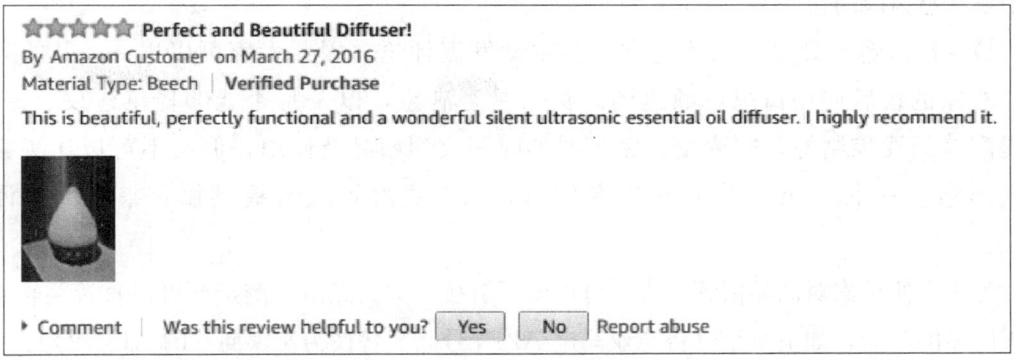
Perfect and Beautiful Diffuser!
By Amazon Customer on March 27, 2016
Material Type: Beech | Verified Purchase
This is beautiful, perfectly functional and a wonderful silent ultrasonic essential oil diffuser. I highly recommend it.
Comment | Was this review helpful to you? Yes No Report abuse

图 6－23

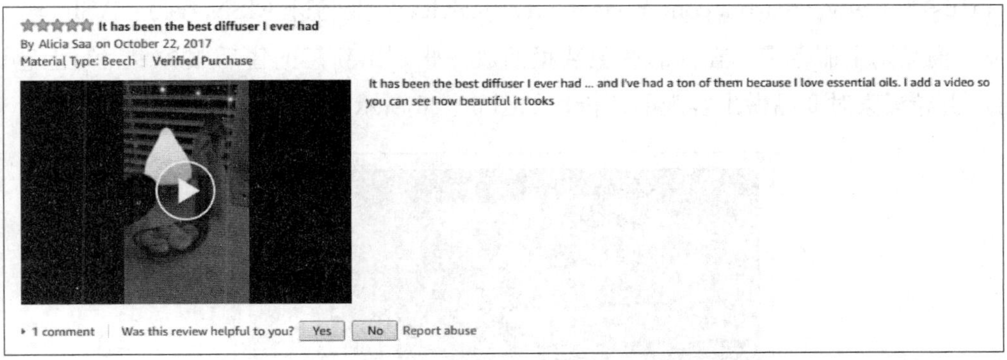
It has been the best diffuser I ever had
By Alicia Saa on October 22, 2017
Material Type: Beech | Verified Purchase
It has been the best diffuser I ever had ... and I've had a ton of them because I love essential oils. I add a video so you can see how beautiful it looks
1 comment | Was this review helpful to you? Yes No Report abuse

图 6－24

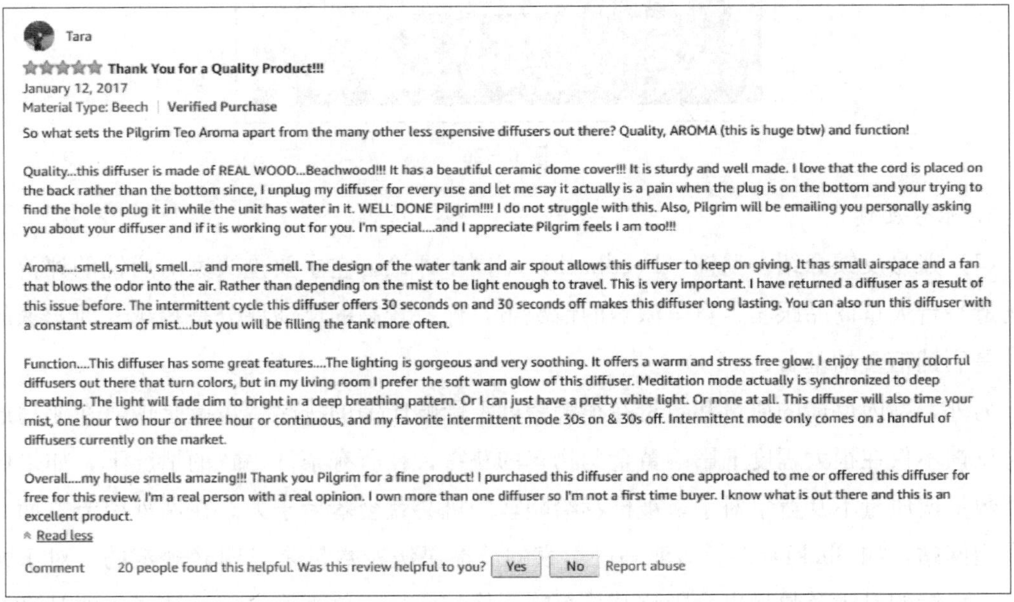
Tara
Thank You for a Quality Product!!!
January 12, 2017
Material Type: Beech | Verified Purchase
So what sets the Pilgrim Teo Aroma apart from the many other less expensive diffusers out there? Quality, AROMA (this is huge btw) and function!

Quality...this diffuser is made of REAL WOOD...Beachwood!!! It has a beautiful ceramic dome cover!!! It is sturdy and well made. I love that the cord is placed on the back rather than the bottom since, I unplug my diffuser for every use and let me say it actually is a pain when the plug is on the bottom and your trying to find the hole to plug it in while the unit has water in it. WELL DONE Pilgrim!!!! I do not struggle with this. Also, Pilgrim will be emailing you personally asking you about your diffuser and if it is working out for you. I'm special....and I appreciate Pilgrim feels I am too!!!

Aroma....smell, smell, smell.... and more smell. The design of the water tank and air spout allows this diffuser to keep on giving. It has small airspace and a fan that blows the odor into the air. Rather than depending on the mist to be light enough to travel. This is very important. I have returned a diffuser as a result of this issue before. The intermittent cycle this diffuser offers 30 seconds on and 30 seconds off makes this diffuser long lasting. You can also run this diffuser with a constant stream of mist....but you will be filling the tank more often.

Function....This diffuser has some great features....The lighting is gorgeous and very soothing. It offers a warm and stress free glow. I enjoy the many colorful diffusers out there that turn colors, but in my living room I prefer the soft warm glow of this diffuser. Meditation mode actually is synchronized to deep breathing. The light will fade dim to bright in a deep breathing pattern. Or I can just have a pretty white light. Or none at all. This diffuser will also time your mist, one hour two hour or three hour or continuous, and my favorite intermittent mode 30s on & 30s off. Intermittent mode only comes on a handful of diffusers currently on the market.

Overall....my house smells amazing!!! Thank you Pilgrim for a fine product! I purchased this diffuser and no one approached to me or offered this diffuser for free for this review. I'm a real person with a real opinion. I own more than one diffuser so I'm not a first time buyer. I know what is out there and this is an excellent product.
Read less
Comment 20 people found this helpful. Was this review helpful to you? Yes No Report abuse

图 6－25

（2）商品评论积累方法。并非所有的买家都喜欢对商品留评，卖家若想得到买家对商品的评论，可通过 e-mail 邀请或商品附上服务卡的方式引导买家对商品留评，但在操作过程中要注意风险防范。

1）e-mail 邀请评论。买家通常不会主动发表评论，因此卖家可以以 e-mail 的方式关心买家的售后使用情况，顺道询问买家是否满意，以及是否能够提供建议。e-mail 的提醒时间要控制好，需要给买家足够的时间收到商品及使用，但又不可以让买家失去新鲜感。另外，e-mail 中不可以有任何要求 5 星好评或者提供犒赏来索取好评的文字。

为了方便买家对商品留评，卖家可以留下链接，买家点击此链接便可以直接跳转到所购买商品的界面，如下所示（将“亚马逊 AISN 号码”替换为卖家商品的 AISN 号）：

Leave Product Review

https://www.amazon.com/review/create-review? 亚马逊 AISN 号码＝ASIN＃

2）商品附上服务卡。在商品的包装里面放一张别出新意的售后服务卡，写上感谢的话语，引导买家对商品做出客观的评价，如图 6－26 所示。

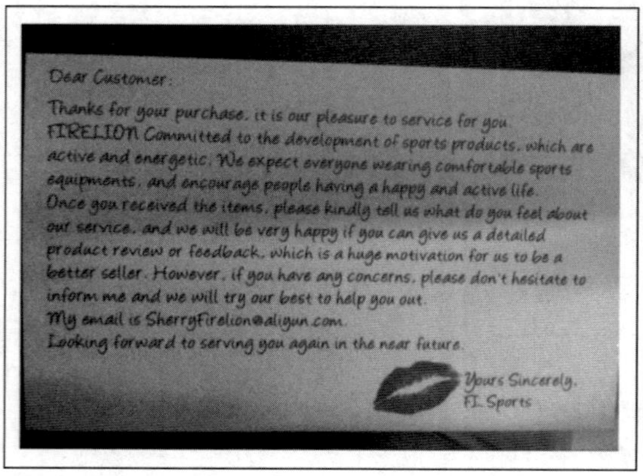

图 6－26

2. 账号反馈

（1）账号反馈介绍。反馈（Feedback）不同于评论，它主要是买家对店铺的评价。在亚马逊平台大量商品跟卖、竞争激烈的情况下，保持较高的反馈评分是超越其他卖家的利器，是店铺信誉的基石。

另外，站内反馈的质量和数量在很大程度上影响店铺的排名。也就是说，在亚马逊平台，反馈不仅在很大程度上影响黄金购物车的获得，在所有条件一致的情况下，如果店铺反馈数量或质量不及竞争对手，被推荐给顾客的机会就会落后于人。在站外引流方面，一些大型网站，如 SlickDeals，对亚马逊卖家的反馈星级及数量是有明确规定的。对于顾客而言，反馈的星级及数量也会影响其是否购买你的商品。总而言之，反馈对于亚马逊卖家来说非常重要，卖家在重视商品评论的同时，绝对不能忽视对反馈的积累。

买家在商品详情页点击卖家名称，即可看到卖家反馈的情况。不同于评论既可以添加文字又可以上传图片、视频，反馈只允许添加文字，如图 6－27 所示。

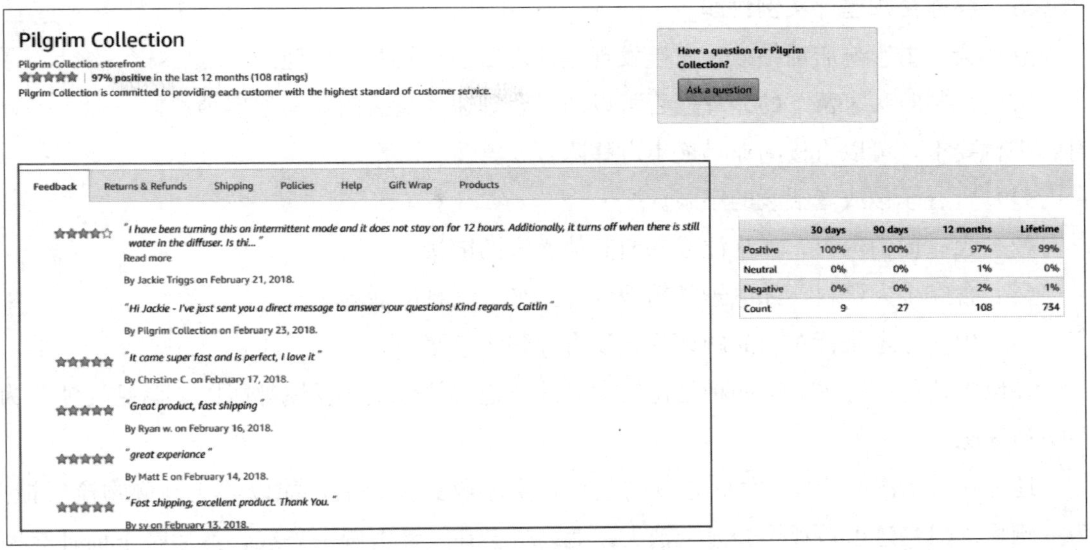

图 6-27

（2）反馈好评率上升攻略。具体手段包含：

1）被动增加反馈。反馈是顾客主动留下的，增加反馈数量可以从以下方面做功课：

①增加上传商品的数量。

②提高商品质量。

③提升商品包装。

④使用 FBA，第一时间处理订单，缩短运输时间。

2）主动争取反馈。可以从以下方面入手：

①商品包裹中放便笺纸。便笺纸中安排好手写的主动索取好评反馈的文字。

②e-mail 索评。需要注意的是，在顾客收到商品后 1～3 天后索评是比较合适的。

③使用亚马逊反馈智能软件。这些软件可以帮助卖家节省大量的时间和精力，让卖家有更多时间关心顾客，适用于每天订单量非常大的卖家。

3）对反馈做出回应。按星级来说，反馈有 5 种。1～3 星的反馈最好移除，下面会讲到。这里的回应反馈是指对 4 星、5 星反馈的回应。4 星反馈中，部分顾客会抱怨商品、包装或物流的一些问题，卖家可以在后台点击“Response”进行回复。对于 5 星反馈，卖家可以对留评的顾客进行礼貌性回复：“Thank you for the feedback and looking forward to more business with you!”目的是尽可能巩固顾客对卖家的印象，增加顾客的复购率，以及吸引那些没有购买但是在店铺首页停留的顾客。

4）反馈移除差评。为了维持 99%的好评率，卖家往往会花时间和精力移除 3 星以下的反馈。符合亚马逊差评移除政策的反馈，可以直接找亚马逊移除。如果是卖家自己的问题，可以第一时间联系顾客解决问题。及时的沟通和真诚的态度是解决售后纠纷的基本原则。

五、移除合规差评实例讲解

差评会严重影响店铺绩效，所以发现差评之后一定要及时处理。

首先，判断买家留下的差评是否可以通过合理途径直接向亚马逊申请移除。以下差评符合平台要求，可以直接向亚马逊申诉移除：

（1）含有淫秽或者猥亵的字眼。

（2）含有促销内容，如附注或指向其他卖家的链接。

（3）含有个人资料，如电子邮箱地址、全名、联系电话等。

（4）内容完全是针对商品的评论，没有提到卖家服务。

在以上这些情况中，第四种是比较常见的，绝大部分差评反馈都能以“商品反馈”为由申请移除。

还有一种情况是FBA发货导致的差评，卖家收到差评后，能以“亚马逊物流反馈”为由删除。但是这个差评不会完全消失，亚马逊会在差评上画一条线，然后在下面补充一句：“这个商品是由亚马逊发货的，我们会承担相应的责任。”如图6－28所示。

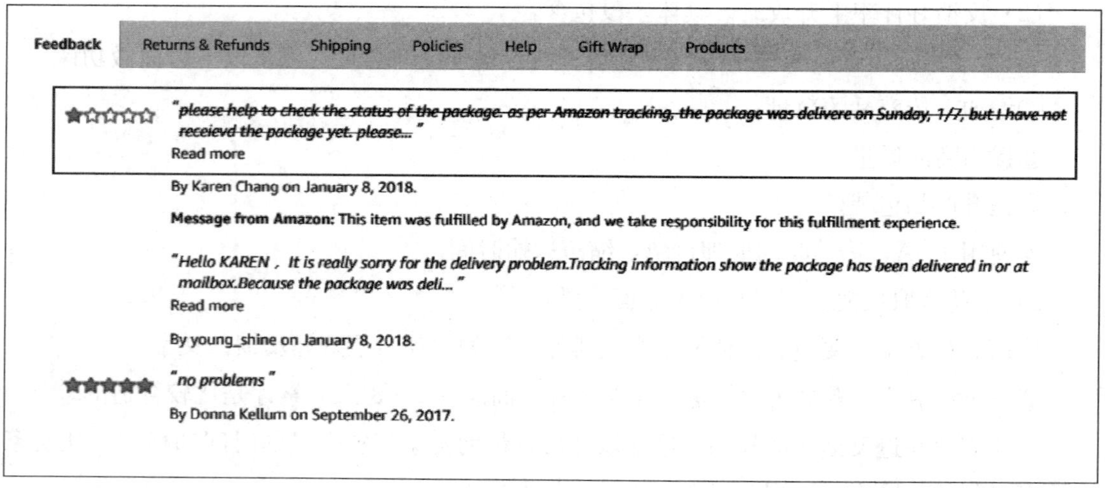

图6－28

如果不是上述可以通过“申诉”直接移除的差评，建议卖家及时和买家沟通，了解原因，尽可能地解决买家的问题。如果联系不上买家，卖家可以直接在网页上点击“回复”按钮，这样卖家的回复就可以直接显示在亚马逊的网站上。

当看到差评时，卖家需要有足够的耐心回复买家。除此之外，书写要简洁明了。在回复时，首先要表达歉意及愿意积极处理的诚意，然后由衷地感谢买家给予改进的机会，同时可以在邮件里添加一些额外的好处或优惠条件。但是切记，一切都在自愿的基础上，争取买家的同意，主动帮你取消或者修改差评。

客服的工作是烦琐而又细致的，但也是至关重要的。同时，在经营店铺过程中，卖家要时刻关注店铺的各项绩效指标，以优质的商品和优质的服务，让自己的店铺在竞争激烈的环境中可持续发展。

经典
实例

小李的正当维权

2017 年 11 月，小李的新店刚刚开张。欣喜之余，小李却突然收到一封来自亚马逊的绩效信件，并且发现自己的店铺被冻结了。这令小李头痛万分，像热锅上的蚂蚁不知所措。所以他第一时间联系了亚马逊的客服，询问店铺被冻结的原因。经过客服的回复，他才发现原来在亚马逊对店铺的审核过程中，自己在平台上销售的衣服被怀疑是侵权的商品。幸运的是，亚马逊给了小李申诉的渠道。

小李所销售的衣服虽然比较新奇，但的确是自己公司的原创设计师设计的。小李底气十足，积极准备没有侵权的证明文件。他将衣服的设计原稿、原材料进货单证及衣服销售发票和单据一并提交给亚马逊进行审核。因为证据充足，所以亚马逊很快恢复了店铺的正常销售权。

作为客服，在遇到突发情况的时候，一定要冷静地分析，积极配合平台进行申诉处理。最关键的是，在平台上销售的商品一定要遵循亚马逊的规则，避免出现侵权的行为。

能力
实训

一、不定项选择题

1. 以下哪种情况会被计入店铺绩效的“订单缺陷率”指标？（　　）

A. 出现 1 星或 2 星的负面反馈

B. 出现服务信用卡拒付的订单

C. 出现消费者要求退货

D. 出现亚马逊商城交易保障索赔的订单

2. 以下哪种情况会被计入店铺绩效的“取消率”指标？（　　）

A. 买家下单后想取消，发送了“取消订单”为主题的买家消息给卖家，卖家收到邮件后，于发货前取消了相应的订单

B. 由于缺货，卖家在发货前取消了已生成的订单

C. 由于标错价格，卖家在发货前取消了已生成的订单

D. 买家下单后想取消，于是在卖家发货前取消了相应的订单

3. 关于后台填写的“配送准备时间”，以下说法正确的是（　　）。

A. “配送准备时间”可以填写的单位是“天”

B. 不填写“配送准备时间”的话，系统默认值为2天（48小时）内需发货

C. “配送准备时间”可以事先由卖家按实际情况填写并修改

D. “配送准备时间”指的是卖家发货后到买家收到货物中间的允许时间

4. 以下关于跟卖，说法不正确的是（　　）。

A. 用无品牌（白牌通用）商品跟卖品牌商品是绝对不允许的

B. 跟卖商品时，可以修改原有界面上的商品图片或信息

C. 跟卖商品前，须确认所售商品与界面上所有商品信息完全一致，并有相应的销售权限

D. 跟卖商品不需要填写UPC

E. 跟卖的界面不是自己创建的，不会涉及侵权问题

二、简答题

1. 卖家绩效指标有哪些？请解释其概念。

2. 什么是订单缺陷率？订单缺陷率包含哪几种情况？

3. 日常工作中我们经常会遇到的客户问题及邮件类型概括起来有哪些？

三、实操题

团队成员完成店铺邮件回复及商品纠纷处理。

行业资讯参考

[1] 中国产业发展研究网（www. chinaidr. com）
[2] 前瞻产业研究院（bg. qianzhan. com）
[3] 中国电子商务研究中心（www. 100ec. cn）
[4] 雷锋网（www. leiphone. com）
[5] 亿邦动力网（www. ebrun. com）
[6] 亚马逊全球开店（gs. amazon. cn）
[7] 雨果网（www. cifnews. com）
[8] 百度百科（baike. baidu. com）

图书在版编目（CIP）数据

跨境电商操作实务：亚马逊平台 / 陆金英，祝万青，王艳主编 .--北京：中国人民大学出版社，2018.7
21 世纪高职高专规划教材. 跨境电子商务系列
ISBN 978-7-300-25913-0

Ⅰ.①跨… Ⅱ.①陆… ②祝… ③王… Ⅲ.①电子商务-商业经营-高等职业教育-教材 Ⅳ.①F713.365
中国版本图书馆 CIP 数据核字（2018）第 122470 号

高等职业教育“十三五”规划精品系列教材
21 世纪高职高专规划教材 · 跨境电子商务系列
跨境电商操作实务（亚马逊平台）
主　编　陆金英　祝万青　王　艳
副主编　金　超
参　编　马彩英　腾丽丹　祝万林　严学磊
Kuajing Dianshang Caozuo Shiwu（Yamaxun Pingtai）

出版发行	中国人民大学出版社		
社　　址	北京中关村大街 31 号	**邮政编码**	100080
电　　话	010－62511242（总编室）		010－62511770（质管部）
	010－82501766（邮购部）		010－62514148（门市部）
	010－62515195（发行公司）		010－62515275（盗版举报）
网　　址	http://www.crup.com.cn		
经　　销	新华书店		
印　　刷	运河（唐山）印务有限公司		
开　　本	787 mm×1092 mm　1/16	**版　　次**	2018 年 7 月第 1 版
印　　张	14.25 插页 1	**印　　次**	2024 年 1 月第 7 次印刷
字　　数	295 000	**定　　价**	32.00 元

信息反馈表

尊敬的老师：

您好！为了更好地为您的教学、科研服务，我们希望通过这张反馈表来获取您更多的建议和意见，以进一步完善我们的工作。

请您填好下表后以电子邮件、信件或传真的形式反馈给我们，十分感谢！

一、您使用的我社教材情况

您使用的我社教材名称			
您所讲授的课程		学生人数	
您希望获得哪些相关教学资源			
您对本书有哪些建议			

二、您目前使用的教材及计划编写的教材

您目前使用的教材	书名	作者	出版社
您计划编写的教材	书名	预计交稿时间	本校开课学生数量

三、请留下您的联系方式，以便我们为您赠送样书（限1本）

您的通信地址			
您的姓名		联系电话	
电子邮箱（必填）			

我们的联系方式：

地　址：苏州工业园区仁爱路158号中国人民大学苏州校区修远楼

电　话：0512-68839320　　传　真：0512-68839316

E-mail：huadong@crup.com.cn　　邮　编：215123

网　址：www.crup.com.cn